Die Wahrheit ist eine Vorstufe der Versöhnung
(*französisches Sprichwort*)

Hugo Wellems

Das Jahrhundert der Lüge

Von der Reichsgründung bis Potsdam 1871 – 1945

ARNDT

Die Titelseite entstand unter Verwendung des Gemäldes "Die Proklamierung des Deutschen Kaiserreichs am 18. Januar 1871 im Spiegelsaal von Versailles" von Anton v. Werner, 1885, Friedrichsruher Fassung, Original: Friedrichsruh, Bismarck-Museum. (Bildarchiv Preußischer Kulturbesitz, Berlin)

CIP-Titelaufnahme der Deutschen Bibliothek

Hugo Wellems:
Das Jahrhundert der Lüge : von der Reichsgründung bis
Potsdam 1871 – 1945 / Hugo Wellems. – 2. Aufl. – Kiel : Arndt,
1989
1. Aufl. u. d. T.: Wellems, Hugo: Von Versailles bis Potsdam
ISBN 3-88741-138-2

ISBN 3-88741-138-2

Die 1. Auflage des Buches erschien unter dem Titel
"Von Versailles bis Potsdam" im Verlag Hase und Koehler

ARNDT-Verlag
2300 Kiel 1, Postfach 3603
Druck und Bindearbeiten: Husum Druck- und Verlagsgesellschaft
Gedruckt in Deutschland

Vorwort

von Prof. Hellmut Diwald

Während des Zweiten Weltkrieges rechtfertigte der britische Premier Winston Churchill die Propaganda gegen Deutschland mit der witzig scheinenden Bemerkung: Die Wahrheit sei ein so kostbares Gut, daß man sie mit einem Schutzwall von Lügen umgeben müsse. Der Titel des Buches von Hugo Wellems erinnert aber nicht nur an diesen Satz von Churchill, sondern auch an die naheliegende Frage: Läßt sich denn die Wahrheit mit Hilfe von Lügen sichern und schützen? Oder ist sie nicht vielmehr das erste Opfer jener Lumpereien, mit denen sie behütet werden sollte? Gegenüber der Niedertracht jeglicher Verdrehung wirkt etwa die schlichte Feststellung von Ernst Frhr. v. Feuchtersleben geradezu prähistorisch: »Es gibt nur eine Sittlichkeit, und das ist die Wahrheit; es gibt nur ein Verderben, und das ist die Lüge.« Feuchtersleben schrieb das vor eineinhalb Jahrhunderten. Der Satz erinnert in seiner Klarheit an die Einfalt biblischer Sentenzen. Ob diese Einfalt auch einfältig ist, sollte man nicht Gott den Herrn entscheiden lassen.

Churchills Bemerkung trifft aber insofern ins Schwarze, als sie tatsächlich das Wesen der Kriegspropaganda unübertrefflich wiedergibt, freilich mit der Ergänzung, daß es dabei eben nicht um die Wahrheit geht, sondern um die Kriegsziele der Gegner. Unser zwanzigstes Jahrhundert unterscheidet sich in vieler Hinsicht grundsätzlich von den früheren Epochen. In erster Linie gilt das für den Bereich der Politik samt ihren offiziellen und offiziösen Verlautbarungen. Die Wandlungen sind so tiefgreifend, daß sie an das Gewissen, den simplen Anstand, die Zivilcourage der Menschen die größten Anforderungen stellen.

Die nachhaltigste Veränderung wurde durch die neuen Möglichkeiten der Information bewirkt. Der Rundfunk gewann vor dem Zweiten Weltkrieg ein ungeheures Gewicht. Während des Krieges konnte man ihn durchaus als eine der gefährlichsten Waffen bezeichnen. Dasselbe gilt für das Fernsehen in den letzten Jahrzehnten. Auch an diese Entwicklung und Ausweitung der Medien erinnert der Titel des Buches von Hugo Wellems: daß nämlich in unserer Zeit, im Gegensatz zu früher, die Grenzen zwischen Krieg und Frieden unscharf und fließend sind und daß sich zweitens auch in Zeiten, in denen der militärische Krieg zwischen den politischen Kontrahenten ruht, die kriegerische Auseinandersetzung hervorragend fortsetzen läßt mit Hilfe der intellektuellen Manipulation, der Gehirn- und Charakterwäsche. Daß Friede nicht gleichbedeutend ist mit dem Schweigen der Waffen, hat die Welt seit 1945 erfahren. Als Bestätigung wäre die Vokabel »Kalter Krieg« nicht nötig gewesen. Deutschland hat diese Erfahrung bereits sehr viel früher gemacht. Der Erste Weltkrieg warf seine Schatten schon vielfach und vielfältig in Form der publizistischen Stimmungsmache voraus. Es sei nur daran erinnert, daß Frankreich die Niederlage des Krieges von 1870/71 nie verwinden konnte, eines Krieges, den es selbst erklärt und seit Jahren herbeigesehnt hatte. Das Wort von der »Revanche pour Sadowa« prägte seit 1866 das politische Denken in Paris; im Gebiet von Sadowa und Königgrätz in Ostböhmen fand die entscheidende Schlacht zwischen Preußen und Österreich statt, und die Franzosen konnten nicht vergessen, daß Bismarck sie bei dieser Auseinandersetzung diplomatisch ausgeschaltet hatte. Nach 1871 aber nahm der Revanchismus in Frankreich die schärfsten Züge des Chauvinismus an. Die »Revanche für Sadowa« verwandelte sich in die »Rache für Sedan«.

Bis zur Jahrhundertwende waren die führenden Politiker Frankreichs auch Repräsentanten und Garanten dieser Leitlinie. Danach, im Jahrzehnt vor dem Ersten Weltkrieg, fand der Gedanke der Vergeltung seine eindrucksvollste Verkörperung in der großen Gestalt von Georges Clemenceau, der zwischen 1906 und 1909 erstmals als Ministerpräsident die Regierung führte. Das Motto seiner Politik war denkbar einfach: »Die deutsche Machtgier hat sich die Vernichtung Frankreichs zum Ziel gesetzt.« Clemenceau konnte deshalb aus seinem Gesichtswinkel im Nachbarn jenseits des Rheins nichts anderes erblicken als einen gewissermaßen beständig aufgesperrten Rachen. Davon allein war dann auch Clemenceaus Verhandlungsführung bei den Friedensregelungen in Versailles bestimmt. Als er den deutschen Delegierten am 7. Mai 1919 die Friedensbedingungen überreichte, erklärte er schon in seinem ersten Satz, daß die Mächte, die gegen Deutschland gekämpft hätten, »sich vereinigt haben, um den fürchterlichsten Krieg auszufechten, der ihnen aufgezwungen worden ist. Die Stunde der Abrechnung ist da.«

Diese »Stunde der Abrechnung« wurde zum Schicksal der Weimarer Republik. Der Friedensvertrag von Versailles, der auch in amtlichen Erklärungen der

Weimarer Regierungen als »Friedensdiktat« bezeichnet wurde, hing wie ein Damoklesschwert über der ersten deutschen Republik. Versailles wirkte sich auf Deutschlands Position im Verhältnis zu den anderen Mächten ebenso verheerend aus wie auf die innere Situation der Republik. Die katastrophale Selbstzerfleischung des Deutschen Reiches in den Jahren zwischen 1919 und 1933 war jenseits aller parteipolitischen Gegensätze eine unmittelbare Folge von Versailles, in erster Linie die Folge der zentralen Lüge, mit der die Friedensbestimmungen der Pariser Vorortverträge begründet wurden: mit der alleinigen Schuld Deutschlands am Ersten Weltkrieg. Die ungeheuren Reparationslasten, die der Versailler Vertrag Deutschland auferlegte, wurden aus dem berüchtigten Schuldartikel 231 abgeleitet: »Die alliierten und assoziierten Regierungen erklären und Deutschland erkennt an, daß Deutschland und seine Verbündeten als Urheber aller Verluste und aller Schäden verantwortlich sind, welche die alliierten und assoziierten Regierungen und ihre Angehörigen infolge des ihnen durch den Angriff Deutschlands und seiner Verbündeten aufgezwungenen Krieges erlitten haben.«

Etliche deutsche Historiker, die sich im Dienst der Selbsterniedrigung wohler fühlten als im Dienst der Sachlichkeit, bezeichneten später den Versailler Schuldartikel als eine Belanglosigkeit; die Erregung darüber zeuge von einer kindischen Empfindlichkeit. Die Sieger des Ersten Weltkrieges sahen das anders. Am 3. März 1921 erklärte der britische Premierminister David Lloyd George: »Für die Alliierten ist die deutsche Verantwortung für den Krieg grundlegend; sie ist das Fundament, auf dem der Bau von Versailles errichtet wurde. Wenn dies abgelehnt oder aufgegeben wird, ist der Vertrag zerstört.«

Heute geht es bei dieser Frage nicht mehr darum, ob eine solche Schuld tatsächlich bestand oder ob sie nicht bestand. Es geht darum, daß durch den Schuldparagraphen 231 eine beispiellose Diskriminierung Deutschlands festgeschrieben wurde und daß dies die schwerwiegendsten Folgen über viele Jahre hinweg hatte. Die Texte, die Hugo Wellems dazu vorlegt, sind für diese Feststellungen von einer schlagenden Beweiskraft. An ihnen läßt sich das ganze Ausmaß der Komplikationen und Auswegslosigkeiten ablesen, die sich aus den Versailler Bestimmungen für die Weimarer Jahre ergaben und die auch unweigerlich zum Hintergrund des Dritten Reiches gehörten, das sich bündig an die Weimarer Republik anschloß. So gut wie die gesamte Innenpolitik seit 1919, die Inflation, die deutschen Versuche, sowohl durch Ausgleich und Zusammenarbeit mit dem

Osten als auch durch Kooperation und Versöhnung mit dem Westen Freiräume zurückzugewinnen, in denen wiederum eigenständige politische Aktivität möglich war – der ganze Alltag der Weimarer Republik wurde durch Versailles und seine Auswirkungen bestimmt.

Noch heute lassen sich die Sätze von Thomas Mann aus seiner »Deutschen Ansprache« des Jahres 1930 als Kommentar eines nüchternen Betrachters lesen: »Der Versailler Vertrag war ein Instrument, dessen Absichten dahin gingen, die Lebenskraft eines europäischen Hauptvolkes auf die Dauer der Geschichte niederzuhalten; und dieses Instrument als die Magna Charta Europas zu betrachten, auf der alle historische Zukunft aufbauen müsse, war ein Gedanke, der dem Leben und der Natur zuwiderlief und der schon heute in aller Welt kaum noch zum Schein Anhänger besitzt. Aber das deutsche Volk wird solcher Einsicht nicht gewahr, es hält sich notwendig an die Tatsachen, von denen es umgeben ist, und fühlt sich als Hauptopfer ihres Widersinns. Fast müßig schon es auszusprechen und doch notwendig, es immer wieder zu sagen: Es ist kein haltbarer Zustand, daß inmitten von lauter bewaffneten und auf ihren Waffenglanz stolzen Völkern Deutschland allein waffenlos dasteht, so daß jeder, der Pole in Posen, der Tscheche auf dem Wenzelsplatz, ohne Scheu seinen Mut daran kühlen kann; daß die Erfüllung des Versprechens, die deutsche Abrüstung solle nur der Beginn der allgemeinen sein, immer wieder ad calendas graecas vertagt wird und jede Unmutsäußerung des deutschen Volkes gegen diesen Zustand als eine zu neuen Rüstungen auffordernde Bedrohung aufgefaßt wird. Diese Ungerechtigkeit ist die erste, die man nennen muß, wenn man dem deutschen Gemütszustand gerecht werden will; aber es ist nur zu leicht, fünf, sechs andere aufzuzählen, die sein Gemüt verdüstern, wie die absurden Grenzregelungen im Osten, das niemandem heilsame, auf das vae victis stumpfsinnig aufgebaute Reparationssystem, die völlige Verständnislosigkeit des jakobinischen Staatsgedankens für die deutsche Volksempfindlichkeit in der Minderheitenfrage, das Problem des Saargebietes, das keines sein dürfte, und so fort.«

Soll man es nur als einen fatalen Zufall bezeichnen, daß der liberale Bürger Thomas Mann der Revision des Versailler Vertrages nicht nur das Wort in derselben Weise redet, wie es sämtliche Regierungen der Weimarer Republik getan haben? Deutet sich in seinen Sätzen nicht bereits jenes rücksichtslose Handeln an, das nach 1933 kennzeichnend wurde für die deutsche Außenpolitik und die Restitution eines souveränen, sich nicht mehr nach der Willkür der anderen richtenden Staates, und das nach 1945 in Grund und Boden verdammt wurde als eine fortlaufende Kette von Vertragsbrüchen – von Brüchen jenes Versailler Vertrages wohlgemerkt, den inzwischen jeder halbwegs einsichtige Politiker Europas als den größten Mißgriff der ersten Jahrhunderthälfte bedauerte?

Besonders aufschlußreich sind die Texte, die Hugo Wellems über die Politik, die Planungen und Projekte, nicht zuletzt auch die Urteile anderer Mächte über Versailles in der Zeit zwischen 1919 und 1939 vorlegt. Es handelt sich dabei überdies nur um einen Bruchteil aus einer Überzahl von fast durchweg bewußt übergangenen Dokumenten. Sie bilden eine unerläßliche Ergänzung für die Einschätzung und Bewertung der Politik des Deutschen Reiches in derselben Zeit, sie sind umso bedeutsamer, als sie in den Geschichtsbüchern und historischen Monographien kaum jemals herangezogen werden beim Abwägen des Pro und Kontra. So können etwa im vorliegenden Buch die Pläne Polens, zu Beginn der 30er Jahre gemeinsam mit Frankreich einen Angriffskrieg gegen Deutschland zu führen, um ein neues »Groß-Polen« zu errichten, nur angedeutet werden. Dieses Projekt stellte für die polnische Führung weit mehr dar als nur ein theoretisches Sandkastenspiel; daß es auf dem Papier blieb, war keinesfalls der polnischen Zurückhaltung zu danken. Kaum minder lehrreich ist die dokumentierte Überzeugung des amtlichen Polens, daß es sich bei der Tschechoslowakei um »ein zum Tode verurteiltes Land« handle, daß »in naher Zukunft verschwinden« müsse.

Die Texte, die Hugo Wellems für die Zeit zwischen 1939 und der Konferenz in Potsdam 1945 aus Akten- und Quellenveröffentlichungen, aus Memoiren und Protokollen zusammengestellt hat, bilden den Schlußstein einer Dokumentensammlung, die in ihrer Dichte und Aussagekraft eine unersetzliche, eine fundamentale Berichtigung der heutigen Zeitgeschichtsschreibung darstellt. Wer auf den ersten Blick den Titel des Buches als eine Provokation empfindet, wird durch die Lektüre eines Besseren belehrt – das heißt: Nicht diese Sammlung ist eine Herausforderung, sondern eine Provokation ist die jahrzehntelange methodische Verzerrung bei der Wiedergabe der geschichtlichen Tatbestände zu Lasten Deutschlands. Da sie auch ihren amtlichen Niederschlag in den Geschichtsbüchern unserer Schulen und weithin auch ihren Platz in den kultusministeriellen Rahmenrichtlinien des Unterrichts gefunden hat, bilden die Quellentexte von Hugo Wellems ein Korrektiv, dessen Bedeutung nicht hoch genug veranschlagt werden kann. Denn es geht dabei nicht etwa nur um die Berichtigung einer verfälschten Perspektive, sondern es geht darum, der »Wahrheit« selbst das Wort zu erteilen, oder – um Winston Churchill die ihm und nur ihm gebührende Reverenz zu erweisen – den Schutzwall der Lügen, der nun schon seit so vielen Jahrzehnten vor der Wahrheit aufgetürmt wurde, endlich und ein für allemal wegzuräumen.

Erlangen, im April 1989   *Hellmut Diwald*

Einleitung

Als Franz Josef Strauß im Dezember 1987 ein Fazit seines Moskau-Besuches zog, äußerte er die Überzeugung, die Epoche der Nachkriegszeit sei jetzt zu Ende. Wäre dem großen bayerischen Politiker, dessen Analysen sonst so häufig ins Schwarze trafen, ein längeres Leben beschieden gewesen, müßte er heute, in dem an Gedenktagen so überreichen Jahr 1989, wohl einen fundamentalen Irrtum eingestehen.

Denn die Epoche der Nachkriegszeit ist eindeutig noch nicht zu Ende. Das wird deutlich, wenn einflußreiche amerikanische Medien Auschwitz-Vergleiche ziehen und auf subtile Weise eine Kontinuität teutonischen Verbrechertums suggerieren, sobald Belege für die (wissentliche?, unwissentliche?) Beteiligung einzelner bundesrepublikanischer Firmen an mutmaßlichen libyschen Giftgasfabriken auftauchen. Oder wenn eine rechts angesiedelte Partei in den von den vereinten Medien zum »closed shop« erklärten und durch einen Fünf-Prozent-Schutzwall scheinbar gesicherten Parlamentarismus einbrechen kann und daraufhin − national und international − Endzeitstimmung verbreitet und »Wehret-den-Anfängen«-Phrasen gedroschen werden; obwohl diese unbotmäßige neue Partei ja niemandem Konkurrenz macht, da die etablierten Parteien (von schwarz über rot bis grün) immer wieder − und sehr glaubhaft − versichern, ihr Platz sei selbstverständlich nicht rechts, sondern in der Mitte oder gar links. Und die Falschheit der These vom »Ende der Nachkriegszeit« wird auch dadurch entlarvt, daß der Inhaber des − formal − zweithöchsten Amtes im freiesten Staat, den es je auf deutschem Boden gab, nach einer Gedenkrede zur 50. Wiederkehr der Reichskristall- oder Pogromnacht seinen Hut nehmen mußte. Nicht etwa wegen − wie auch diejenigen, die ihn zunächst übelst angegriffen hatten, nach den ersten Aufgeregtheiten einräumten − inhaltlicher Fehler, sondern wegen der rhetorischen Form der Rede. Was den »Rheinischen Merkur« zu dem Urteil veranlaßte: »Der Stil hat hierzulande mehr Gewicht als die Substanz − selbst wenn diese Substanz, mag sie nun gefallen oder nicht, historisch korrekt ist.« Dabei war die Jenninger-Rede inhaltlich keineswegs frei von Fehlern. Aber diese »real existierenden« Schnitzer wurden interessanterweise in der gesamten Diskussion vollkommen ausgeklammert. So nahm niemand Anstoß

11

daran, daß Jenninger Hitlers Politik als »Obsessionen des sexuell Gestörten« bezeichnete, obgleich diese Sicht Hitlers – intellektuell auf der Ebene des »Teppichbeißers« liegend und genauso falsch – von seriösen Historikern heute nicht mehr geteilt wird. Und auch Jenningers unter Bezug auf den früheren Bundestagsabgeordneten Adolf Arndt getroffene Behauptung, »das Wesentliche wurde gewußt«, wonach die Deutschen im Dritten Reich über die Judenverfolgung im Bilde waren, ist mehr als kritikwürdig. Denn der englische Historiker Martin Gilbert hat 1981 in seiner Studie »Auschwitz and the Allies« nachgewiesen, daß selbst in Washington und London »bis zur dritten Juniwoche 1944« Massentötungen im Zusammenhang mit Auschwitz-Birkenau nicht bekannt waren. Wenn also selbst die Geheimdienste der Alliierten mit ihren vielfältigen Mitteln und Möglichkeiten damals keine Erkenntnisse besaßen, wie hätte dann der sprichwörtliche »kleine Mann« im gleichgeschalteten NS-Staat »das Wesentliche« in Erfahrung bringen sollen?

Die gleiche fragwürdige These hatte auch Bundespräsident Richard von Weizsäcker in seiner Rede vor dem Deutschen Bundestag zur 40. Wiederkehr des 8. Mai 1945 vertreten, als er behauptete, »wer seine Ohren und Augen aufmachte, wer sich informieren wollte, dem konnte nicht entgehen, daß Deportationszüge rollten«. Fatal an dieser Rede aber war nicht dieser historische Mißgriff, sondern der Umstand, daß dieser Mißgriff instrumentalisiert wurde, um die Deutschen (weil sie ja angeblich zumindest Mitwisser von Auschwitz waren) zur Akzeptanz des Nachkriegs-Status-quo aufzufordern. So wurde die Vertreibung von rund 15 Millionen Ostdeutschen mit nahezu drei Millionen Toten in dieser denkwürdigen Rede zur »erzwungenen Wanderschaft« verniedlicht und zum Verzicht auf die deutschen Ostgebiete, die – wie 1987, mehr als zwei Jahre nach der Rede, vom Bundesverfassungsgericht noch einmal bestätigt – nach wie vor zum fortbestehenden Deutschen Reich gehören, durch die Formel aufgefordert, es gelte, »den widerstreitenden Rechtsansprüchen das Verständigungsgebot überzuordnen«. Der – inzwischen verstorbene – langjährige Chefredakteur der »Berliner Morgenpost«, Johannes Otto, antwortete seinerzeit in einem lesenswerten Aufsatz: »Ich bitte sehr um Nachsicht, wenn ich hier unserem verehrten Bundespräsidenten widersprechen muß. Gewaltverzicht heißt, auf Gewalt zu verzichten, also keinen Krieg zu planen und zu führen. Gewaltverzicht heißt aber nicht, alles unbedingt so zu belassen, wie es ist, also alles Unrecht zu akzeptieren und den lieben Gott einen guten Mann sein zu lassen.«

Aus historischer Perspektive wird man später vielleicht einmal Weizsäckers Rede als eine tatsächliche Zäsur der bundesrepublikanischen Geschichte ansehen können. Sie beendete keineswegs die Nachkriegszeit, aber sie wurde zu einem Zeitpunkt gehalten, an dem neue, revolutionäre Entwicklungen einsetzten: Kurz zuvor hatte Bundeskanzler Helmut Kohl das für viele Ohren ketzerische Wort von der »Gnade der späten Geburt« geprägt und damit an Alarmsirenen gerührt, die vollens zu schrillen begannen, als 1986 der — bis heute nicht beigelegte — »Historikerstreit« losgetreten wurde. Dieser Streit wäre zehn Jahre früher undenkbar gewesen. Plötzlich aber wagte es ein renommierter Wissenschaftler wie Prof. Andreas Hillgruber, den Begriff »Befreiung« für den 8. Mai 1945 zurückzuweisen und klarzustellen, daß die Zertrümmerung Deutschlands und die Amputation der Ostgebiete keineswegs eine quasi gerechte Strafe der siegreichen Alliierten für deutsche Schuld gewesen ist, sondern schon beschlossene Sache war, lange bevor Hitler Gelegenheit hatte, Untaten zu begehen, oder solche bekannt geworden waren. Prof. Ernst Nolte, dessen Werk über den »Faschismus in seiner Epoche« bislang auch bei Linken sakrosant gewesen war, wagte es, Auschwitz auf Hitlers Angst vor dem Bolschewismus zurückzuführen und den NS-Holocaust damit seiner rein deutschen Wurzeln zu berauben. Darüber hinaus widerlegte Nolte den Mythos von der »Singularität« der NS-Verbrechen durch Hinweise auf die Kulaken-Ausrottung und den Archipel Gulag. Zeitgleich wagte sich die »Frankfurter Allgemeine Zeitung« an die — keineswegs neue — Diskussion um die Frage, ob es sich bei dem »Unternehmen Barbarossa« um ein Ergebnis von Hitlers »Lebensraum-im-Osten«-Parolen oder nicht vielleicht doch um einen Präventiv-Krieg gehandelt habe. Für diese These hat inzwischen der einstige sowjetische Generalstäbler Viktor Suworow ebenfalls Belege zusammengetragen.

Natürlich konnte die Gegenwehr nicht ausbleiben. Jürgen Habermas sah liebgewordene Denkschablonen in Gefahr, Hans-Ulrich Wehler geiferte, und selbst Rudolf Augstein, der noch im Januar 1985 in seinem »Spiegel« den Satz gewagt hatte: »Deutschlands Stunde Null, seine Demütigung und Zerstückelung, sie weisen zurück ins Jahr 1870/71. Eines Hitler hätte es nicht unbedingt bedurft«, hielt es für geboten, die Kategorie »konstitutioneller Nazi« in den Katalog bundesrepublikanischer Diffamierungen einzufügen. Die unbequemen Historiker wurden des Apologetentums bezichtigt, ihre Arbeiten als Revisionismus gebrandmarkt.

Dabei ist Wissenschaft ohne Revision gar nicht denkbar, weil Erkenntnis kein statischer Zustand, sondern ein dynamischer Prozeß ist. Jedes neu ausgewertete Aktenbündel, jedes wiederentdeckte Dokument, jede Überlieferung der Vergangenheit revidiert das vormalige Geschichtsbild zwingend. Bezüglich der Geschichte dieses Jahrhunderts und des globalen Ringens seit 1914 und insbesondere während des Zweiten Weltkrieges wurde ein solcher Revisionismus, d. h. jegliche wissenschaftliche Auseinandersetzung lange Zeit zwar nicht verhindert, aber nur in eine einzige Richtung zugelassen. Als Fritz Fischer in den 60er Jahren im Gegensatz zur Zunft eine deutsche Hauptschuld am Ersten Weltkrieg zu beweisen suchte (während seine Kollegen, auch international, längst erkannt hatten, daß die Schuldanteile für diesen Krieg gleichmäßig verteilt waren), konnte er sich insgesamt zwar nicht durchsetzen, aber allgemein wurde ihm Respekt für seine Thesen zugesprochen, und an den historischen Instituten bundesrepublikanischer Universitäten entstanden allenthalben »Fritz-Fischer-Schulen«. Selbst als Mitte der 80er Jahre in der Fachzeitschrift »Geschichte in Wissenschaft und Unterricht« Fischer das sinnentstellende Kürzen, das Aus-dem-Zusammenhang-Reißen und sogar das Fälschen von Zitaten, auf die er sich in seinem Deutschland belastenden Werk gestützt hatte, nachgewiesen wurde, tat das seinem Renommee keinen Abbruch.

In die andere Richtung wurden Abweichungen hingegen nicht zugelassen, insbesondere nicht hinsichtlich des Zweiten Weltkrieges. Da wurde ein Satz des Politologen Theodor Eschenburg zum Credo erhoben: »Bei der Frage nach der Schuld am Zweiten Weltkrieg, die wissenschaftlich eindeutig beantwortet ist, handelt es sich nicht etwa um eine fachhistorische Angelegenheit. Die Erkenntnis von der unbestrittenen und alleinigen Schuld Hitlers ist vielmehr eine Grundlage der Politik der Bundesrepublik.«

Diese Grundlage wurde gleichwohl Stück um Stück in Frage gestellt und eben nicht von Sektierern, die Hitler reinzuwaschen versuchten, sondern von ernsthaften Wissenschaftlern aus den unterschiedlichsten politischen Lagern, die einfach intellektuell die in der Tat abenteuerliche These nicht akzeptieren konnten, in den betreffenden Jahren habe es weltweit einzig und allein einen handelnden, böse Absichten verfolgenden Staatsmann – nämlich Hitler – und ansonsten nur »behandelte«, willenlos dahintreibende Politiker in den anderen Ländern gegeben, die irgendwann entsetzt erkennen mußten: »Himmel, jetzt hat der Hitler einen Weltkrieg angefangen. Nun gilt es zu reagieren!«

Zu diesen Wissenschaftlern — um nur einige zu nennen — zählen etwa der aus einer eher linken Ecke stammende Dirk Bavendamm, der in Südafrika lehrende Dirk Kunert, der in Graz tätige Ernst Topitsch und der Erlanger Hellmut Diwald. Ihre wertvollen Arbeiten — zumeist entstanden sie erst nach der Erstauflage dieses Buches — bereiteten zweifellos den »Historikerstreit« vor. Und der »Historikerstreit« ist, entsprechend dem zitierten Eschenburg-Dogma, keinesfalls eine fachwissenschaftliche Kontroverse aus dem Elfenbeinturm, sondern eine hochpolitische Auseinandersetzung. Jürgen Habermas hat das deutlich gemacht, als er in der »Zeit« seinen Kontrahenten vorwarf, sie wollten den Deutschen »die Schamröte« austreiben, was dazu führen könne, daß »die nationalen Symbole ihre Prägekraft« wiedergewinnen könnten. Dadurch aber würde die »Bindung an universalistische Verfassungsprinzipien« gefährdet und die Möglichkeit einer Rückbesinnung auf die nationale Identität befördert, wodurch »der einzige Patriotismus, der uns dem Westen nicht entfremdet«, nämlich der »Verfassungspatriotismus« in Gefahr gebracht würde.

Das Dogma von der Singularität deutscher Verbrechen und von der deutschen Alleinschuld am Zweiten Weltkrieg hat also eine rein politische Funktion als Waffe gegen eine Rekonstruktion der nationalen Identität der Deutschen. Da aber ein Volk ohne Identität nicht lebensfähig ist, wird die Bedeutung jener Historiker, die sich dem Eschenburg-Dogma entziehen, offenkundig.

In diesem Sinne ist auch dieses Buch zu verstehen. Es will, weitestgehend ohne Kommentierung, Fakten und Zitate sprechen lassen. Maßgebliche ausländische Politiker, Diplomaten und Militärs etc. aus der Zeit der deutschen Nationalstaatlichkeit von 1871 bis 1945 kommen zu Wort. Ihre heute allgemein verschwiegenen Stimmen sollen das schiefe Geschichtsbild unserer Gegenwart korrigieren, im Sinne Rankes: »wie es eigentlich gewesen ist«. Dabei stellt diese Quellensammlung keinen Anspruch auf eine »Ausgewogenheit« im Sinne einer Balance »entlastender« oder »belastender« Dokumente. Da die »Belastungen« deutscher Geschichte heute jedermann in allen Bibliotheken, ja fast täglich in den Printmedien und im Fernsehen präsentiert werden, soll hier bewußt und »parteiisch« einmal eine Quellensammlung anderer Art gewagt werden, ohne freilich in Geschichtsklitterei zu verfallen. »Unbequeme«, das Gesamtbild vieler umerziehender Historiker »störende« Quellen sollen hier vornehmlich angeführt werden, so unvollständig dieser Versuch bleiben muß in einer Zeit, in der wesentliche Akten und sonstige Quellen der Siegermächte des Zweiten Weltkrieges, vor allem der UdSSR, der USA und Frankreichs gesperrt sind und die Akten des deutschen Auswärtigen Amtes von einer alliierten Kommission herausgegeben werden, in der erst seit 1960 auch westdeutsche Historiker mitarbeiten dürfen.

Dennoch mag diese Sammlung einen Beitrag dazu leisten, von einer eindimensionalen und damit unwissenschaftlichen Betrachtung der Geschichte unseres Jahrhunderts abzurücken. Das ist der Zweck dieses Buches. Nicht mehr und nicht weniger.

Teil I
In Europa gehen die Lichter aus
– Auf dem Weg zum Ersten Weltkrieg –

1. Aufgabe der »splendid isolation« – Englands Weg zum Ersten Weltkrieg

a) Gegen Deutschland

Verfolgte die britische Öffentlichkeit die deutschen Einigungskriege (1864, 1866, 1870/71) zu Anfang noch mit Sympathien im Hinblick auf Bismarcks Werk der nationalen Einigung, so wurde der Ton nach der Reichsgründung am 18. 1. 1871 merklich kühler. Bereits am 3. 1. 1871 notierte die »Times« bedeutungsvoll ein »ill-feeling between the two great European nations of Teutonic stock« – ein »Unbehagen zwischen den beiden großen europäischen Nationen teutonischer Herkunft.« Die »balance of power«, der Leitfaden britischer Außenpolitik »seit 400 Jahren« (Churchill) war aus britischer Sicht seit 1871 empfindlich gestört. Dies sollte entscheidend sein für die Hinwendung Englands zu den Gegnern des Deutschen Reiches 1914.

*

Benjamin Disraeli sagte am 9. 2. 1871 für die konservative Opposition im britischen Unterhaus:

»Dieser Krieg bedeutet die deutsche Revolution, ein größeres politisches Ereignis als die Französische Revolution des vergangenen Jahrhunderts.

Nicht ein einziger der Grundsätze in der Handhabung unserer auswärtigen Angelegenheiten, welche noch vor einem halben Jahre von allen Politikern als selbstverständliche Richtlinien anerkannt wurden, steht heute noch in Geltung. Es gibt keine überkommene Auffassung der Diplomatie, welche nicht fortgeschwemmt wäre. Wir stehen vor einer neuen Welt, neue Einflüsse sind am Werk... *Das Gleichgewicht der Macht ist völlig zerstört.*«

Georg Franz-Willing, Der Zweite Weltkrieg. Ursachen und Anlaß, Leoni 1979, S. 15

Die britische Zeitschrift »*Saturday Review*« schrieb am 24. 8. 1895 in dem Artikel »Our true foreign policy«:

»Vor allem gilt doch, daß wir Engländer bisher stets gegen unsere Wettbewerber im Handel und Verkehr Krieg geführt haben. Und unser Hauptbewerber in Handel und Verkehr ist heute nicht länger Frankreich, sondern Deutschland. Bei einem Kriege mit Deutschland kämen wir in die Lage, viel zu gewinnen und nichts zu verlieren. Ein Krieg mit Frankreich dagegen, ende der Krieg wie er wolle, schlösse immer mit schweren Verlusten für uns ab.«

... und am 1. 2. 1896:

»Unter den europäischen Völkern sind sich die Deutschen und die Engländer am ähnlichsten. Weil die Deutschen den Engländern so ähnlich sind im Wesen, im religiösen und wissenschaftlichen Denken, im Gefühlsleben und an Begabung, sind sie unsere vorbestimmten natürlichen Nebenbuhler. Überall auf der Welt, bei jedem Unternehmen, im Handel, in der Industrie, bei sämtlichen Anlagen in der weiten Welt stoßen Engländer und Deutsche aufeinander. Die Deutschen sind ein wachsendes Volk, ihre Wohnsitze liegen über die Reichsgrenzen hinaus. Deutschland muß neuen Raum gewinnen oder bei dem Versuche untergehen... *Wäre morgen jeder Deutsche beseitigt, es gäbe kein englisches Geschäft, noch irgendein englisches Unternehmen, das nicht zuwüchse.* Verschwände jeder Engländer morgen, die Deutschen hätten im gleichen Verhältnis Gewinn davon. Hier also wird der erste große Artenkampf der Zukunft sichtbar; hier sind zwei wachsende Nationen, die aufeinanderdrücken rund um die Erde. Eine von beiden muß das Feld räumen, eine von beiden wird das Feld räumen.«

... und am 11. 9. 1897:

»Aus einer Million von Streitereien um Kleinigkeiten fügt sich die größte Kriegsursache zusammen, davon die Welt jemals gehört haben wird. Würde Deutschland morgen ausgelöscht, gäbe es übermorgen weltein weltaus keinen Engländer, der nicht seinen Gewinn davon hätte. Staaten haben jahrelang um eine Stadt oder für ein Thronfolgerecht Krieg geführt; und da sollten sie nicht Krieg führen, wenn ein jährlicher Handel von fünf Milliarden (Pfund) auf dem Spiel steht? ... Zu Frankreich und Rußland könnten wir dann sagen: ›Sucht euch die Entschädigung selbst aus, nehmt euch in Deutschland, was ihr wollt, ihr sollt es haben!‹«

Alle 3 Artikel enden mit dem Aufruf »Germaniam esse delendam«.

Franz-Willing, Zweiter Weltkrieg, aaO, S. 20 f.

*

Der Amerikaner *Homer Lea* schrieb 1912 in seinem aufsehenerregenden Werk »The Day of the Saxon«:
»Die Notwendigkeit ist der Gott der Völker!... Bismarck und die Fabriken Deutschlands haben diesen Gott erneut gerufen. Daß die deutsche Expansion notwendigerweise einen Kampf mit den Angelsachsen ergeben muß, ist nicht die Schuld Bismarcks und nicht die Schuld dieser rauchenden Kamine. Sie ergibt sich aus der angelsächsischen Situation... Es gibt keinen Teil der Erde, der für die deutsche Entwicklung offen wäre, ohne auf die Rechte und Ansprüche der Angelsachsen zu stoßen... Deutschland ist durch die Angelsachsen so eng eingekreist, daß es nicht einmal versuchsweise eine Ausdehnung seines Gebiets oder seiner Herrschaft über nicht angelsächsische Völker machen kann, ohne die Sicherheit der angelsächsischen Herrschaft zu gefährden.
...als aber England die Einigung der Deutschen Stämme erlaubte, bereitete es sich selbst das Grab... Sobald Deutschland die Vereinigung aller deutschen Stämme in Europa vollendet hat, wird sich das Britische Empire aus Europa verdrängt sehen... Die Aufrechterhaltung des Britischen Empire beruht nämlich entscheidend auf der Aufrechterhaltung des politischen Gleichgewichts in Europa. *England muß für dieses Gleichgewicht mehr kämpfen als für seine wertvollsten Besitzungen, denn auf ihm beruht die Sicherheit all seiner Besitzungen.*«

Homer Lea, Die Stunde der Angelsachsen, Bern 1946; S. 129f., 133

b) Memoranda

Die folgenden Memoranda führender britischer Politiker über das Problem eines deutsch-britischen Bündnisses von 1901 bis 1907 geben einen Einblick in das Denken jener britischen Kreise vor allem im Foreign Office, die sich gegen das Deutsche Reich entschieden. Seit 1900 etwa trat dieses Amt mehr und mehr neben dem Außenminister hervor, es wurde eine Art ›imperium in imperio‹. Dabei erwies sich dieses »Imperium einer Gruppe versierter, doch aus vielfachen Gründen voreingenommener Diplomaten in steigendem Maße als antideutsche Macht« (so der Historiker Erwin Hölzle in seinem Werk »Die Selbstentmachtung Europas« [1975]).

Memorandum des britischen Premierministers *Robert Cecil Salisbury* vom 29. 5. 1901 über die englisch-deutschen Beziehungen:
»Dies ist ein Vorschlag, England in die Schranken des Dreibundes einzubeziehen. Seine praktische Auswirkung würde meiner Auffassung nach sein:
1. Wenn England von zwei Mächten – sagen wir Frankreich und Rußland – angegriffen würde, dann würden Deutschland, Österreich und Italien zu Hilfe kommen.
2. Umgekehrt, wenn entweder Österreich, Deutschland oder Italien von Frankreich und Rußland angegriffen würde, oder wenn Italien von Frankreich und Spanien angegriffen würde, müßte England zu Hilfe kommen.
Selbst angenommen, daß die beteiligten Mächte alle despotisch wären und alles, was ihnen beliebte, mit der vollen Zuversicht versprechen könnten, daß sie das Versprechen zu erfüllen vermöchten, so ist es doch meiner Meinung nach sehr fraglich, ob der Handel vorteilhaft für uns wäre. *Die Verpflichtung, die deutschen und österreichischen Grenzen gegen Rußland verteidigen zu müssen, wiegt schwerer als die Verpflichtung, die britischen Inseln gegen Frankreich verteidigen zu müssen.* Der Handel wäre daher selbst in seiner nacktesten Gestalt ungünstig für unser Land...
Es wäre schwerlich klug, neue und höchst drückende Verpflichtungen auf uns zu nehmen zum Schutze gegen eine Gefahr, an deren Bestehen zu

glauben wir keinen geschichtlichen Grund haben. Aber obwohl die vorgeschlagene Abmachung selbst von diesem Gesichtspunkt aus mir nicht angängig zu sein scheint, so sind diese Bedenken doch keineswegs die gewichtigsten, die dagegen geltend gemacht werden können. Der fatale Umstand ist der, daß weder wir noch die Deutschen befugt sind, die vorgeschlagenen Versprechungen zu machen. Die britische Regierung kann sich nicht verpflichten, zu irgendeinem Zweck den Krieg zu erklären, es sei denn zu einem Zweck, den die Wähler unseres Landes billigen würden...

Ich wüßte nicht, wie wir nach dem Begriffe der gewöhnlichen Ehrlichkeit andere Nationen einladen könnten, sich auf unsere Hilfe in einem Kampf zu verlassen, der furchtbar sein muß und wahrscheinlich das Äußerste erfordert, wenn wir keinerlei Mittel haben zu wissen, wie die Stimmung unseres Volkes unter Umständen, die sich nicht voraussehen lassen, sein wird. Wir könnten uns der vollen Verantwortlichkeit für einen derartigen Schritt einigermaßen entledigen, wenn wir unsere Abmachung mit dem Dreibund dem Parlament vorlegten, sobald sie geschlossen ist. Doch gegen solch ein Verfahren bestehen sehr ernste Bedenken, und mir scheint nicht, daß der deutsche Botschafter es empfehlenswert findet...«

Konferenzen und Verträge (Vertrags-Ploetz), Teil II, 3. Band: Neuere Zeit, 1492–1914, 2. Aufl., Würzburg 1958; S. 477 f.

✳

Im Memorandum des britischen stellvertretenden Unterstaatssekretärs im Foreign Office *Francis Leveson Bertie* vom 9. 11. 1901 heißt es hinsichtlich der Bündnisangebote Deutschlands:

»...aber wenn man Bündnisangebote Deutschlands in Erwägung zieht, muß man der Geschichte Preußens in bezug auf Bündnisse und des Verhaltens der Regierung Bismarck eingedenk sein, die einen Vertrag mit Rußland hinsichtlich Österreichs, des Verbündeten Deutschlands, und zwar hinter dessen Rücken schloß, und man muß auch die Stellung Deutschlands in Europa gegenüber Frankreich und Rußland und seine Stellung in anderen Erdteilen gegenüber dem Britischen Reich im Auge behalten...

Deutschland befindet sich in Europa in gefährlicher Lage. Es ist von

Regierungen umgeben, die ihm mißtrauen, und von Völkern, bei denen es unbeliebt oder auf alle Fälle nicht beliebt ist. Es liegt ständig in einer Art Zollkrieg mit Rußland. Es hat Dänemark geschlagen und beraubt, und zu diesem Zweck nahm es Österreich zum Partner, wandte sich dann aber gegen seinen Verbündeten, trieb ihn aus Deutschland hinaus und machte ihn schließlich zu einem ziemlich untertänigen Bundesgenossen. Es hat Frankreich geschlagen und ihm Geld und Land genommen. Es trachtet nach der Küste Hollands, und die Holländer wissen das; und es hat, wie den Belgiern wohlbekannt ist, Absichten auf den belgischen Kongo. Die alldeutsche Agitation im österreichischen Reich und wirtschaftliche Fragen können recht bald Verwicklungen zwischen Deutschland und Österreich herbeiführen, und die inneren Nöte des österreichisch-ungarischen Reiches setzen seinen Wert als Bundesgenossen für Deutschland herab, während der politische, militärische und finanzielle Zustand Italiens nicht derart ist, daß er die deutsche Regierung mit großem Vertrauen auf eine wirksame Hilfe Italiens erfüllen könnte. Unter diesen Umständen ist es ein wesentlicher Faktor für die deutsche Regierung, sich für den Fall eines gemeinsamen Angriffs von Frankreich und Rußland auf Deutschland die Gewißheit der bewaffneten Hilfe Englands zu verschaffen zu suchen, denn wenn England nicht an Deutschland gebunden ist und S. M. Regierung zu einer allgemeinen Verständigung mit Frankreich und Rußland oder einem von ihnen gelangt, wird die Lage Deutschlands in Europa kritisch werden...

Wenn wir uns einmal durch ein förmliches Defensivbündnis binden und praktisch dem Dreibund beitreten, werden wir nie mit Frankreich, unseren Nachbarn in Europa und in vielen Teilen der Welt, oder mit Rußland, dessen Grenzen in einem großen Teil Asiens mit den unsrigen ganz oder nahezu zusammenfallen, in einem leidlichen Verhältnis stehen...

In unserer gegenwärtigen Lage bilden wir zwischen dem Dreibund und dem Zweibund das Zünglein an der Waage. Die Wahrscheinlichkeit einer gegen uns gerichteten Verbindung zwischen ihnen ist nur gering. Unser Bestehen als Großmacht ist für alle notwendig, um das Gleichgewicht der Macht aufrechtzuerhalten, am meisten aber für Deutschland, dessen Vorstellungen über die Katastrophen, die das Britische Reich erwarten, wenn S. M. Regierung nicht ein Bündnis mit ihm abschließt, eine schwache oder keine wirkliche Grundlage haben. Vertrag oder nicht Vertrag – wenn je die Gefahr bestünde, daß wir von Rußland und Frankreich vernichtet oder auch nur besiegt würden, wäre Deutschland gezwungen, uns zu Hilfe zu kommen, um ein gleiches Schicksal von sich selbst abzuwenden. Es würde für solche Hilfe vielleicht einen hohen Preis verlangen, aber könnte das höher sein als *der Verlust, den wir durch das Opfer unserer Freiheit, eine britische Weltpolitik zu verfolgen, erleiden würden, was die Folge eines förmlichen Defensivbündnisses mit dem Deutschen Reich wäre?*«

Vertrags-Ploetz II, 3, aaO, S. 478 f.

*

Am 1. 1. 1907 erstellte der britische Unterstaatssekretär im Foreign Office *Sir Eyre Crowe* sein berühmtes Memorandum. Wie der Historiker Hermann Oncken feststellte, wurde in diesem »denkwürdigen Aktenstück von ungewöhnlichem Umfang die Bilanz der neuen englischen Politik gezogen«. Der britische Außenminister Edward Grey urteilte: »Als Richtschnur für die Politik sehr nützlich«. Nach seiner Verfügung sollte das Memorandum in einem engeren Kreise des Kabinetts umlaufen.

Im folgenden werden die wichtigsten Passagen und Gedankengänge Crowes wiedergegeben:

»...Hinsichtlich der auswärtigen Politik kann man das moderne Deutsche Reich als Erben oder Abkömmling Preußens betrachten. In der Geschichte Preußens ist nächst der Aufeinanderfolge begabter Monarchen und der für ihre Untertanen charakteristischen Tatkraft und Liebe zu ehrlicher Arbeit vielleicht die bemerkenswerteste Erscheinung der Prozeß, durch den auf dem engbegrenzten Fundament der bescheidenen Markgrafschaft Brandenburg im Verlauf eines verhältnismäßig kurzen Zeitraums der feste Bau einer europäischen Großmacht errichtet wurde. Es war ein Prozeß systematischer, hauptsächlich mit dem Schwert durchgeführter Gebietsvergrößerungen, wobei die bedeutendsten und entscheidendsten Eroberungen von ehrgeizigen Herrschern oder Staatsmännern vorsätzlich zu dem eingestandenen Zweck unternommen wurden, um Preußen den Umfang, die Kohäsion, die Quadratmeilen und die Bevölkerung zu verschaffen, die erforderlich waren, um es zum Rang und Einfluß eines erstklassigen Staates zu erheben. Alle anderen Länder haben ihre Eroberungen gemacht, viele von ihnen weit größere und blutigere. Es handelt sich jetzt oder an dieser Stelle nicht darum, ihre relativen Werte oder ihre Berechtigung abzuwägen oder zu erörtern. Das gegenwärtige Interesse liegt darin, die Aufmerksamkeit auf die besonderen Umstände zu heften, die dem Werden Preußens sein besonderes Gepräge gegeben haben. Es hat sich nicht um die Eroberungssucht eines Königs an sich gehandelt, auch nicht um die Aufsaugung von Ländern, die geographisch oder ethnologisch als integrierender Bestandteil des wahren nationalen Gebietes galten, und ebensowenig um das mehr oder weniger unbewußte Streben eines Volkes, sich unter dem Einfluß einer überschäumenden Lebenskraft zur volleren Entfaltung des nationalen Lebens und der nationalen Kraftquellen auszubreiten. Hier handelt es sich vielmehr um den Monarchen eines kleinen und schwachen Vasallenstaates, der sagte: »Ich will mein Land unabhängig und mächtig sehen. Das ist innerhalb seiner gegenwärtigen Grenzen und mit seiner gegenwärtigen Bevölkerung nicht möglich. Ich muß ein größeres Gebiet und mehr Einwohner haben und zu diesem Zweck muß ich eine starke Militärmacht organisieren.

Der größte und klassische Vertreter der Politik bewußter Absicht, einen kleinen Staat in einen großen umzuwandeln, war in der neueren Geschichte Friedrich der Große. Durch seine plötzliche Wegnahme Schlesiens im tiefen Frieden und durch die erste Teilung Polens verdoppelte er praktisch seine ererbten Besitzungen. Dadurch, daß er die leistungsfähigste und gewaltigste Armee seiner Zeit unterhielt und sich mit England in dessen großem Streben verband, das Gleichgewicht der Macht den Übergriffen Frankreichs gegenüber zu wahren, gelang es ihm, die Stellung seines Landes als eine der europäischen Großmächte aufrechtzuerhalten. Die preußische Politik blieb unter seinen Nachfolgern von denselben Grundgedanken inspiriert. Man braucht kaum mehr zu tun, als zu erwähnen: die zweite und dritte Teilung Polens; die wiederholten Versuche, Hannover in Komplizität mit Napoleon zu annektieren; die Zerstückelung Sachsens und den Eintausch der Rheinprovinzen gegen die Abtretung polnischer Länder im Jahre 1815; die Annexion Schleswig-Holsteins im Jahre 1864; die endgültige Einverleibung Hannovers und Kurhessens und andere Gebietsaneignungen im Jahre 1866; und endlich die Rückeroberung Elsaß-Lothringens von Frankreich im Jahre 1871. Es wird natürlich nicht behauptet, daß alle diese *Erwerbungen* auf gleichem Fuße stehen. Sie haben aber das miteinander gemein – daß sie *alle geplant wurden, um ein großes Preußen oder Deutschland zu schaffen.* Ein solcher Zustand gefiel dem deutschen patriotischen Stolze nicht. Deutschland hatte seinen Platz als eine der führenden, wenn nicht gar als die erste der europäischen Kontinentalmächte errungen. Doch über den europäischen Großmächten und jenseits von ihnen schienen die »Weltmächte« zu stehen. *Es war auf einmal klar, daß auch Deutschland eine »Weltmacht« werden mußte.* Die Entwicklung dieser Idee und ihre Übertragung in die praktische Politik folgte mit eigenartiger Konsequenz dem Gedankengang, der die preußischen Könige bei ihren Bestrebungen beseelt hatte, Preußen groß zu machen. »Wenn Preußen«, sagte Friedrich der Große, »im Rat Europas etwas zählen soll, so muß es zu einer Großmacht erhoben werden.« Und das Echo: »Wenn Deutschland in den Angelegenheiten der größeren ozeanischen Welt mitreden will, muß es zu einer ›Weltmacht‹ erhoben werden.« »Ich brauche mehr Land«, sagte Preußen. »Deutschland muß Kolonien haben«, sagt die neue Weltpolitik. Und so wurden denn Kolonien gegründet an Plätzen, die sich noch als herrenlos vorfanden, oder aus denen andere durch die energische Geltendmachung eines deutschen Verlangens nach »einem Platz an der Sonne« verdrängt werden konnten: Damaraland, Kamerun, Togoland, Deutsch-Ostafrika, Neu-Guinea und andere Inselgruppen im Stillen Ozean.

Die Bedeutung dieser persönlichen Äußerungen (Wilhelm II.) mag leicht überschätzt werden. Im ganzen genommen ist ihre Kumulativwirkung eine Bestätigung des Eindrucks, daß *Deutschland deutlich danach strebt, auf der politischen Weltbühne eine viel größere und beherrschendere Rolle zu spielen, als es bei der gegenwärtigen Verteilung der materiellen Macht sich zugewiesen findet.*

Solange Deutschland also im Vertrauen auf seine eigenen nationalen

Vorzüge und Kräfte um eine intellektuelle und moralische Führerschaft der Welt wetteifert, kann England nur bewundern, Beifall spenden und am Wettlauf teilnehmen. Wenn Deutschland jedoch glaubt, daß größeres relatives Übergewicht an materieller Macht, weitere Gebietsausdehnung, unverletzbare Grenzen und die Vorherrschaft zur See die notwendigen und die präliminaren Besitztümer sind, ohne die alle auf eine solche Führerschaft gerichteten Bestrebungen scheitern müssen, dann muß England erwarten, daß *Deutschland sicherlich danach trachten wird*, die Macht aller Rivalen zu schwächen, seine eigene Macht durch Gebietserweiterungen zu stärken, das Zusammenwirken anderer Staaten zu verhindern und schließlich *das britische Reich zu zerstückeln und zu verdrängen.*

Nun ist es zwar durchaus möglich, daß Deutschland Pläne solch umwälzender Art bewußt nicht hegt und niemals hegen wird. Seine Staatsmänner haben sie öffentlich mit Entrüstung von sich gewiesen.

Die Versicherungen der deutschen Staatsmänner sind am Ende vielleicht nicht wahrer, als sich die Versicherungen über die englisch-französische Entente und die deutschen Interessen in Marokko erwiesen, oder sie können zwar ehrlich gemeint, aber unerfüllbar sein ...

Bleibt noch die schwierigere Aufgabe, die logischen Folgerungen zu ziehen. Der unmittelbare Zweck der vorliegenden Untersuchung wäre festzustellen, ob irgendein tatsächlicher und natürlicher Grund für eine Gegnerschaft zwischen England und Deutschland besteht. Es wurde dargelegt, daß eine solche Gegnerschaft wirklich lange Zeit in reichlichem Maße bestand, daß sie aber durch eine gänzlich einseitige Aggressivität verursacht wurde und daß auf seiten Englands die versöhnlichste Gesinnung mit nie versagender Bereitwilligkeit verbunden war, die Wiederaufnahme freundlicher Beziehungen durch ein Zugeständnis nach dem andern zu erkaufen.

Man könnte folgern, daß der Antagonismus zu tief in der relativen Stellung der beiden Länder wurzele, um sich durch die Art zeitweiliger Notbehelfe überbrücken zu lassen, zu denen England so lange und so geduldig seine Zuflucht genommen hat. Bei dieser Auffassung müßte angenommen werden, daß Deutschland bewußt eine Politik verfolgt, die vitalen britischen Interessen im wesentlichen entgegenläuft, und daß ein bewaffneter Konflikt auf die Dauer nicht vermieden werden kann, außer dadurch, daß England entweder diese Interessen opfert, wodurch es seine Stellung als unabhängige Großmacht verlöre, oder daß es sich zu stark macht, um Deutschland Erfolgsaussicht in einem Kriege zu bieten. Das ist die Ansicht derer, die in der ganzen Richtung der Politik Deutschlands den schlüssigen Beweis dafür erblicken, daß es bewußt die Errichtung einer deutschen Hegemonie, zuerst in Europa und schließlich in der Welt, anstrebt.

Sollte es möglich sein, auf diese vielleicht nicht sehr schmeichelhafte Weise das andauernd aggressive Verhalten der deutschen Regierung gegen England sowie den sich daraus ergebenden Zustand fast fortwährender Reibung – trotz der angeblichen Freundschaft – zu erklären, so würde die im ganzen unruhige, explosive und verwirrende Tätigkeit Deutschlands in bezug auf alle anderen Staaten ihre Erklärung zum Teil in derselben Haltung gegen sie und zum Teil in dem angedeuteten Mangel bestimmter politischer Ziele und Absichten finden. *Ein kluger deutscher Staatsmann würde die Grenzen erkennen, auf die sich jede Weltpolitik beschränken muß, wenn sie keinen feindlichen Zusammenschluß sämtlicher Nationen in Waffen herausfordern soll.* Er würde sich darüber klar sein, daß der Bau des Alldeutschtums mit seinen Außenbastionen in den Niederlanden, in den skandinavischen Ländern, in der Schweiz, in den deutschen Provinzen Österreichs und am Adriatischen Meer niemals auf einer anderen Grundlage als den Trümmern der Freiheiten Europas aufgeführt werden könnte. Es muß anerkannt werden, daß eine deutsche Vorherrschaft zur See mit dem Bestreben des britischen Reiches unvereinbar ist, und selbst wenn dies Reich verschwände, würde die Vereinigung der größten Militär- mit der größten Seemacht in einem Staate die Welt zwingen, sich zur Beseitigung eines solchen Alps zusammenzuschließen. Der Erwerb von Kolonien in Südamerika, die sich für eine deutsche Besiedelung eignen, läßt sich mit der Monroe-Doktrin nicht in Einklang bringen, die ein Grundprinzip des politischen Glaubensbekenntnisses der Vereinigten Staaten ist. Die Schaffung eines deutschen Indien in Kleinasien muß letzten Endes entweder mit einer deutschen Beherrschung der See oder einer deutschen Eroberung Konstantinopels und der zwischen den gegenwärtigen Südostgrenzen Deutschlands und dem Bosporus liegenden Ländern stehen oder fallen.

Vertrags-Ploetz II, 3, aaO, S. 479 f.

c) Der Kreis schließt sich:
Englands Bündnis mit Frankreich und Rußland

Durch die Entente cordiale zwischen Frankreich und England 1904 über die Abgrenzung von Interessensphären in Marokko bzw. Ägypten sowie durch den russisch-britischen Interessenausgleich über Persien 1907 waren die Voraussetzungen für die Einkreisung Deutschlands geschaffen. Die seit 1906 beginnenden und bis 1914 immer enger werdenden britisch-französisch-(belgischen) Generalstabsbesprechungen präjudizierten die Parteinahme Englands im Ersten Weltkrieg.

Am 31. 1. 1906 schrieb Außenminister *Sir Edward Grey* an den britischen Botschafter in Paris:

»Vor allen Dingen sind, seitdem der Botschafter mit mir gesprochen hat, beträchtliche Fortschritte gemacht worden. Unsere militärischen und Marinefachleute haben mit den französischen in Verbindung gestanden und ich nahm an, daß alle Vorbereitungen getroffen waren, so daß im Falle einer Krise mangels eines förmlichen Abkommens keine Zeit verloren gegangen wäre.«

Arthur Ponsonby, Absichtliche Lügen in Kriegszeiten, Seeheim 1967; S. 46

✻

Sir Edward Grey schrieb dann am 20. 2. 1906 in einem Memorandum aus Anlaß der 1. Marokkokrise:

»Die Vereinigten Staaten würden uns verachten, Rußland würde es nicht für der Mühe wert halten, eine freundschaftliche Vereinbarung über Asien mit uns zu schließen, Japan würde Anstalten treffen, um anderweitig eine Rückversicherung einzugehen, wir würden ohne einen

Freund dastehen und ohne die Macht, einen Freund zu gewinnen, und Deutschland würde sich nach dem Vorgefallenen ein Vergnügen daraus machen, die ganze Lage zu unserem Nachteil auszuschlachten...
Wir halten die Tür für eine Annäherung an Rußland offen; es besteht wenigstens die Aussicht, daß wir in guten Beziehungen mit Rußland sein werden, wenn es wieder erstarkt ist. Eine Entente zwischen Rußland, Frankreich und uns würde absolute Sicherheit bieten. Wenn es notwendig ist, Deutschland in den Weg zu treten, so könnte es dann geschehen.«

Die britischen amtlichen Dokumente über den Ursprung des Weltkrieges 1898–1914 (Britische Dokumente), Bd. I–XI, Berlin 1926–1933; Bd. III, S. 429 f.

✳

Aus einem Gespräch des konservativen Parteiführers *Lord Balfour* mit dem US-Botschafter in London, Henry White um das Jahr 1910:
Balfour: »Wir sind wahrscheinlich töricht, daß wir keinen Grund finden, um Deutschland den Krieg zu erklären, ehe es zuviel Schiffe baut und uns unseren Handel wegnimmt.«
Henry White: »Sie sind im privaten Leben ein hochherziger Mann. Wie ist es möglich, daß Sie politisch etwas so Unmoralisches erwägen können, wie einen Krieg gegen eine harmlose Nation zu provozieren, die ein ebenso gutes Recht auf eine Flotte hat wie Sie? Wenn Sie mit dem deutschen Handel konkurrieren wollen, so arbeiten sie härter.«
Balfour: »Das würde bedeuten, daß wir unseren Lebensstandard senken müßten. Vielleicht wäre ein Krieg einfacher für uns.«
White: »Ich bin erschrocken, daß gerade Sie solche Grundsätze aufstellen können.«
Balfour: »Ist das eine Frage von Recht und Unrecht? Vielleicht ist das nur eine Frage der Erhaltung unserer Vorherrschaft.«

Allan Nevins, Henry White. Thirty Years of American Diplomacy, New York 1930; S. 257 f.

✳

Der Brief des englischen Außenministers *Grey* an den französischen Botschafter in London, Cambon vom 22. 11. 1906 sowie das Antwortschreiben Cambons an Grey vom 23. 11. 1906 waren der Ersatz für einen offiziellen Bündnisvertrag zwischen Frankreich und England.

Im folgenden der Brief Greys vom 22. 11. 1906:

»Mein lieber Botschafter! Von Zeit zu Zeit in den letzten Jahren haben die französischen und britischen Marinefachleute miteinander beraten. Es hat sich dabei immer von selbst verstanden, daß solche Beratung nicht die Freiheit einer jeden Regierung einschränke, in irgendwelcher Zukunft zu entscheiden, ob der anderen mit bewaffneter Macht beizustehen sei oder nicht. Wir sind übereingekommen, daß diese Beratung zwischen den Fachleuten weder jetzt noch in der Zukunft als eine Verpflichtung für die Regierung angesehen werden soll, in gewissen Fällen, die sich noch nicht ereignet haben, und die sich niemals ereignen mögen, handelnd einzugreifen. Die Anordnung z. B. der britischen und französischen Flotte bezüglich des gegenwärtigen Augenblicks ist nicht gegründet auf eine Verpflichtung zum Zusammenwirken im Kriege.

Sie haben indessen darauf hingewiesen, daß, wenn eine der beiden Regierungen gewichtigen Grund hätte, einen nicht herausgeforderten Angriff von einer dritten Macht zu erwarten, es wesentlich sein würde, zu wissen, ob sie bei einem solchen Ereignis auf die bewaffnete Hilfe der anderen rechnen könnte. Ich stimme damit überein, daß, wenn eine der beiden Regierungen gewichtigen Grund hätte, einen nicht herausgeforderten Angriff von einer dritten Macht oder sonst etwas den allgemeinen Frieden Bedrohendes zu erwarten, sie sofort mit der anderen erörtern sollte, ob beide Regierungen zusammen handeln sollen, um dem Angriff zuvorzukommen und den Frieden zu bewahren, und wenn, welche Maßnahmen sie zu gemeinsamem Vorgehen vorbereiten sollen. Wenn diese Maßnahmen zum Eingreifen führen sollten, wären die Pläne der Generalstäbe zunächst in Betracht zu ziehen, und die Regierungen würden dann entscheiden, welche Folge ihnen gegeben werden soll.«

Vertrags-Ploetz II, 3, aaO, S. 440f.

*

Der russische Außenminister *Sergej Sasonow* berichtete im März 1913 an den Zaren:

»Ohne Zaudern bestätigte Grey, *daß England bei Eintritt der besprochenen Verhältnisse alles daransetzen würde, der deutschen Macht den ernstesten Schlag zu versetzen* ... Im Anschluß daran erklärte mir Grey aus eigenem Antrieb, was ich schon durch Poincaré [französischer Staatspräsident] wußte, daß *ein Abkommen zwischen Frankreich und Großbritannien bestand, in dem sich England verpflichtete, im Fall eines Krieges mit Deutschland Frankreich nicht nur zur See sondern auch auf dem Festland durch Landung von Truppen zu unterstützen.*«

Ponsonby, Lügen, aaO, S. 51

d) »Britannia rules the waves« –
oder: Der Stellenwert des deutsch-britischen Flottenstreits

In seinem 1981 neu aufgelegten Buch »Die sieben Todsünden des Deutschen Reiches im Ersten Weltkrieg« zählt der Publizist Sebastian Haffner die deutsche Flottenbaupolitik seit 1898 zu einer der »sieben Todsünden« des Kaiserreiches, die eine der Hauptursachen für das Nichtzustandekommen eines deutsch-britischen Bündnisses gewesen sei. Der Historiker Erwin Hölzle hingegen schreibt in seinem Werk »Die Selbstentmachtung Europas«: »Eine direkte deutsche Flottengefahr hat in den Bündnisgesprächen keine Rolle gespielt. Erst als das Bündnis nicht zustande kam, begann man englischerseits auf die Gefahren von seiten der deutschen Flotte hinzuweisen. Nach dem Scheitern also stellte sich das Argument gegen das Bündnis, eben die Flottengefahr, sogleich ein.«

Der britische Außenminister *Sir Edward Grey* sagte im Juni 1906 vor dem Unterhaus:

»Ich glaube, daß es nie eine Zeit gegeben hat, da die relative und vergleichbare Vorherrschaft der englischen Flotte größer war als im gegenwärtigen Augenblick und daß im gegenwärtigen Augenblick sie wenigstens so sicher ist, als sie es je in unserer Geschichte gewesen ist.«

Die Große Politik der Europäischen Kabinette 1871–1914 (Große Politik), Bd. 1–39, Berlin 1922–1927; XXIII, 1, S. 28 f.

*

Charles Hardinge, Ständiger Unterstaatssekretär im britischen Foreign Office, sagte am 26. 3. 1909:

»Wir haben keine noch anhängigen Fragen mit Deutschland außer der des Flottenbaus, während unsere ganze Zukunft in Asien an die Möglichkeit, die besten und freundlichsten Beziehungen zu Rußland aufrechtzuerhalten, gebunden ist. Wir sind nicht imstande, irgendwie unsere Entente mit Rußland zu opfern, selbst nicht um eines verkürzten Flottenprogramms willen.«

Erwin Hölzle, Die Selbstentmachtung Europas, Göttingen 1975; S. 159

*

Sir Eyre Crowe schrieb im Oktober 1910 in einer vertraulichen Denkschrift des Foreign Office:

»Der Bau der deutschen Flotte ist nur eines der Krankheitssymptome. Die politischen Ambitionen der deutschen Regierung und Nation: sie sind die Quelle des Unheils.«

Hölzle, Selbstentmachtung, aaO, S. 159

*

Sir Winston Churchill schrieb in seinem Werk »Weltkrisis 1911–1914« über die Situation im Juli 1914:

»Was sich auch ereignen mochte, die britische Flotte war niemals stärker gewesen und hatte sich niemals in besserer Verfassung befunden. Wahrscheinlich würden die Kriegsfanfaren überhaupt nicht ertönen, wenn aber doch, so konnten wir uns keinen günstigeren Zeitpunkt hierfür denken.«

Winston Churchill, Weltkrisis 1911–1914, Leipzig 1924; Bd. I, S. 146

e) Die Angst des Walfisches vor dem Bären

Inwieweit die britische Furcht vor dem russischen Imperium, vor allem wegen der wichtigsten britischen Kronkolonie Indien, Grund für das in Berlin als unmöglich angesehene englisch-russische Bündnis 1907 und im Ersten Weltkrieg gewesen ist, wird von den Historikern unterschiedlich beantwortet. Dennoch ist auffallend, daß die quellenmäßig nachweisbare britische Furcht vor dem »Bären« bis Kriegsbeginn mit einer immer stärker werdenden Zusammenarbeit beider Weltmächte einhergeht, die in der ersten Hälfte des Jahres 1914, Monate vor Ausbruch der Juli-Krise, sogar in britisch-russische Flottenabsprachen gegen Deutschland mündete.

Im Jahre 1905 sagte der Führer der britischen Liberalen *Sir Edward Grey* in einer Rede:
»Wenn Rußland freundlich und rückhaltlos unsere Absicht, den friedlichen Besitz unserer bestehenden asiatischen Besitzungen zu erhalten, hinnimmt, dann bin ich ganz sicher, daß bei uns keine Regierung etwas unternehmen wird, die Politik Rußlands in Europa zu durchkreuzen oder zu hindern. Im Gegenteil, es ist dringend erwünscht, daß Rußlands Einfluß im Rat Europas wiederhergestellt werden sollte. Die Entfremdung zwischen uns und Rußland hat nach meiner Meinung ihre Wurzeln nicht in der Gegenwart, sondern einzig in der Vergangenheit.«

Michael Freund, Deutsche Geschichte, München 1979; S. 855

*

Der britische Unterstaatssekretär *Arthur Nicolson* schrieb in seinem Brief vom 22. 4. 1913 an den britischen Botschafter in Petersburg, George Buchanan:
»Rußland macht andauernd in jeder erdenklichen Weise Fortschritte und ist meines Erachtens bereits einer der gewaltigsten Faktoren in Europa. Außerdem kann es uns, wenn es unfreundlich wäre, in Mittelasien sehr große Verdrießlichkeiten und Verlegenheiten bereiten,

und wir wären außerstande, ihm auch nur annähernd auf gleichem Fuße zu begegnen«.

Britische Dokumente, IX, 2.2, aaO, Nr. 1109

✳

Der britische Unterstaatssekretär *Arthur Nicolson* vermerkte im Juli 1914:
»Rußland ist eine furchtbare Macht, und es wird noch weiter erstarken. Wir wollen hoffen, daß unsere Beziehungen zu ihm freundlich bleiben werden.«

Bernard Huldermann, Albert Ballin, Oldenburg 1922, S. 303

✳

Aus dem Telegramm des englischen Botschafters in Petersburg *George Buchanan* am 25. 7. 1914 an Außenminister Grey:
»Unsere Lage ist höchst gefahrvoll und wir werden zu wählen haben, ob wir Rußland aktiv unterstützen oder auf seine Freundschaft verzichten wollen.«

Hölzle, Selbstentmachtung, aaO, S. 326

✳

Aus dem Telegramm des russischen Botschafters in London *Graf Benckendorff* vom 25. 7. 1914 an den russischen Außenminister Sasonow:
»Ich kann Ihnen zwar keine formelle Versicherung englischer militärischer Kooperation geben, doch habe ich kein einziges Symptom beobachtet – weder bei Grey, noch beim König, noch bei irgend jemand von Bedeutung –, daß England ernstlich beabsichtigt, neutral zu bleiben.«

Die internationalen Beziehungen im Zeitalter des Imperialismus. Dokumente aus den Archiven der Zarischen und Provisorischen Regierung (Russische Dokumente), Reihe I–III, Berlin 1931 f.; I, 5, S. 51 f.

✳

Der britische Unterstaatssekretär *Arthur Nicolson* in einem Telegramm vom 28. 7. 1914 an den britischen Botschafter in Petersburg, Buchanan:
»Ich denke, wir haben es völlig klargemacht, daß auf jeden Fall weder Deutschland noch Österreich mit einiger Sicherheit auf unsere Neutralität würden rechnen können...
Es besteht gar kein Zweifel darüber, daß, falls wir in den Brand hineingezogen werden, dies auf seiten unserer Freunde geschehen würde.«

Britische Dokumente, XI, 1, aaO, S. 248 f.

*

Der russische Botschafter in London *Graf Benckendorff* sagte am 1. 8. 1914 zum britischen Außenminister Grey:
»Wenn gegenwärtiger Krieg zu Ende gehe, ohne daß England das Schwert gezogen hätte, so stellte das eine der größten geschichtlichen Revolutionen in den Beziehungen der Völker dar.«

Hölzle, Selbstentmachtung, aaO, S. 357

f) Belgien als Kriegsgrund?

Die Nichtwahrung der belgischen Neutralität und der Durchmarsch deutscher Truppen durch Belgien im August 1914 wurde von Parlament und Regierung sowie von der britischen Öffentlichkeit zum Kriegsgrund für Englands Kriegseintritt gegen Deutschland gemacht.

Am 27. 8. 1914 sagte der britische Premierminister *Herbert Asquith* vor dem Londoner Unterhaus:
»Es sollte klar begriffen werden, wann und warum wir eingriffen. Erst als wir vor die Wahl gestellt wurden, feierliche Verpflichtungen zu halten oder zu brechen, ein bindendes Versprechen einzulösen oder uns schmachvoll der nackten Gewalt zu unterwerfen, erst dann zogen wir das Schwert...

Wir waren durch klare und über alles gehende Verpflichtungen gebunden, die bedrohte Unabhängigkeit eines kleinen und neutralen Staates zu schützen und zu wahren.«

Ponsonby, Lügen, aaO, S. 61

*

Die »*Times*« schrieb am 15. 3. 1915:
»Sie bedenken nicht, daß unsere Ehre und unsere Interessen uns gezwungen hätten, uns an Frankreich und Rußland anzuschließen, *selbst wenn Deutschland die Rechte seiner kleinen Nachbarn gewissenhaft beachtet* und versucht *hätte*, sich den Weg nach Frankreich durch dessen Befestigungen im Osten zu bahnen.«

Ponsonby, Lügen, aaO, S. 61

*

Der britische Premierminister *Lloyd George* erklärte am 5. 1. 1918:
»Die vertraglichen Verpflichtungen Großbritanniens jenem kleinen Lande gegenüber führten uns in den Krieg.«

Ponsonby, Lügen, aaO, S. 61

*

Aus der Debatte des britischen Unterhauses vom 8. 2. 1922:
Sir D. Maclean: Wir traten wegen Belgien in den Krieg ein.
Sir Austen Chamberlain (Führer der Konservativen im Unterhaus): Wir hatten einen solchen Vertrag mit Belgien. *Wenn es sich um Frankreich allein gehandelt hätte, so hätten wir nach den stattgefundenen Gesprächen nicht beiseitestehen können.* Es wäre auch nicht in unserem Interesse gewesen beiseitezustehen, und wir hätten auch nicht beiseitestehen können, ohne Sicherheit und Ehre einzubüßen.

Ponsonby, Lügen, aaO, S. 61

g) Wie »frei« war England im Juli 1914?

Die erst im August 1914 öffentlich bekanntgewordenen langjährigen britisch-französischen Militärabsprachen und die Frage nach der Handlungsfreiheit Großbritanniens in der Juli-Krise 1914 waren jahrelanger Streitpunkt in der britischen Öffentlichkeit.

Der britische Unterstaatssekretär *Sir Eyre Crowe* schrieb in einem Memorandum vom 31. 7. 1914 für Außenminister Lord Grey:

»Das Argument, daß keine schriftliche Verpflichtung vorliegt, die uns an Frankreich bindet, ist streng korrekt. Es besteht keine vertragliche Bindung. Aber die Entente ist in einer Weise geschaffen, gestärkt, auf die Probe gestellt und gefeiert worden, die zu dem Glauben berechtigt, daß ein *moralisches Bündnis* geschmiedet worden ist. Die ganze Entente hat keinen Sinn, wenn sie nicht bedeutet, daß England seinen Freunden in einem gerechten Kampfe beisteht. Diese ehrenhafte Erwartung ist geweckt worden. Wir können uns ihr nicht entziehen, ohne unseren Namen einer scharfen Kritik auszusetzen.

Ich wage, der Ansicht zu sein, daß die Behauptung, England könne auf keinen Fall in den Krieg gehen, nicht wahr ist, und daß jede Bekräftigung derselben politischer Selbstmord sein würde.«

Ponsonby, Lügen, aaO, S. 48

✳

Der britische Außenminister *Lord Grey* sagte am 3. 8. 1914 im Unterhaus:

»Ich habe dem Hause versichert, und der Premierminister hat dem Hause mehr als einmal versichert, daß wir, wenn eine Krise wie die jetzige entstehen sollte, vor das Unterhaus treten würden und dem Hause sagen könnten, daß es frei wäre zu entscheiden, welche Haltung es einnehmen wolle, *daß wir kein geheimes Abkommen haben,* mit dem wir das Haus überraschen könnten, um ihm zu sagen, daß für das Land, weil wir ein solches Abkommen eingegangen wären, eine Ehrenverpflichtung vorläge...

Ich glaube, (der Brief) macht es vollkommen klar, daß das, was der

Premierminister und ich im Unterhaus gesagt haben, vollkommen berechtigt war hinsichtlich unserer Freiheit, in einer Krise zu entscheiden, welche Haltung wir einnehmen sollten, einzugreifen oder abseits zu bleiben. *Die Regierung blieb vollkommen frei,* und a fortiori blieb auch das Unterhaus vollkommen frei.«

Ponsonby, Lügen, aaO, S. 45

*

Lord Lansdowne, Führer der Konservativen im Oberhaus und Kabinettsmitglied ohne Amt, sagte am 6. 8. 1914 im britischen Oberhaus: »Unter die eine Kategorie fallen unsere vertraglichen Verpflichtungen Belgien gegenüber...
Zu der anderen Kategorie gehören unsere Verpflichtungen Frankreich gegenüber – *Verpflichtungen der Ehre, die aus der engen Freundschaft erwachsen sind, welche die beiden Nationen während der letzten Jahre verbunden hat.*«

Ponsonby, Lügen, aaO, S. 49

*

Der »*Daily Telegraph*« schrieb im September 1917 über die geheimen französisch-britischen Abmachungen vor dem 1. Weltkrieg:
»Nehmen wir ein weiteres Beispiel, das jeder noch frisch im Gedächtnis hat, nämlich die Vereinbarungen über das Zusammenwirken der britischen und französischen Generalstäbe vor dem Kriege. Erst am Vorabend des Beginns der Feindseligkeiten erfuhr das Haus etwas über die Natur dieser Vereinbarungen. Sir Edward Grey erklärte damals, daß Großbritannien nicht endgültig verpflichtet wäre, Frankreich militärisch beizustehen. Es bestehe kein Vertrag. Es bestehe keine Übereinkunft. Es stehe Großbritannien daher frei, Hilfe zu geben oder zurückzuhalten, und doch waren wir trotz des Fehlens einer formalen Verpflichtung *durch unsere Ehre fest gebunden.* Das nationale Gewissen empfand dieses instinktiv, wenn die Zauderer und Zweifler auch erst durch den Einmarsch in Belgien zur Zustimmung gebracht wurden. Diese Lage

ergab sich aus der Geheimdiplomatie, und nie wieder darf eine solche aus der gleichen Ursache entstehen. Denn wir können uns für eine Regierung nichts vorstellen, was gefährlicher wäre, als sich mit seiner Ehre aber nicht im technischen Sinne zu verpflichten und dann keine entsprechenden militärischen Vorbereitungen aus dem Grunde zu treffen, daß keine technische Bindung eingegangen worden ist.«

Ponsonby, Lügen, aaO, S. 49

*

Bonar Law, mehrfach englischer Minister während des 1. Weltkrieges und englischer Premierminister 1922–1923, sagte am 18. 7. 1918 im Unterhaus:

»Es ist gesagt worden – und ich glaube, es ist sehr wahrscheinlich zutreffend –, *daß es niemals zu einem Kriege gekommen wäre, wenn Deutschland bestimmt gewußt hätte, daß England sich am Kriege beteiligen würde.*«

Ponsonby, Lügen, aaO, S. 52

*

Aus der Londoner Unterhausdebatte vom 8. 2. 1922:
Sir Austen Chamberlain: ...»An einem gewissen Montag (3. VIII. 1914) fanden wir uns hier in dieser Loge bei einer Rede Lord Greys, die uns von Angesicht zu Angesicht mit dem Kriege gegenüberstellte, und auf die unsere Kriegserklärung folgte. Das war die erste öffentliche Ankündigung, die dieses Land oder irgend jemand von der damaligen Regierung über die Lage der britischen Regierung und die Verpflichtungen erhielt, die sie auf sich genommen hatte...
War das Unterhaus frei zu entscheiden? Im Vertrauen auf die von beiden Regierungen getroffenen Vereinbarungen war die französische Küste ungeschützt – ich spreche nicht von Belgien sondern von Frankreich. Zwischen unseren beiden Regierungen und unseren beiden Stäben hatten die engsten Verhandlungen und Vereinbarungen stattgefunden. Kein Wort, das dieses Land band, stand auf dem Papier, aber es war durch seine

41

Ehre gebunden wie nie zuvor – ich sage nicht zu Unrecht, ich glaube zu Recht.«

Mr. T. P. O'Connor: »Es hätte nicht geheim sein sollen.«

Sir Austen Chamberlain: »Ich stimme dem zu. Das ist mein Hauptpunkt, und ich komme darauf. Kann uns die französische Grenze oder das Schicksal Frankreichs jemals gleichgültig sein? Eine befreundete Macht im Besitz der Kanalhäfen ist britisches Interesse, ob ein Vertrag besteht oder nicht... Nehmen wir an, jenes Abkommen wäre öffentlich im Licht des Tages geschlossen worden. Nehmen wir an, es wäre diesem Hause vorgelegt und von ihm gebilligt worden, wären dann nicht jene Augusttage ganz anders verlaufen?... *Wenn dem so gewesen wäre, wenn unsere Verpflichtungen bekannt und klar und deutlich gewesen wären, dann wäre es wenigstens möglich gewesen, und ich glaube, daß es wahrscheinlich gewesen wäre, daß der Krieg im Jahre 1914 hätte vermieden werden können.«*

Ponsonby, Lügen, aaO, S. 52

✳

Lord Grey schrieb in seinen Erinnerungen »Fünfundzwanzig Jahre Politik« über das Eingreifen Englands.

»Ein Beiseitestehen hätte bedeutet: Die Herrschaft Deutschlands, die Unterwerfung Frankreichs und Rußlands, die Isolierung Englands, den Haß derer, die Englands Eingreifen in den Krieg gefürchtet und derer, die es gewünscht hätten *und das Schwerwiegendste – Deutschland würde das Zepter über dem ganzen Kontinent schwingen...* Wir würden keine Freunde mehr in der Welt gehabt haben; niemand würde von uns etwas erhofft oder befürchtet haben. Niemand hätte unserer Freundschaft noch einen Wert beigemessen. Unser Ansehen wäre geschwunden, denn man hätte unsere Rolle als ruhmlos und schmachvoll betrachtet. Selbst in den Vereinigten Staaten würde die gute Meinung von uns gelitten haben.«

Edward Grey, 25 Jahre Politik 1892–1916, Memoiren von Edward Grey, Bd. I–II, München 1926; I, S. 317; II, S. 36

2. Rache für Sedan – Frankreichs Weg zum Ersten Weltkrieg

a) Frankreich – Nur ein Opfer?

Nach 1945 gehörte es zum guten Ton westdeutscher Politiker, unter Hinweis auf die deutsche Teilung festzustellen, daß Frankreich nun nichts mehr von Deutschland zu befürchten habe. Dabei wurde den Deutschen bzw. Preußen eine Aggressivität gegenüber dem westlichen Nachbarvolk unterstellt, die historisch kaum nachweisbar ist.

✳

In seinen Memoiren schrieb *Churchill* nach dem II. Weltkrieg:
»Fünfmal innerhalb von hundert Jahren, 1814, 1815, 1870, 1914 und 1918, hatten die Türme von Notre-Dame das Mündungsfeuer preußischer Geschütze gesehen und ihren Donner vernommen.«

Winston Churchill, Der Zweite Weltkrieg, Buch I–VI, Hamburg 1949–1952; I, 1, S. 19

✳

Der italienische Ministerpräsident *Francesco Nitti* (1919–1920) schrieb nach dem 1. Weltkrieg:
»Aber auch schon heute und ohne besondere Forschungen kann man behaupten, daß, wenn wir während des Krieges von den Deutschen gesagt haben, sie seien das Kriegsvolk Europas und Krieg sei ihre einzige wahre nationale Industrie, wir damit eine vollendete Unwahrheit verbreitet haben und daß nicht Deutschland, sondern Frankreich das Kriegsvolk Europas ist. Denn wer weiß nicht, daß *kein Volk der Erde so viele Kriege geführt hat wie Frankreich,* daß Frankreich alle Jahrhunderte hindurch die deutsche Einheit zu hintertreiben bestrebt war und daß der Geist des kriegerischen Abenteuers der vorherrschende Instinkt der französischen Volksseele ist...
Während des Krieges veröffentlichte Bodard im Auftrage der Stiftung

43

Carnegie eine statistische Studie über den Krieg. Hiernach hat Frankreich im siebzehnten Jahrhundert 64 Jahre Krieg und 36 Jahre Frieden gehabt; im achtzehnten Jahrhundert 52 Jahre Krieg und 48 Jahre Frieden; im neunzehnten Jahrhundert 32 Jahre Krieg und 68 Jahre Frieden, d. h. im Laufe von drei Jahrhunderten (bis 1914) 148 Jahre Krieg und 152 Jahre Frieden, also bedeutend mehr Kriegsjahre als jedes andere Volk Europas und der Erde.«

Francesco Nitti, Die Tragödie Europas – und Amerika?, Frankfurt 1924; S. 51, 54

b) Erbfeind Deutschland

Seit der Reichsgründung 1871 war eine der Leitlinien französischer Außenpolitik durchbrochen worden, nämlich die durch Kardinal Richelieu im 30jährigen Krieg konstituierte französische Politik der »deutschen Freiheiten«, d. h. die weitgehende französische Einflußnahme bzw. Beherrschung des deutschen Raumes durch die Existenz einer Vielzahl sich gegenseitig bremsender und neutralisierender deutscher Staaten. Die deutsch-französische Gegnerschaft nach 1871 war in Berlin wie in Paris als Konstante der Außenpolitik der beiden Staaten von vorneherein festgelegt.

Im Frühjahr 1891 erklärte der französische General *Marquis de Gallifet* dem preußischen General Freiherr von Loë:

»In beiden Nationen (Frankreich und Deutschland) wünsche niemand den Krieg, *aber alle vernünftigen Leute seien der Ansicht, daß er wegen Elsaß-Lothringens unvermeidlich sei.* Gewiß werde Frankreich, wenn nicht ungewöhnliche und unerwartete Zwischenfälle einträten, den Krieg nicht beginnen. *Wenn aber Rußland den Krieg gegen Deutschland begänne, so sei keine Regierung imstande, Frankreich zurückzuhalten.*«

Große Politik VII, aaO, Nr. 1495

✣

Der deutsche Botschafter in Rom *Bernhard von Bülow* gab die Äußerungen des italienischen Botschafters in Paris *Reßmann* über die Stimmung in Frankreich im Februar 1894 wieder:

»Über die allgemeine Stimmung in Frankreich meinte Herr Reßmann, daß der *Gedanke der Wiederaufrichtung der französischen Vorherrschaft in Europa freilich noch in allen französischen Herzen lebendig* sei. Aber von sofortigem Losschlagen, nach welcher Richtung es auch sei, wolle trotzdem niemand in Frankreich etwas wissen. Die Franzosen wollten zunächst das Ablaufen der Tripelallianz abwarten, in der Hoffnung, daß dieselbe nicht wieder erneuert werden würde. Demnächst sei die *Erinnerung an 1870/71 noch nicht erloschen;* Frankreich möchte das nächste Mal militärisch ganz sicher gehen.«

Große Politik VII, aaO, Nr. 1456

✳

Bernhard von Bülow berichtete über ein Gespräch des französischen Ministerpräsidenten *Léon Bourgeois* (1895–1896) mit dem italienischen Generaldirektor Bodio Anfang 1896:

»Die *französische öffentliche Meinung und die französische Politik,* habe Herr Bourgeois eingehend ausgeführt, *würden,* was auch auf der Oberfläche vorgehen möge, *im Grunde ausschließlich von dem Gedanken an die Wiedererwerbung von Elsaß-Lothringen beherrscht.* Die elsaß-lothringische Frage werde bis zu ihrer Lösung für Frankreich immer wieder alle anderen Gesichtspunkte in den Hintergrund drängen.«

Große Politik XI, aaO, Nr. 2816

✳

Der französische Außenminister *Théophile Delcassé* sagte am 29. 12. 1898 zu Maurice Paléologue, dem späteren französischen Botschafter in Petersburg (1914–1917):

»Für Rußland wie für Frankreich ist England ein Rivale, ein Konkurrent, der oft sehr unangenehm verfährt; aber es ist nicht ein Feind und vor allem, es ist nicht *der* Feind. Ach! Mein lieber Paléologue, wenn doch

Rußland, England und Frankreich sich gegen Deutschland zusammenschließen könnten!...«

Maurice Paléologue, Un grand tournant de la politique mondiale 1904–1906, Paris 1934; S. 13

c) Schritte zum Krieg

Seit der 2. Marokkokrise im Sommer 1911 mit dem Ergebnis einer verfestigten britisch-französischen Zusammenarbeit trieben die Ereignisse in Europa einem Krieg entgegen. In Frankreich waren einflußreiche Kreise bereit, mittels lokaler Konflikte und deren Auswertung über die Verflechtung der Großmächte in den Bündnissystemen »Elsaß-Lothringen zurückzuholen«.

In einem Bericht vom 8. 9. 1911 an den serbischen Ministerpräsidenten Milanowitsch schrieb der serbische Geschäftsträger in London *Gruitsch* im Verlauf der zweiten Marokkokrise:

»Der hiesige französische Botschafter *Jules Cambon* ist dieser Tage aus Paris zurückgekehrt, wohin er während der letzten zwei Monate zum Berichten und Ratschlagen über Marokko öfter gereist war. Vor zwei Tagen hat er im Gespräch mit einer hiesigen Persönlichkeit seine Ansichten über die gegenwärtige Situation und ihre Weiterentwicklung dargelegt. Ich beehre mich, Sie mit diesen seinen Äußerungen bekanntzumachen, die mir von sehr zuverlässiger Seite vertraulich mitgeteilt worden sind.

Herr Cambon meint, daß die jetzigen Verhandlungen zum Abschlusse gelangen werden und daß irgendeine Verständigung mit Deutschland erzielt werden wird. Aber durch diese Verständigung werden nicht und können nicht für längere Zeit die Gefahren beseitigt werden, welche von der draufgängerischen Politik Deutschlands drohen. *Das Resultat dieser Verständigung wird nur ein Aufschub des Krieges um 3 bis 4 Jahre sein.* Wenn aber wider Erwarten die jetzigen Verhandlungen abgebrochen werden sollten, dann wird Frankreich eine Konferenz vorschlagen, welche Deutschland ablehnen wird. Darauf werden gespannte Beziehungen zwischen Deutschland und Frankreich eintreten, die unvermeidlich im künftigen Frühjahr zum Kriege führen werden. Frankreich ist sich bewußt, daß ihm in jedem Falle der Krieg aufgezwungen werden wird. Aber Frankreich sowohl als auch seine Verbündeten sind der Ansicht, daß selbst um den Preis größerer Opfer der Krieg auf einen entfernteren Zeitraum verschoben werden müsse, d. h. auf 1914 bis 1915. Die Notwendigkeit dieses Aufschubs diktiert nicht so sehr die materielle militärische Vorbereitung Frankreichs – die vorzüglich ist – als die Reorganisation des Oberkommandos, welche noch nicht durchgeführt ist.«

Deutschland schuldig? Deutsches Weißbuch über die Verantwortlichkeit der Urheber des Krieges, hrsg. mit Genehmigung des Auswärtigen Amtes, Berlin 1919; S. 119f.

✳

Am 15. 2. 1912 berichtete der russische Botschafter in Paris *Alexander Iswolski* über die Stimmung in der französischen Hauptstadt nach Beendigung der zweiten Marokko-Krise:
»Ich entsinne mich . . ., daß kurz nach Algeciras Kaiser Wilhelm in einer Unterhaltung mit mir folgenden Gedanken äußerte, der mich sehr in Erstaunen versetzte: ›Die elsaß-lothringische Frage ist endgültig liquidiert; Frankreich hat das ihm angebotene Duell zurückgewiesen und sich damit förmlich und bedingungslos allen Folgen des Frankfurter Friedens unterworfen!‹ Jetzt, nach den Ereignissen des letzten Sommers, wird Kaiser Wilhelm diese Ansicht zurücknehmen müssen, denn, wie ich Ihnen mehrfach schrieb, Frankreich hat seinen unerschütterlichen Entschluß bewiesen, nötigenfalls nicht vor der Verteidigung seiner Rechte und Interessen mit bewaffneter Hand zurückzuschrecken. Diese Stimmung zieht sich wie ein roter Faden durch alle Reden, die gelegentlich der Diskussion über den Vertrag (Marokkoabkommen) in beiden Kammern gehalten wurden, und man wird unstreitig mit ihr bei der Lösung neuer Mißverständnisse, die mit Deutschland entstehen können, rechnen müssen. Ich weiß aus ganz sicheren Quellen, daß man trotz der glücklichen Beendigung der Marokkokrise in hiesigen militärischen Kreisen neue internationale Verwicklungen zum Frühling erwartet, und

daß *das Kriegsministerium seine Vorbereitungen für militärische Operationen in nächster Zukunft eifrig fortsetzt.*«

Friedrich Stieve, Der diplomatische Schriftwechsel Iswolskis 1911–1914, Berlin 1926; II, S. 42

... und im Dezember 1912 über die Stimmung in Frankreich nach Ausbruch des ersten Balkankrieges im Oktober 1912:
»Obwohl er (Poincaré) nach Kräften bemüht ist, auf eine friedliche Lösung der augenblicklichen Krisis hinzuwirken, weist er nicht einen Augenblick den Gedanken von sich, daß für Frankreich der Fall eintreten könnte, Rußland seine bewaffnete Unterstützung gewähren zu müssen. Die Bedingungen, unter denen die französische Regierung diese Notwendigkeit anerkennt, sind so bestimmt als möglich bereits im voraus folgendermaßen festgelegt: der casus foederis tritt, gemäß der russisch-französischen Militärkonvention, in dem Moment ein, wo ein militärisches Eingreifen Deutschlands erkennbar wird.«

Stieve, Schriftwechsel Iswolskis II, aaO, S. 374

✳

Der belgische Gesandte in Paris *Baron Guillaume* äußerte 1913 über die damals eingeführte dreijährige Militärdienstzeit in Frankreich:
»Es steht nunmehr fest, daß in die französische Gesetzgebung Bestimmungen aufgenommen werden sollen, die das Land wahrscheinlich nicht lange ertragen kann. Die Lasten des neuen Gesetzes werden für die Bevölkerung so schwer, die Ausgaben, die es mit sich bringt, werden so ungeheuer sein, daß das Land bald protestieren wird, und Frankreich wird sich dann vor die Frage gestellt sehen: entweder dem zu entsagen, was es nicht wird ertragen können, oder in kürzester Zeit Krieg zu führen. Für die, die das Volk in diese Lage gebracht haben, wird es eine schwere Verantwortung sein. Man folgt ihnen in einer Art Kopflosigkeit, von interessantem, aber beklagenswertem Wahnsinn.«

Hans Draeger, Anklage und Widerlegung, Taschenbuch zur Kriegsschuldfrage, Berlin o. J. (etwa 1928); S. 42

✳

Der russische Botschafter in London *Graf Benckendorff* urteilte in seinem Bericht vom 12. 2. 1913 an den russischen Außenminister Sasonow über das Verhalten Frankreichs während der Londoner Botschafterkonferenz über die Beilegung des ersten Balkankonflikts:

»Im Gegenteil, wenn ich seine (Cambons) Unterredungen mit mir, die gewechselten Worte kurz wiederhole und die Haltung Poincarés hinzufüge, kommt mir der Gedanke, der einer Überzeugung gleichkommt, daß *von allen Mächten Frankreich die einzige ist, welche, um nicht zu sagen, daß sie den Krieg wünscht, ihn doch ohne großes Bedauern sehen würde.* Jedenfalls hat mir nichts gezeigt, daß Frankreich aktiv dazu beiträgt, in dem Sinne eines Kompromisses zu arbeiten. Nun, der Kompromiß – ist der Frieden; jenseits des Kompromisses liegt der Krieg...

Frankreich hat sich, um einen bekannten Ausspruch zu gebrauchen, ›wieder aufgerichtet‹. Es hat, sei es mit Recht oder Unrecht, vollständiges Vertrauen zu seinem Heere; der alte gärende Groll ist wieder aufgetaucht, und Frankreich könnte sehr wohl annehmen, daß die Umstände heute günstiger sind, als sie es später jemals sein würden.«

Deutschland schuldig?, aaO, S. 156

✳

Der russische Außenminister *Sasonow* sagte auf der geheimen russischen Ministerratssitzung vom 13. 1. 1914 anläßlich der Liman-von-Sanders-Krise:

»Herr *Delcassé* (der französische Botschafter) hat dem (russischen) Minister im Namen des französischen Außenministers versichert, daß Frankreich so weit gehen würde, wie Rußland es wünscht.«

Draeger, Anklage, aaO, S. 43

d) »Endlich Krieg!«

Während des Verlaufs der Juli-Krise machte keine der beteiligten Mächte den ernsthaften Versuch, das drohende Unheil abzuwenden. Für französische Revanche-Politiker war der Mord von Sarajewo (28. 6. 1914) der Hebel, um in den Krieg gegen das Deutsche Reich einzusteigen.

Der französische Botschafter in Petersburg, *Paléologue*, am 24. 7. 1914 an den französischen Außenminister Bienvenu-Martin:

»Die Solidarität der Tripelentente muß sich also entschieden bestätigen. Jede Schwäche würde die deutschen Mächte ermutigen, ihre provokante Haltung zu betonen und die Ereignisse zu beschleunigen.«

Documents diplomatiques français (1871–1914), 1.–3. Série, Paris 1929f.; XI, 20f.

... und am 25. 7. 1914 schrieb er in sein Tagebuch:

»Das sieht schon sehr nach Mobilisierung aus. Wir tauschen rasch unsere Eindrücke aus und schließen in gleicher Weise: ›Diesmal gibt's Krieg‹.«

Hölzle, Selbstentmachtung, aaO, S. 321

... und am 6. 8. 1914 sagte er zum italienischen Botschafter in Rußland, Carlotti:

»Das, was ich Ihnen zu versichern berechtigt bin, besonders nach meiner gestrigen Unterhaltung mit dem Zaren, ist der Wille, der alle drei Mächte (der Entente) beseelt, *der unversöhnliche Wille, Deutschland zu zerschmettern.*«

Hölzle, Selbstentmachtung, aaO, S. 464

*

Der französische Abgeordnete *Hanotaux* schrieb in seiner Denkschrift vom 11. 11. 1918 an Außenminister Pichon:

»Denn der Kampf gegen Wilhelm II. ist für Frankreich nur die Fortsetzung seines Kampfes gegen Karl V. (1519–1556) und Philipp II. von Spanien (1555–1598), d. h. um die Herrschaft über Europa.«

Francesco Nitti, Tragödie, aaO, S. 74

e) Frankreich und die belgische Neutralität

Die für einen Konflikt Deutschlands gegen Frankreich geplante Verletzung der belgischen Neutralität und Integrität war keinesfalls nur ein Unterfangen auf deutscher Seite (Schlieffenplan). Bei den späteren Alliierten, vor allem bei Frankreich, war das Eingreifen Belgiens gegen Deutschland sowie die »Verletzung der belgischen Neutralität« durch die Alliierten ebenso fest eingeplant gewesen.

Marschall *Joseph Joffre,* von 1914 bis 1916 Oberbefehlshaber der französischen Armee, sagte am 5. 7. 1919 vor einer Pariser Kommission:
»Ein Eingreifen Englands in den Krieg wurde vorausgesehen. Es bestand eine Militärkonvention mit England, die wegen ihres geheimen Charakters nicht bekannt gegeben werden konnte. Wir rechneten mit sechs englischen Divisionen und auf den Beistand der Belgier.«

Ponsonby, Lügen, aaO, S. 51

✻

1925 schrieb der französische General *Percin* in einer Artikelserie der französischen Zeitschrift »l'Ere Nouvelle« über die Militärplanung Frankreichs vor dem Ersten Weltkrieg. Über die Zeit, als er einer der Chefs des Obersten Kriegsrates war, schrieb er:
»Wir alle in der französischen Armee waren Anhänger der taktischen Offensive. Diese *schloß die Verletzung der belgischen Neutralität ein,* denn wir kannten das Vorhaben der Deutschen. Man wird mir erwidern, daß sie, von uns erfolgt, kein französisches Verbrechen gewesen wäre, sondern ein Gegenstoß, eine Antwort auf das deutsche Verbrechen. Ohne Zweifel. Aber jeder Eintritt in einen Krieg ist angeblich ein solcher Gegenstoß. Wir greifen den Feind an, weil wir ihm die Absicht unterschieben, daß er uns angreifen will.«

Ponsonby, Lügen, aaO, S. 64

3. Der Koloß tönt – Rußland und der Erste Weltkrieg

a) Der Panslawismus

Die Befreiung der slawischen »Brudervölker« vom »Joch« Österreich-Ungarns war Leitidee panslawistischer einflußreicher russischer Kreise in St. Petersburg. Der Dauerkonflikt mit Deutschlands wichtigstem Bündnispartner war damit vorprogrammiert.

Aus dem Telegramm des serbischen Gesandten in Petersburg *Kosutitsch* vom 6. 3. 1903 an das serbische Außenministerium:
»...; der *Zar* hat die Empfindung, daß der Zusammenstoß mit dem Germanentum in der Zukunft unausweichbar sei und daß man sich für denselben vorbereiten müsse.«

Deutschland schuldig?, aaO, S. 115

Aus dem Telegramm des serbischen Gesandten in Petersburg *Kosutitsch*, vom 25. 2. 1909 an das Belgrader Außenministerium:
»Aus seiner (des russischen Außenministers *Iswolski*) Rede sah man, daß er nicht an die Zukunft Serbiens glaube, wenn es nicht durch eine Wiedergeburt neu ersteht. Serbien werde solange zu einem kärglichen Leben verurteilt sein, bis nicht der Moment des Verfalls Österreich-Ungarns eingetreten sein wird. Die Annexion habe diesen Moment näher gerückt und, wenn er eintritt, werde Rußland die serbische Frage aufrollen und lösen. Iswolski sieht ein, daß der Kampf mit dem Germanentum unausweichbar sei, doch sei *die Politik Rußlands eine rein slavophile.*«

Deutschland schuldig?, aaO, S. 114

*

Aus dem Bericht des russischen Außenministers *Sasonow* vom Januar 1914 an Zar Nikolaus II.:

»Das Bestreben, mit den Nationalitäten schön zu tun, denen es bisher in der Monarchie durchaus nicht gut ging, und das gleichzeitige Verschweigen von Maßnahmen, die deren Sympathien Rußland zuwenden könnten, läßt erkennen, daß die Regierungskreise der österreichisch-ungarischen Monarchie *sich über die Bedeutung der Nationalitätenfragen* in internationaler Hinsicht und vor allem *in Hinsicht auf Rußland durchaus klar sind...*

Wenn Rußland nicht auf die ihm von der Geschichte vorgezeichnete Rolle inmitten der slawischen Völker verzichten will, wenn wir andererseits nicht von der Beständigkeit der jetzigen politischen Lage und der Dauerhaftigkeit des Friedens überzeugt sein dürfen, so ist der Außenminister verpflichtet, Eurer Kaiserlichen Majestät alleruntertänigst zu melden, daß es wünschenswert ist, hinsichtlich der Nationalitätenfragen im In- und Auslande eine einheitliche, konsequente Politik festzulegen, ohne die eine erfolgreiche Durchführung der durch Euren machtvollen Willen vorgezeichneten Aufgaben schwierig sein würde.«

Russische Dokumente I, 1, aaO, S. 49 f.

b) Serbien als Stellvertreter

Die häufige Ermunterung russischer Politiker an die Adresse Belgrads, Serbien werde eines Tages bessere Zeiten erleben, wirkte sich gefährlich für das stets entzündliche »Pulverfaß« Balkan aus.

Aus dem Telegramm des serbischen Gesandten in Petersburg *Kosutitsch* vom 18. 2. 1909 an das serbische Außenministerium in bezug auf die Krise nach der Annexion Bosniens und der Herzegowina durch Österreich-Ungarn:

»*Gutschkow* (Russischer Botschafter in Belgrad) erklärte mir: Dies vorausgeschickt, wären wir nur in dem Falle in den Krieg getreten, wenn es sich um den Bestand Rußlands gehandelt hätte, ansonsten keinesfalls, wenn es geschlagen werden würde; ist unsere Rüstung einmal vollkommen durchgeführt, dann werden wir uns mit Österreich-Ungarn auseinandersetzen. Beginnt jetzt keinen Krieg, denn dies wäre Euer Selbstmord, verschweigt Eure Absichten und *bereitet Euch vor, es werden die Tage Euerer Freuden kommen.*«

Deutschland schuldig?, aaO, S. 112

*

Aus dem Brief des russischen Außenministers *Sasonow* vom 23. 4. 1913 an den russischen Gesandten in Belgrad, v. Hartwig:

»*Serbien aber hat erst das erste Stadium seines historischen Weges durchlaufen, und zur Erreichung seines Zieles muß es noch einen furchtbaren Kampf aushalten,* bei dem seine ganze Existenz in Frage gestellt werden kann. Serbiens verheißenes Land liegt im Gebiete des heutigen Österreich-Ungarn und nicht dort, wohin es jetzt strebt, und wo auf seinem Wege die Bulgaren stehen. Unter diesen Umständen ist ein Lebensinteresse Serbiens, einerseits die Bundesgenossenschaft mit Bulgarien zu erhalten, und andererseits sich in zäher und geduldiger Arbeit in den erforderlichen Grad der Bereitschaft für den in der Zukunft unausweichlichen Kampf zu versetzen. Die Zeit arbeitet für Serbien und zum Verderben seiner Feinde, die schon deutliche Zeichen der Zersetzung aufweisen.«

Deutschland schuldig?, aaO, S. 99

*

Aus dem Telegramm des serbischen Gesandten in Petersburg *Popowitsch* vom 29. 4. 1913 an das serbische Außenministerium:

»... Wiederum sagte er *(Sasonow)* mir, daß wir für die künftige Zeit arbeiten müssen, wenn wir *viel Land von Österreich-Ungarn* bekommen werden. Ich entgegnete ihm, daß wir Bitolia den Bulgaren schenken werden, wenn wir Bosnien und andere Länder bekommen werden.«

Deutschland schuldig?, aaO, S. 127

Und aus dem Telegramm vom 4. 11. 1913 an das serbische Außenministerium:

»Bei dieser Gelegenheit sagte er (der russische Außenminister *Sasonow*), Serbien sei der einzige Staat am Balkan, zu welchem Rußland Vertrauen hegt, und *Rußland werde alles für Serbien tun*...«

Deutschland schuldig?, aaO, S. 130

c) Der »unvermeidliche« Krieg

Aus unterschiedlichen Gründen (Panslawismus, Revolutionsfurcht, verlorener Krieg gegen Japan 1904/5,...) hielt man in St. Petersburg einen allgemeinen europäischen Krieg für unvermeidlich, als ein Fatum, für das man nur, wenn es soweit sei, gut vorbereitet sein müsse.

1892 sagte *Zar Alexander III.* zum russischen Außenminister Graf Lamsdorff:

»Wir müssen uns mit den Franzosen einigen und bei einem Kriege zwischen Frankreich und Deutschland sofort über die Deutschen herfallen, um ihnen keine Zeit zu lassen, zuerst Frankreich zu schlagen und dann gegen uns vorzugehen. Man muß die Fehler der Vergangenheit berichtigen und Deutschland bei der ersten Gelegenheit zu Boden schlagen.«

Aus: Handbuch der Deutschen Geschichte, von Brandt-Meyer-Just, Bd. 1–5, Konstanz 1957f.; IV, 1. Teil, S. 20

✳

Der russische Außenminister *Graf Lamsdorff* äußerte 1905 gegenüber Zuvorin, Chefredakteur der Novoje Vremja:

»In Europa *reifen die Ereignisse heran.* Wir müssen frei für Europa sein und uns deshalb den Rücken sichern. Wir werden nur durch einen erfolgreichen Krieg wieder mächtig werden, ganz gleichgültig mit wem.«

Hölzle, Selbstentmachtung, aaO, S. 140

Der russische Botschafter in Paris *Iswolski* schrieb am 18. 12. 1912 angesichts des ersten Balkankrieges:

»In den letzten Tagen habe ich nicht mehr den Gedanken zu bekämpfen, daß Frankreich sich für fremde Interessen in den Krieg hineingezogen sehen könnte, sondern eher die Furcht, daß wir (die Russen) uns in einer Sache, die die Lage und das Ansehen der ganzen Entente berühre, zu passiv verhielten.«

Stieve, Schriftwechsel Iswolskis, II, aaO, S. 399

*

Ende 1912 äußerte der russische Landwirtschaftsminister *Krivosejn* zum Petersburger Korrespondenten des Pariser »Matin«:

»Man hat den Zaren überredet, daß der Krieg eine Revolution im Innern herbeiführen werde. Doch wer dies sagt, täuscht den Zaren. Im Gegenteil, der Friede um jeden Preis ist es, der nach meiner Ansicht zu einer Revolution führen kann.«

Hölzle, Selbstentmachtung, aaO, S. 231

*

Der russische Kriegsminister *Suchomlinow* sagte Ende 1912:

»Den Krieg können wir doch nicht vermeiden und für uns ist es günstiger, ihn früher zu beginnen ... der Zar und ich glauben an die Armee und wissen, daß der Krieg uns nur Gutes bringen wird.«

Hölzle, Selbstentmachtung, aaO, S. 298

*

Aus der Denkschrift des russischen Außenministers *Sasonow* an den Zaren vom 6. 12. 1913:

»Nicht unter dem Gesichtspunkt abstrakter Träume oder der Begeisterung für eine Mission Rußlands müssen wir alle diese Verhältnisse erörtern. Wir müssen an die Zukunft denken und dem Rechnung tragen, daß die Erhaltung des für uns so sehnlichst erwünschten Friedens nicht immer in unserer Macht liegen wird. Deshalb sind wir genötigt, uns nicht auf die Probleme von heute und morgen zu beschränken, damit wir uns nicht dem Vorwurf aussetzen, den man so oft macht, daß das russische Staatsschiff im Winde dahinsegelt, fortgerissen von der Strömung, ohne ein starkes Steuer, seinen Kurs zu lenken.«

Stieve, Schriftwechsel Iswolskis III, aaO, S. 374 f.

✳

Die russische Militärzeitung »*Rasejedschik*« schrieb zu Neujahr 1914:
»Uns allen ist sehr wohl bekannt, daß wir uns auf einen Krieg an der Westfront, vornehmlich gegen die Deutschen (Österreich-Ungarn und Deutschland) vorbereiten. Deshalb müssen wir allen unseren Truppenbewegungen die Annahme zugrundelegen, daß wir gegen die Deutschen Krieg führen; z. B. muß immer die eine der manövrierenden Parteien die »Deutsche« heißen. Nicht nur die Truppe, das ganze russische Volk muß an den Gedanken gewöhnt werden, daß *wir uns zum Vernichtungskampf gegen die Deutschen rüsten* und daß die deutschen Staaten zerschlagen werden müssen, auch wenn wir dabei hunderttausende von Menschen verlieren.«

Der Weltkrieg 1914–1918. Bearb. im Reichsarchiv. Die militärischen Operationen zu Lande, 2. Band: Die Befreiung Ostpreußens, Berlin 1925, S. 17

✳

Am 19. 2. 1914 schrieb der russische Außenminister *Sasonow* einen Brief an den russischen Botschafter in England, Benckendorff:
»Ob England will oder nicht, es wird auch marschieren müssen... Sich am stärksten fühlen und doch dauernd einem Gegner weichen, dessen Übermacht lediglich in seiner Organisation und in seiner Disziplin besteht, das ist nicht nur eine demütigende, sondern eine gefährliche Sache, wegen der Demoralisation, die ihre Folge ist.«

Russische Dokumente I, 1, aaO, S. 274

✳

Aus einer Erklärung der Petersburger Börsenzeitung »*Birschewija Wjedomosti*« vom 12. 3. 1914:

»Wir können stolz behaupten, daß die Zeit der Drohungen vorüber ist, daß Rußland keine fremden Drohungen mehr fürchtet, und daß die russische öffentliche Meinung keinen Grund mehr hat, sich zu beunruhigen. Wir stellen hier im Vollbewußtsein der Macht unseres von der ausländischen Presse beleidigten Vaterlandes fest, daß das Hauptziel der Landesverteidigung erreicht ist. Bisher hatte der russische militärische Operationsplan defensiven Charakter; *heute weiß man, daß die russische Armee im Gegenteil eine aktive Rolle spielen wird.*«

Aus dem Bericht des deutschen Botschafters in Petersburg *Friedrich von Pourtalès* an den Reichskanzler v. Bethmann-Hollweg vom 16. 3. 1914:

»Ich halte es für richtig, den Russen gegenüber den Artikel nicht ernst zu nehmen und sich auf den Standpunkt zu stellen, daß er nicht vom Kriegsminister herrühren könne. In Wirklichkeit besteht hierüber nicht der geringste Zweifel. Von sehr gut unterrichteter journalistischer Seite erfahre ich, daß *General Suchomlinow* den Artikel, und zwar angeblich in einer noch schärferen Form, in dem in ganz Rußland viel gelesenen »Rußkoje Slowo« habe veröffentlichen wollen. Dieses Blatt habe jedoch den Artikel abgelehnt, weil er ihm zu scharf gewesen sei. Hierauf sei der Artikel in einer etwas abgeschwächten Form der »Birschewija Wjedomosti« gegeben worden.«

Deutschland schuldig?, aaO, S. 182, 185

*

Der englische Diplomat *Lord Granville* berichtete dem englischen Außenminister Lord Grey am 18. 7. 1914 über das russische Aufrüstungsprogramm:

»Bis zum Winter 1916 wird sich das russische Heer auf Friedensfuß nahezu verdoppeln, d. h. seine Kopfstärke wird bis dahin von 1 200 000 auf die kolossale Zahl von 2 245 000 Mann angewachsen sein. Rußland wird dann eine aktive Armee besitzen, deren Kopfzahl größer ist als die der vereinigten Heere des Dreibundes. Außerdem wird es dank neuer strategischer Eisenbahnen in der Lage sein, so rasch wie die anderen Militärmächte zu mobilisieren. Die gleichen Anstrengungen kann man in der russischen Marine beobachten, deren Budget jetzt das Englands übertrifft. *Rußland ... ist nun auf dem besten Wege, die stärkste Militärmacht zu werden, die die Welt je gesehen hat...* Die russische Diplomatie schlägt im Verkehr mit der deutschen Diplomatie bereits einen anderen Ton an, und Deutschland fürchtet heute seinen östlichen Nachbarn.«

Britische Dokumente, XI, aaO, S. 89

*

Die russische Großfürstin *Anastasia* sagte im Juli 1914:

»Der Krieg wird ausbrechen... Von Österreich wird nichts mehr übrigbleiben... Sie werden sich Elsaß und Lothringen zurücknehmen... Unsere Armeen werden sich in Berlin vereinigen... Deutschland wird vernichtet werden...«

Freund, Deutsche Geschichte, aaO, S. 904

4. Die »Stunde der Angelsachsen« –
Die USA entscheiden den Krieg

a) Die »Wohltäter«-Nation

Unter ideologischen Vorzeichen wurden die amerikanischen Soldaten in den Krieg geschickt. »To make the world safe for democracy« hieß 1917 die Parole, den »preußischen Militarismus« wollte man besiegen. Der globale Anspruch der »Demokratisierung« erwuchs letztendlich aus der geistesgeschichtlichen Tradition des Puritanismus in den Vereinigten Staaten, jener Lehre, bei welcher das »Erwähltsein« der christlichen Gemeinde zur zentralen Aussage des Alten Testaments gemacht wird. Dieses »Erwähltsein« wurde dann im Ersten Weltkrieg (bzw. schon früher in den Sezessionskriegen des 19. Jhrd.) im ganz politischen Sinne verstanden.

Aus der Rede des Senators *Beveridge* am 9. 1. 1900 vor dem US-Kongreß:
»Gott hat uns zur Organisation der Welt bestimmt mit dem Auftrag, da Ordnung zu schaffen, wo das Chaos herrscht. Er hat den Glauben an den Fortschritt in unsere Herzen gepflanzt, um uns die Kräfte zu geben, die Reaktion in der ganzen Welt zu schlagen. Er hat uns geschickt gemacht in allen Künsten der Regierung, damit wir diese Kunst an den wilden und senilen Völkern betätigen können. Wenn es eine solche Kraft nicht gäbe, wie wir sie darstellen, müßte die Welt in Barbarei und Nacht zurückfallen. Und innerhalb unserer Rasse *hat Gott das amerikanische Volk gekennzeichnet als sein erwähltes Volk, das bei der Erneuerung der Welt die führende Rolle spielen soll.*«

Franz-Willing, Zweiter Weltkrieg, aaO, S. 181

b) Schritte zum Krieg

Die Entscheidung Präsident Wilsons zum Kriegseintritt gegen das Deutsche Reich ist weniger auf den Präsidenten selber als vielmehr auf eine einflußreiche Gruppe antideutscher »Berater« des Präsidenten zurückzuführen. Die Präparierung der »öffentlichen Meinung« durch die Presse mußte in der Massendemokratie USA eine der Hauptvoraussetzungen für den Kriegseintritt der USA sein.

Der Vermittler und Vertraute des US-Präsidenten Wilson *Oberst Edward Mandell House* am 3. 10. 1914 an Page, den amerikanischen Botschafter in London:

»Ich stimme nicht überein, daß Deutschland völlig zerschmettert werde und daß Bedingungen entweder in Berlin oder London gemacht werden müssen. Es ist offenkundig gegen Englands Interesse und gegen das ganz Europas, daß Rußland die beherrschende militärische Macht in Europa, genau wie Deutschland es war, wird. Der Widerwille, den England gegen Deutschland hat, sollte es nicht blind für die wirkliche Lage machen. Wenn Deutschland zerschmettert ist, kann England nicht allein die Friedensbedingungen vorschreiben, sondern Rußlands Wünsche müssen auch weithin die Oberhand gewinnen.«

Die Briefe des Botschafters Walter H. Page an Wilson, Berlin 1926; II, S. 412 f.

❊

...und am 3. 12. 1914 urteilte er über ein Friedensmemorandum des Staatssekretärs Bryan:

»Ich bin sicher, es wäre ganz haltlos, dies zu tun, da die Alliierten es als unfreundlichen Akt betrachten würden. Es wäre auch nicht gut für die Vereinigten Staaten, den Frieden zustande gebracht zu haben, *bevor Deutschland genug geschlagen ist*, um es zu veranlassen, einer gründlichen Änderung seiner Militärpolitik zuzustimmen«.

Arthur S. Link, Wilson, The Struggle for Neutrality, Princeton 1960; S. 207

❊

Aus einem Memorandum von Wilsons Staatssekretär *Robert Lansing* aus dem Jahre 1915:

»Die furchtbarste Schwierigkeit, mit der wir es zu tun haben, ist die, daß die Aktion [der Eintritt in den Krieg] hinausgeschoben werden muß, bis ein allmählicher Prozeß der Erziehung und der Aufklärung erreicht ist.«

Giselher Wirsing, Der maßlose Kontinent, Roosevelts Kampf um die Weltherrschaft, Jena 1943; S. 249

*

Aus dem Telegramm des US-Botschafters in London, *Walter H. Page* vom März 1917 an den amerikanischen Präsidenten Wilson:

»Ich bin sicher, daß der Druck der heraufkommenden Krise nunmehr über die finanziellen Hilfsmöglichkeiten des Hauses Morgan für die britische und französische Regierung hinausgewachsen ist. Höchstwahrscheinlich ist *der einzige Weg, unsere augenblickliche beherrschende Handelsposition aufrechtzuerhalten und eine Panik zu vermeiden, der, Deutschland den Krieg zu erklären.* Wenn die Vereinigten Staaten den Krieg gegen Deutschland erklären, so könnte England und den Alliierten durch eine Anleihe die größte Hilfe gegeben werden...

Wir können unseren Handel aufrechterhalten und ihn ausweiten, bis der Krieg zu Ende ist. Und nach dem Kriege würde Europa Nahrungsmittel und ungeheure Mengen von Material benötigen, um seine Friedensindustrien neu aufzubauen. Auf diese Weise würden wir den Profit eines ununterbrochenen und wahrscheinlich sich noch erweiternden Handels auf lange Jahre hinaus ernten.«

Wirsing, Kontinent, aaO, S. 257f.

*

Der spätere US-Präsident *Herbert Hoover* (1929–1933) schrieb über die Stimmung in den USA im Kriegseintrittsjahr 1917:

»... Vor allem im Gebiet der Atlantikküste hatte das Gefühl jegliche vernünftige Überlegung verdrängt. In der Stadt New York war ein Stadium erreicht, bei dem sich eine objektive Diskussion über die Stellung Amerikas als völlig unmöglich erwies.«

Herbert Hoover, Memoiren, Bd. 1–2, Mainz 1951; I, S. 198

5. Das Deutsche Reich und der Erste Weltkrieg

a) »...wurde eingekreist geboren«

In seinem 1980 erschienenen aufsehenerregenden Buch »Legende und Wirklichkeit der deutschen Gefahr« bemühte sich der US-amerikanische Historiker David P. Calleo um eine andere Sicht der Rolle Deutschlands in der Weltpolitik nach 1871. Bekannte Fakten wurden unter einer neuen Perspektive betrachtet und u. a. die Frage in den Mittelpunkt gestellt, welche Möglichkeiten die deutsche Außenpolitik nach der Reichsgründung 1871 überhaupt hatte, *nicht* in die Situationen von 1914 und 1939 zu kommen.

Über die Situation des Deutschen Reiches vor dem I. Weltkrieg schreibt *Calleo:*

»Auch wenn alle Deutschen gut erzogene, liberale Anhänger der konstituionellen Regierungsform gewesen wären, die anderen Großmächte hätten wohl kaum einem politisch geeinten und wirtschaftich dynamischen Deutschland großzügig Platz gemacht. In einer Weltordnung des rivalisierenden Imperialismus – einer Welt, die ja nicht von Deutschland geschaffen worden war – mußte das Bismarcksche Deutschland geradezu unweigerlich ›aggressiv‹ werden, aggressiv einem Status quo gegenüber, der immer noch die Vorherrschaft der anderen widerspiegelte. Aufmerksame Deutsche wußten dies. Die deutsche Einigung war für Max Weber im Jahre 1895 nur ›... ein Jugendstreich, den die Nation auf ihre alten Tage beging und seiner Kostspieligkeit halber besser gelassen hätte, wenn sie der Abschluß und nicht der Ausgangspunkt einer deutschen Weltmachtpolitik sein sollte‹. Und 1916 hat er an den Konsequenzen nicht vorbeigesehen: ›Wollten wir diesen Krieg nicht riskieren, dann hätten wir die Reichsgründung ja unterlassen und als ein Volk von Kleinstaaten weiter existieren können.‹

Aus dieser Sicht war Bismarcks konservative Außenpolitik keine Alternative, die seine weniger geschickten Nachfolger aufgegeben haben. Sie hat die Katastrophe höchstens hinausgezögert, die die Schaffung eines neuen Deutschen Reiches für Europa mit sich bringen mußte. Es war tatsächlich Bismarck selbst, der den schicksalhaften Schritt unternommen hat, durch den Frankreich und Rußland sich zusammenschließen mußten, um Deutschland zu zerstören. Vielleicht war Bismarck nur realistischer als seine Nachfolger, die die Hoffnung nicht aufgaben, Großbritannien würde sie retten. Ob eine etwas kühnere Politik nach 1870 erfolgreicher gewesen wäre, bleibt eine spannende, wahrscheinlich aber unlösbare Frage. Vielleicht hätte das Kaiserreich Deutschland, wie Hitler meinte, Österreich in sich aufnehmen und früher auf eine Entscheidung mit Rußland drängen sollen. Eine große territoriale Sphäre im Osten hätte dem merkantilistischen Deutschland den Raum und die Ruhe gegeben, die es brauchte. 1914 aber war es zu spät. Deutschlands Handelsexpansion mußte den Zusammenschluß Frankreichs und Rußlands mit Großbritannien zur Folge haben. *Am Ende war das Kaiserliche Deutschland zu aggressiv, um noch friedlich akzeptiert zu werden, und vielleicht nicht aggressiv genug, um durch das Schwert Sicherheit zu erlangen.*«

David P. Calleo, Legende und Wirklichkeit der deutschen Gefahr. Neue Aspekte zur Rolle Deutschlands von Bismarck bis heute, Bonn 1980; S. 49 f.

✳

Noch einmal *Calleo:*
»Aber, um es noch einmal zu sagen, diese Katastrophen können nicht in überzeugender Weise als das Resultat irgendeiner eigengesetzlichen Entwicklung einer inneren Schwäche der deutschen Kultur verstanden werden. Natürlich gab es Schwächen, in Deutschland ebenso wie anderswo auch. Aber *der Zusammenbruch war viel eher die Konsequenz des starken Druckes, dem die Gesellschaft durch ihre außenpolitischen Probleme ausgesetzt war.* Dieser Druck scheint weniger Deutschlands besonderer Fehler, als vielmehr die unausweichliche Folge des Zusammenbruchs des Maßes in dem System als ganzem. Der Imperialismus, der zum Ersten Weltkrieg führte, war selbst die Folge immer größer werdender Forderungen, die den schwindenden Ressourcen gegenüberstanden, eine Kombination, die das internationale System über die

Möglichkeiten einer friedlichen Einigung hinaus belastete. Deutschland, der späte Ankömmling, wurde zum Hauptbrennpunkt der Spannung. Zweifellos war die deutsche Diplomatie recht ungeschickt, besonders in der Ära Bülow. *Aber auch der besten Diplomatie der Welt wäre es wahrscheinlich nicht gelungen, eine Konfrontation Deutschlands mit den älteren Mächten zu vermeiden.* Denn die etablierteren Mächte zeigten einen Drang zur Macht, der nicht weniger heftig als der Deutschlands war. Alle europäischen Länder waren von einer zunehmenden Spannung zwischen grenzenlosen Erwartungen und vernünftiger Ordnung geplagt. In einer solchen Welt erwiesen sich die Deutschen als außergewöhnlich verwundbar. *Der Nachzügler Deutschland wurde zum ›Aggressor‹ abgestempelt.* Ohne Zweifel war der deutsche Mittelstand in der Zeit nach Bismarck durch einen engstirnigeren Nationalismus gekennzeichnet als die entsprechenden britischen und französischen Mittelschichten, die die Zeit gehabt hatten, auf der Grundlage ihrer nationalen Macht gelassener und sicherer zu werden. Aber es kann den Deutschen, die vor ihrer Einigung hinreichendere Erfahrungen gesammelt hatten, weder vorgeworfen werden, daß sie sich einen Nationalstaat wünschten, noch daß sie sich darum sorgten, daß diese Nachbarn ihren Nationalstaat nicht akzeptieren würden. Und wenn die Deutschen den Eindruck erweckten, krankhaft auf Macht fixiert zu sein, waren sie in der Tat auf allen Seiten für ihre mächtigsten militärischen Feinde offen und darüber hinaus besonders leicht durch eine Seeblockade zu verwunden. Der Erste Weltkrieg hat das sehr deutlich gezeigt. Die militärischen Befürchtungen der Deutschen mögen sich selbst erfüllt haben, aber sie waren gewiß nicht unbegründet.«

Calleo, Legende, aaO, S. 226 f.

b) Zwänge

Deutschland lebte unmittelbar vor Kriegsbeginn 1914 einerseits mit der ständigen Furcht, wegen seines Bündnisses mit Österreich-Ungarn in einen »fremden« Krieg, möglicherweise Weltkrieg, hineingezogen zu werden und andererseits wegen des riesigen, 1916 zu beendenden russischen Aufrüstungsprogrammes militärisch gegenüber dem Ostreich immer schwächer zu werden. Damit aber wurde der ohne Alternative bestehende Schlieffenplan für einen Zweifrontenkrieg gefährdet, denn er ging von einem militärisch anfangs schwachen Rußland aus. Durch den Vertrag von London am 5. 9. 1914 verpflichteten sich England, Frankreich und Rußland, keinen Sonderfrieden mit den Mittelmächten zu schließen. Der Krieg sollte »à outrance«, bis zur Totalerschöpfung des Gegners zu Ende gefochten werden.

Der britische Unterstaatssekretär *Arthur Nicolson* 1913 in einem Brief an den britischen Botschafter in Petersburg George Buchanan:
»Deutschland wird wegen seiner eigenen Lage wirklich besorgt, da es auf der einen Seite Rußland mit seiner stets wachsenden militärischen und finanziellen Stärke neben sich hat und auf der anderen Frankreich, das jetzt für einen Krieg vollkommen bereit ist und wo ein kriegerischer Geist in vielleicht sogar etwas gefährlichem Grad herrscht.«

Hölzle, Selbstentmachtung, aaO, S. 219

❊

Am 13. 3. 1914 schrieb der britische Botschafter in Petersburg *George Buchanan* an Außenminister Grey:
»Den wirklichen Grund für Deutschlands Besorgnis und nervöse Gereiztheit muß man in den Schritten suchen, die Rußland jetzt zur Stärkung seiner militärischen Stellung unternimmt...
Im Rüstungswettlauf hat Rußland einen längeren Atem als Deutschland; und da Deutschland dies weiß, besteht immer die Gefahr, daß es versucht sein könnte, einen Konflikt zu überstürzen, ehe Rußland für den Zusammenstoß vollauf bereit ist.«

...und am 18. 3. 1914 an Unterstaatssekretär Nicolson:
»Rußland ist sich seiner latenten Stärke bewußt und entschlossen, sie zu gebrauchen. Es ist durchaus friedfertig und wird dies, glaube ich, bleiben, aber es hat die Schwäche und das Schwanken satt, die seine Politik während der Krise des letzten Jahres kennzeichneten...

Kann Deutschland es sich leisten, zu warten, bis Rußland der beherrschende Faktor in Europa wird, oder wird es zuschlagen, solange sein Sieg noch in Reichweite ist?«

Hölzle, Selbstentmachtung, aaO, S. 299f.

*

Der französische Botschafter in London *Paul Cambon* am 24. 7. 1914 an den französischen Außenminister Bienvenu-Martin:
»Wenn Rußland für die Serben Partei nimmt, wird es die Initiative eines Angriffs gegen Österreich ergreifen, und Deutschland muß die letztere Macht unterstützen. Das wird der allgemeine Krieg sein.«

Documents français XI, aaO, 13

*

Aus der *Denkschrift des deutschen Generalstabes* auf dem Höhepunkt der Juli-Krise am 29. 7. 1914:
»Rußland hat verkündet, daß es gegen Österreich mobilisieren werde, falls Österreich in Serbien einmarschiert. Österreich wird deshalb gegen Rußland zu mobilisieren haben. Der Zusammenstoß zwischen diesen beiden Staaten wird damit unvermeidlich geworden sein. Dies aber ist für Deutschland der casus foederis. Deutschland muß also gleichfalls mobilisieren. Dann wird Rußland seine übrigen Streitkräfte mobilisieren und sagen: ›Ich bin von Deutschland angegriffen.‹ Damit wird das französisch-russische Bündnis, das so oft als reiner Verteidigungspakt gepriesen wurde, der nur als Gegengewicht gegen Angriffspläne Deutschlands geschaffen worden sei, in Aktion treten und das gegenseitige Gemetzel der zivilisierten Nationen Europas wird beginnen... So müssen und so werden sich die Dinge entwickeln, wenn nicht, so möchte man sagen, ein Wunder geschieht, um noch in letzter Stunde einen Krieg zu verhindern, der auf Jahrzehnte hinaus die Kultur fast ganz Europas vernichten wird«.

Die deutschen Dokumente zum Kriegsausbruch 1914, hrsg. von K. Kautsky, Graf Montgelas und W. Schücking, Berlin 1920; Nr. 349

Der Vertrag zu London (sog. *Sonderfriedensabkommen*) zwischen England, Frankreich und Rußland vom 5. 9. 1914:

»Die Unterzeichneten, gehörig von ihren entsprechenden Regierungen autorisiert, haben folgende Erklärung abgegeben:

Die britische, französische und russische Regierung verpflichten sich gegenseitig, im gegenwärtigen Kriege keinen Separatfrieden zu schließen.

Die drei Regierungen kommen dahin überein, daß – sofern Friedensbedingungen diskutiert werden sollten – keine der verbündeten Mächte Friedensbedingungen stellen kann ohne vorheriges Einverständnis mit jedem der anderen Verbündeten.«

Konferenzen und Verträge (Vertrags-Ploetz), Teil II, 4. Band: Neueste Zeit, 1914–1959, 2. Aufl., Würzburg 1959; S. 7

⁕

Walter Page, der amerikanische Botschafter in London, schrieb dazu Ende 1914 an US-Präsident Woodrow Wilson:

»Wenn England, Frankreich und Rußland kürzlich übereinkamen, keinen Sonderfrieden zu schließen, spielten sie dem Kaiser arg mit. *Sie werden ihn vernichten.* Seitdem England die Franzosen und Russen gebunden hat, sind die Alliierten auf dem einzigen schwachen Punkt erstarkt. Nunmehr geht England überlegt, methodisch, ruhig vor, um die Aufgabe zu verrichten.«

Page-Briefe, aaO, II, S. 338 f.

6. Kriegsziele der Entente

Durch die sog. Fischer-Kontroverse Anfang der sechziger Jahre, die ganz von den deutschen »Kriegs«-Zielen im Ersten Weltkrieg beherrscht war, geriet der Blick auf die alliierten Kriegsziele für einige Zeit in den Hintergrund. Fischer wollte u. a. nachweisen, daß ein stures Festhalten der maßgeblichen politischen Kreise Berlins an überspannten Kriegszielen einen Kompromißfrieden mit den Alliierten verhindert habe. Tatsächlich hatten aber auch die Alliierten schon sehr früh weitgespannte Kriegsziele aufgestellt, von deren Kernpunkten sie während des gesamten Kriegsverlaufes nicht mehr abrückten.

Der *Teilungsplan* des russischen Außenministers *Sasonow* vom 14. 9. 1914.

1. Das *Hauptziel* der drei Alliierten muß die *Vernichtung der deutschen Macht* sowie der Bestrebungen Deutschlands nach der militärischen und politischen Herrschaft sein.

2. Die territorialen Veränderungen sollen durch das Nationalitätenprinzip bestimmt werden.

3. Rußland annektiert den Unterlauf des Njemen und den östlichen Teil Galiziens. Es annektiert für das polnische Königreich Ostposen, Schlesien und den westlichen Teil Galiziens.

4. Frankreich erhält Elsaß-Lothringen zurück, hierzu kommen Teile der preußischen Rheinlande und der Pfalz nach seinem Ermessen.

5. Belgien wird in (2 Worte fehlen) eine bedeutende Vergrößerung seines Gebietes erhalten.

6. Schleswig-Holstein wird Dänemark zurückerstattet.

7. Das Königreich Hannover wird wieder hergestellt.

8. Österreich bildet eine Dreimonarchie, aus dem Kaiserreich Österreich, dem Königreich Böhmen und dem Königreich Ungarn. Das Kaiserreich Österreich wird nur die »Erbprovinzen« umfassen. Das Königreich Böhmen wird die jetzige Tschechei (oben zugefügt »Slowaken«) und Mähren umfassen. Das Königreich Ungarn wird sich über Transsylvanien mit Rumänien zu verständigen haben.

9. Serbien annektiert Bosnien, Herzegowina, Dalmatien, Nordalbanien.
10. Bulgarien erhält von Serbien eine Kompensation in Mazedonien.
11. Griechenland annektiert Südalbanien, mit Ausnahme Valonas, das an Italien fallen wird.
12. England, Frankreich und Japan teilen sich die deutschen Kolonien.
13. Deutschland und Österreich zahlen Kriegsentschädigungen.

Vertrags-Ploetz II, 4, aaO, S. 592 f.

*

Telegramm des russischen Botschafters in Paris *Iswolski* an den russischen Außenminister Sasonow vom 30. 9. 1914:

»Ich hatte Gelegenheit, in meinem eigenen Namen mich mit dem französischen Außenminister über die darin berührte Frage zu unterhalten. Mit dem Vorbehalt, daß es jetzt noch zu früh sei, ›das Fell des Bären zu verkaufen‹, und daß er bisher jede Beratung dieses Gegenstandes mit seinen Kollegen vermieden habe, gab *Delcassé* zu, daß es nicht sinnlos wäre, unter Verbündeten die gegenseitigen Ansichten und Wünsche beizeiten klarzustellen. Er sei überzeugt, daß dabei zwischen Rußland, Frankreich und England keine Unstimmigkeiten entstehen könnten. Er habe sich selbst sehr oft und ganz offen mit Ihnen unterhalten und ich habe mich von der Identität der Ziele überzeugen können, die sowohl Rußland wie Frankreich verfolgen. Für sich suche *Frankreich* in Europa keine Gebietserwerbungen, natürlich mit Ausnahme der Rückgabe Elsaß-Lothringens. In Afrika strebe es ebenfalls nach keinen neuen Erwerbungen und werde sich mit der Annullierung der letzten Reste der Akte von Algesiras und der Berichtigung einiger kolonialer Grenzen begnügen. Sodann sei *das Hauptziel Frankreichs – und darin seien alle drei verbündeten Mächte völlig solidarisch – die Vernichtung des Deutschen Reiches* und die möglichste Schwächung der militärischen und politischen Macht Preußens. Man müsse es so machen, daß die einzelnen deutschen Staaten selbst daran interessiert seien. Von den Einzelheiten der künftigen Organisation Deutschlands zu sprechen, sei noch verfrüht. *England* werde wahrscheinlich die Wiederherstellung eines selbständigen Hannovers verlangen, und dem würden sich natürlich weder Rußland noch

Frankreich widersetzen. Schleswig und Holstein müßten an Dänemark fallen, trotz der zweideutigen Haltung der dänischen Regierung. England suche ebenfalls keine Eroberungen in Europa, werde aber kolonialen Zuwachs auf Kosten Deutschlands verlangen, wogegen Frankreich nichts einzuwenden habe. Was *Rußland* betreffe, so seien seine territorialen Forderungen in großen Zügen festgesetzt, und es verstehe sich von selbst, daß Frankreich im voraus mit ihnen einverstanden sei. Außerdem werde Rußland natürlich die Freiheit der Meerengen und genügende Garantien in dieser Hinsicht fordern, und hier werde Rußland volle Unterstützung bei Frankreich finden, das in dieser Frage eine für uns nützliche Einwirkung auf England ausüben könne.«

Russische Dokumente, II, 6. 1, aaO, S. 304

✻

Aus einem weiteren Telegramm des russischen Botschafters in Paris *Iswolski* vom 13. 10. 1914 an den russischen Außenminister Sasonow:
»Dabei bat *Delcassé*, indem er sich auf die Verhandlungen berief, die 1913 in Petersburg stattgefunden haben, eindringlich, Ihre [Sasonows] Aufmerksamkeit darauf zu lenken, daß die Forderungen und Wünsche Frankreichs die gleichen geblieben sind.«

Friedrich Stieve, Iswolski im Weltkriege, Berlin 1926; S. 119

✻

Aus der Note des russischen Außenministers *Pokrowsky* vom 14. 2. 1917 an den französischen Botschafter in Petersburg, Paléologue:
»1. Elsaß-Lothringen wird an Frankreich zurückgegeben.
2. Die Grenzen (dieses Gebietes) werden mindestens bis zum Umfange des früheren Herzogtums Lothringen ausgedehnt und sind nach den Wünschen der französischen Regierung festzusetzen, wobei die strategischen Notwendigkeiten berücksichtigt werden müssen, damit auch das ganze Eisenerzrevier Lothringens und das ganze Kohlenbecken des Saarreviers dem französischen Territorium einverleibt wird.
3. Die übrigen linksrheinischen Gebiete, die jetzt zum Bestande des

Deutschen Reiches gehören, sollen von Deutschland ganz abgetrennt und von jeder politischen und wirtschaftlichen Abhängigkeit von Deutschland befreit werden.

4. Die linksrheinischen Gebiete, die dem Bestand des französischen Territoriums nicht einverleibt werden, sollen ein autonomes und neutrales Staatswesen bilden und so lange von französischen Truppen besetzt bleiben, bis die feindlichen Reiche endgültig alle Bedingungen und Garantien erfüllt haben werden, die im Friedensvertrage angeführt sein werden.

... habe ich die Ehre, im Namen der russischen Regierung ... zu erklären, daß die Regierung der Republik auf die Unterstützung der kaiserlichen Regierung bei der Durchführung ihrer oben dargelegten Absichten rechnen kann.«

Vertrags-Ploetz II, 4, aaO, S. 596 f.

7. Eine Fallstudie der Greuelpropaganda:
Die Leichenfabrik

Die Greuelpropaganda gegen den Kriegsgegner wurde im Ersten Weltkrieg zum wichtigen Instrument psychologischer Kriegsführung. Vor allem die angelsächsischen Mächte, in der Tradition des Puritanismus stehend, stilisierten den Krieg zum apokalyptischen Kampf von »Gut« gegen »Böse« hoch. Nach dem Krieg wurden die bekanntesten Propagandalügen mit dem Ausdruck des »Sorry« zurückgenommen.

Zwei Meldungen in der »Times« vom 16. 4. 1917...:
»Ein Konsul der Vereinigten Staaten erzählte nach seiner Abreise aus Deutschland in die Schweiz im Februar 1917, daß die Deutschen aus den Körpern ihrer Toten Glyzerin destillierten.«

»Herr Karl Rosner, der Berichterstatter des Berliner Lokalanzeigers an der Westfront, veröffentlichte letzten Dienstag das erste bestimmte deutsche Eingeständnis über die Art, wie die Deutschen Leichen verwerten.
Wir kommen durch Everingcourt. Es ist ein dumpfer Geruch in der Luft, als ob Kalk gebrannt würde. Wir kommen an der großen Kadaververwertungsanstalt dieser Armeegruppe vorbei. Das Fett, das hier gewonnen wird, dient zur Schmierölherstellung. Alles andere wird in der Knochenmühle zu Pulver vermahlen, das als Beimischung zum Schweinefutter und Dünger verwandt wird. Nichts darf verschwendet werden.«

✻

... Die »Times« berichtet am 24. 4. 1917 über eine Unterredung des deutschen Botschafters Admiral von Hintze mit dem chinesischen Premierminister in Peking:
»Aber die Frage wurde erhärtet, als Admiral von Hintze sich über die erfinderischen Methoden ausließ, durch die von den deutschen Wissen-

schaftlern die zur Herstellung von Munition nötigen Chemikalien gewonnen würden. Der Admiral erklärte triumphierend, daß sie aus den Leichen ihrer gefallenen Soldaten Glyzerin herauszögen! Von diesem Augenblick an hatte der entsetzte Premierminister nichts mehr für Deutschland übrig, und das Geschäft ihn zu überreden, sich gegen es zu wenden, war verhältnismäßig leicht.«

*

... Aus der Londoner Unterhausdebatte vom 30. 4. 1917:
»Mr. Ronald McNeill fragte den Premierminister, ob er Schritte unternehmen würde, um so weit wie möglich in Ägypten, Indien und im Osten im allgemeinen bekanntzumachen, daß die Deutschen die Leichen ihrer eigenen Soldaten und ihrer Feinde, so weit sie sie erfassen könnten, als Schweinefutter verwendeten.

Mr. Dillon fragte den Schatzkanzler, ob seine Aufmerksamkeit auf die in diesem Lande weitverbreiteten Gerüchte gelenkt worden sei, daß die deutsche Regierung Fabriken zur Gewinnung von Fett aus den Leichen der gefallenen Soldaten errichtet habe, ob diese Gerüchte von vielen maßgebenden Leuten in diesem Lande wie Lord Curzon of Kedleston bestätigt worden seien, ob die Regierung gute Gründe habe zu glauben, daß diese Berichte auf Wahrheit beruhten, und wenn dem so sei, ob er die der Regierung zur Verfügung stehenden Kenntnisse dem Hause mitteilen wolle.

Lord R. Cecil: Betreffs dieser Frage und auch der, die namens des ehrenwerten Mitglieds für East Mayo gestellt wurde, besitzt die Regierung zur Zeit keine Mitteilung außer jener, die in den Auszügen aus der deutschen Presse enthalten war, die von der hiesigen Presse veröffentlicht wurden. In Anbetracht anderer von den deutschen militärischen Stellen begangener Handlungen *ist die jetzt gegen sie erhobene Beschuldigung nicht unglaubhaft.* Die Regierung seiner Majestät hat die Verbreitung von Tatsachen, die auf den üblichen Wegen zum Vorschein kommen, gestattet.«

*

... In Beantwortung einer vom Labour-Politiker Arthur Henderson am 2. 12. 1925 gestellten Frage, ob die britische Regierung eine Erklärung zu der »Kadavergeschichte« abzugeben habe, antwortete der britische Außenminister Sir Austen Chamberlain:

»Ja, Sir. Mein sehr ehrenwerter Freund, der Kriegsminister, berichtete dem Hause in der vergangenen Woche, wie die Geschichte im Jahre 1917 zur Kenntnis der Regierung seiner Majestät gelangte. Der deutsche Reichskanzler hat mich im Auftrage seiner Regierung zu der Erklärung ermächtigt, daß die Geschichte stets jeder Grundlage entbehrte. Ich brauche kaum hinzuzufügen, daß ich im Namen der Regierung seiner Majestät dieses Dementi annehme, und *hoffe, daß dieses falsche Gerücht nicht wieder aufleben wird.*«

Ponsonby, Lügen, aaO, S. 103, 105 f., 112

8. Kriegsschuld

Durch den von den angelsächsischen Mächten unter moralisierenden Vorzeichen geführten Krieg wurde das moraltheologisch begründete Schuldprinzip zum erstenmal in der europäischen Geschichte seit den Religionskriegen im 16. und 17. Jahrhundert zum geistigen Überbau eines Friedensvertrages erhoben. In der Mantelnote des Versailler Vertrages sprachen die Sieger vom »größten Verbrechen gegen die Menschheit«, einem »beispiellosen« Verhalten Deutschlands, einer »schrecklichen Verantwortlichkeit« etc. Im Artikel 231 des Versailler Vertrages war die Alleinkriegsschuld Deutschlands dekretiert. Es nahm angesichts der »negativen Privilegierung« (Max Weber) eines ganzen Volkes daher nicht wunder, wenn die Kriegsschulddiskussion vor allem in der Weimarer Republik eine ganze Generation deutscher Historiker beschäftigte.

Der britische Außenminister *Lloyd George* sagte am 3. 3. 1921:
»Für die Alliierten ist die deutsche Verantwortung für den Krieg grundlegend; sie ist das Fundament, auf dem der Bau von Versailles errichtet wurde. Wenn dies abgelehnt oder aufgegeben wird, ist der Vertrag zerstört.«

Hellmut Diwald, Geschichte der Deutschen, Frankfurt–Berlin–Wien 1978; S. 248

*

Der amerikanische Präsident *Woodrow Wilson* sagte am 5. 9. 1919:
»Gibt es einen Mann oder eine Frau – ja laßt mich sagen, gibt es ein Kind –, das nicht weiß, daß der Samen des Krieges in der modernen Welt der industrielle und wirtschaftliche Wettbewerb zwischen den Nationen ist? ... Dieses war ein Industrie- und Handelskrieg.«

Ponsonby, Lügen, aaO, S. 68

*

Der britische Premierminister *Lloyd George* erklärte am 23. 12. 1920:
»Je mehr man Memoiren und Bücher liest, die in den verschiedenen Ländern über die Vorgänge vor dem 1. August 1914 geschrieben wurden, desto mehr kommt man zu der Überzeugung, daß niemand von denen, die damals die Staatsgeschäfte leiteten, wirklich den Krieg wollte. *Es war etwas, in das man hineinglitt oder vielmehr taumelte oder stolperte – vielleicht aus Torheit.* Eine Diskussion, daran zweifle ich nicht, hätte ihn verhindert.«

Ponsonby, Lügen, aaO, S. 68

*

Der italienische Ministerpräsident *Francesco Nitti* schrieb:
»Zunächst: Kein ehrlicher, von Haß freier Mensch kann behaupten, daß die Verantwortung am Kriege (1914–18) allein auf Deutschland falle; ja, es besteht berechtigter Zweifel, ob nicht Rußland einen größeren Teil der Schuld trage als Deutschland. Und wer will leugnen, daß auch Frankreich mit seiner Politik von Männern wie Poincaré, Delcassé und Hanotoux höchst wirksam zur Katastrophe beigetragen habe? Die Archive von Petersburg und Berlin haben sich geöffnet und die größten Überraschungen gebracht. Lloyd George hat gesagt, die Schuld am Kriege verteile sich auf alle und wir seien hineingestolpert, fast ohne es zu wissen.«

Nitti, Tragödie, aaO, S. 50

*

In seinem Vortrag »Deutschland und der Frieden Europas« vom 29. 6. 1937 sagte der britische Diplomat und spätere Botschafter in Washington *Lord Lothian:*
»Der Versailler Vertrag gründete sich auf die Theorie von Deutschlands Alleinschuld am Weltkriege. Ich glaube, niemand, der die Vorgeschichte des Krieges ernsthaft studiert hat, kann diese Ansicht heute aufrechterhalten. Der Krieg hatte eine lange Vorgeschichte. Sie geht zurück bis zu dem Marokko-Ägypten-Abkommen zwischen Frankreich und England und

dem französischen Vorrücken auf Fez, das jene Serien von überstürzten Schritten Deutschlands zur Folge hatte, die so viel dazu beigetragen haben, die Welt in verschiedene Lager zu teilen...

Am Ende des Krieges jedoch *hatten wir uns eingeredet, daß Deutschland allein an dem Unglück schuld sei. Diese Überzeugung war das Ergebnis von Meinungen, die wir uns auf Grund eines sehr unzureichenden Materials, ergänzt durch die Propaganda der Kriegszeit, gebildet hatten.* Das Wesen der Kriegspropaganda aber bestand darin, die Einigkeit und Moral der eigenen Landsleute aufrechtzuerhalten durch den Nachweis, daß wir völlig recht, der Feind aber völlig unrecht habe. Auf diesem Grundsatz war der Versailler Vertrag aufgebaut.«

Der Vertrag von Versailles, München 1978; S. 16 f.

Teil II
Der Friede von Versailles 1919

1. Die Hoffnung: Wilsons vierzehn Punkte

Das Selbstbestimmungsrecht der Völker sollte die Grundlage sein für die »14 Punkte«, die US-Präsident Wilson in seinem »Programm des Weltfriedens« am 8. 1. 1918 vor dem amerikanischen Kongreß verlas. Auf dieser Basis wurde dann am 11. 11. 1918 der Waffenstillstand zwischen dem Deutschen Reich und den Alliierten verkündet.

»1. Öffentliche Friedensverträge. Die Diplomatie soll stets frei sein und sich vor aller Öffentlichkeit abspielen.
2. Absolute Freiheit der Schiffahrt auf der See außerhalb der territorialen Gewässer sowohl im Kriege als auch im Frieden.
3. Aufhebung sämtlicher wirtschaftlicher Schranken, Festsetzung gleichmäßiger Handelsbedingungen zwischen den Nationen.
4. Angemessene Garantien, daß die nationalen Rüstungen auf den niedrigsten Grad herabgesetzt werden.
5. Unparteiische Ordnung aller kolonialen Ansprüche.
6. Räumung des gesamten russischen Gebietes und Erledigung aller Rußland berührenden Fragen, um die beste und freieste Zusammenarbeit der übrigen Nationen der Welt zu sichern zur Erlangung einer ungehemmten und ungeschmälerten Möglichkeit zur unabhängigen Bestimmung ihrer eigenen politischen Entwicklung und nationalen Politik.
7. Wiederherstellung der ungeschmälerten Souveränität Belgiens.
8. Befreiung des franz. Gebietes, Wiederherstellung der verwüsteten Teile. ›Ebenso müßte das Frankreich durch Preußen 1871 in Sachen Elsaß-Lothringen angetane Unrecht, das den Weltfrieden nahezu fünfzig Jahre bedroht hat, berichtigt werden, um dem Frieden im Interesse aller wieder Sicherheit zu verleihen.‹
9. Berichtigung der Grenzen Italiens entspr. den Nationalitätenlinien.
10. Den Völkern Österreich-Ungarns die freieste Möglichkeit autonomer Entwicklung zu gewähren.
11. Räumung Rumäniens, Serbiens, Montenegros. Wiederherstellung ehemals besetzter Gebiete. Freier und gesicherter Zugang für Serbien zum Meer. Ordnung der Verhältnisse auf dem Balkan.

12. Dem türkischen Teil des Ottomanischen Reiches soll eine gesicherte Souveränität gewährleistet werden, den anderen Nationalitäten soll eine absolute und ungestörte Möglichkeit ihrer autonomen Entwicklung verbürgt und die Dardanellen sollen dauernd als freier Durchgang für die Schiffe und den Handel aller Nationen unter internationalen Garantien geöffnet werden.

13. Errichtung eines unabhängigen polnischen Staates mit freiem Zugang zum Meer; die politische und ökonomische Unabhängigkeit des polnischen Staates sowie dessen territoriale Integrität sollen durch internationalen Vertrag garantiert werden.

14. Installierung eines Völkerbundes zum Zweck der Gewährung gegenseitiger Garantien für politische Unabhängigkeit und territoriale Integrität in gleicher Weise für große und kleine Staaten.«

Vertrags-Ploetz II, 4, aaO, S. 23 f.

2. Der Alptraum: Das Diktat

Im Spiegelsaal des Versailler Schlosses trat am 18. 1. 1919 die Friedenskonferenz zusammen, am gleichen Ort, an dem am 18. 1. 1871 das Deutsche Reich gegründet wurde. »So begann diese Friedenskonferenz mit einer theatralischen Bekundung, daß nun dieses Reich ein Ende finden werde«, schrieb der Historiker Michael Freund in seiner »Deutschen Geschichte«. Die »14 Punkte« Wilsons traten ganz zurück hinter einer in Jahrhunderten eingeübten europäischen Machtpolitik, die für das weltfremd anmutende Schwärmertum des amerikanischen Präsidenten nicht viel übrig hatte. Am 16. 6. 1919 forderten die Alliierten bei Androhung eines Einmarsches in das Reich ultimativ die Unterzeichnung. Am 28. 6. 1919 wurde der Friedensvertrag von der Reichsregierung unterschrieben. Am 16. 6. 1919 überreichten die Alliierten der deutschen Delegation in Versailles zu den deutschen Vorschlägen vom 29. 5. 1919 ihre Gegenvorschläge (*Mantelnote und Ultimatum*), die Bestandteil des Friedensvertrages wurden.

Auszüge aus der Mantelnote, die Kriegsschuldfrage betreffend:
»*Nach den Anschauungen der Alliierten und Assoziierten Mächte ist der Krieg, der am 1. August 1914 zum Ausbruch gekommen ist, das größte Verbrechen gegen die Menschheit und gegen die Freiheit der Völker gewesen, welches eine sich für zivilisiert ausgebende Nation jemals mit Bewußtsein begangen hat.* Während langer Jahre haben die Regierenden Deutschlands, getreu der preußischen Tradition, die Vorherrschaft in Europa angestrebt. Sie haben sich nicht mit dem wachsenden Gedeihen und Einfluß begnügt, nach welchem Deutschland zu streben berechtigt war und welche alle übrigen Nationen bereit waren, ihm in der Gesellschaft der freien und gleichen Völker zuzugestehen. Sie haben getrachtet, sich dazu fähig zu machen, ein unterjochtes Europa zu beherrschen und zu tyrannisieren, so wie sie ein unterjochtes Deutschland beherrschten und tyrannisierten.
Um ihr Ziel zu erreichen, haben sie durch alle ihnen zur Verfügung

stehenden Mittel ihren Untertanen die Lehre eingeschärft, in internationalen Angelegenheiten sei Gewalt Recht. Niemals haben sie davon abgelassen, die Rüstungen Deutschlands zu Wasser und zu Lande auszudehnen und die lügnerische Behauptung zu verbreiten, eine solche Politik sei nötig, weil Deutschlands Nachbarn auf sein Gedeihen und seine Macht eifersüchtig seien. Sie sind bestrebt gewesen, zwischen den Nationen an Stelle der Freundschaft Feindschaft und Argwohn zu säen. Sie haben ein System der Spionage und der Intrigen entwickelt, welches ihnen gestattet hat, auf dem Gebiete ihrer Nachbarn Unruhen und innere Revolten zu erregen und sogar geheime Offensivvorbereitungen zu treffen, um sie im gegebenen Augenblick mit größerer Sicherheit und Leichtigkeit zerschmettern zu können. Sie haben durch Gewaltandrohung Europa in einem Zustande der Gärung erhalten, und als sie festgestellt hatten, daß ihre Nachbarn entschlossen waren, ihren anmaßenden Plänen Widerstand zu leisten, da haben sie beschlossen, ihre Vorherrschaft mit Gewalt zu begründen.

Sobald ihre Vorbereitungen vollendet waren, haben sie einen in Abhängigkeit gehaltenen Bundesgenossen dazu ermuntert, Serbien innerhalb 48 Stunden den Krieg zu erklären. Vor diesem Kriege, dessen Spieleinsatz die Kontrolle über den Balkan war, wußten sie recht wohl, er könne nicht lokalisiert werden und würde den allgemeinen Krieg entfesseln. Um diesen allgemeinen Krieg doppelt sicher zu machen, haben sie sich jedem Versuche der Versöhnung und der Beratung entzogen, bis es zu spät war...«

Auszüge aus dem Ultimatum, Deutschlands Verantwortlichkeit bei der Entstehung des Krieges betreffend:

»Die Geschichte der kritischen Tage des Juli 1914 ist jedoch in den Augen der Alliierten und Assoziierten Mächte nicht die einzige Grundlage, aus der die Schuld Deutschlands an der Entstehung des Krieges herzuleiten ist. Der Ausbruch des Krieges ist nicht auf einen plötzlichen Entschluß, der in einer schweren Krisis gefaßt ist, zurückzuführen. Er war das logische Ergebnis einer Politik, die seit Jahrzehnten von Deutschland *unter dem Einfluß des preußischen Systems* verfolgt wurde. *Die ganze Geschichte Preußens ist durch den Geist der Beherrschung, des*

Angriffs und des Krieges charakterisiert. Hypnotisiert durch den Erfolg, mit welchem Bismarck, der Tradition Friedrichs des Großen folgend, die Nachbarn Preußens beraubte und die deutsche Einheit durch Blut und Eisen schmiedete, unterwarf sich das deutsche Volk nach 1871 fast vorbehaltlos dem Einfluß und der Führerschaft seiner preußischen Herrschaft...

Deutschland ist unter dem Einfluß Preußens die Vorkämpferin der Macht und der Gewalt, der Täuschung, der Intrige und der Grausamkeit in der Behandlung der internationalen Angelegenheiten gewesen. Während mehrerer Jahrzehnte hat Deutschland unausgesetzt eine Politik getrieben, die darauf hinzielte, Eifersucht, Haß und Zwietracht zwischen den Nationen zu säen, nur, damit es seine selbstsüchtige Leidenschaft nach Macht befriedigen konnte. Deutschland hat sich dem ganzen Strom des demokratischen Fortschritts und der internationalen Freundschaften in der ganzen Welt entgegengestemmt. Deutschland ist die Hauptstütze der Autokratie in Europa gewesen. Und zum Schlusse, in der Erkenntnis, daß es sein Ziel nicht anders erreichen konnte, entwarf es und begann es den Krieg, der die Niedermetzelung und Verstümmelung von Millionen von Menschen und die Verwüstung Europas von einem Ende bis zum anderen verursachte...«

Vertrags-Ploetz II, 4, aaO, S. 603 f.

✳

Die wichtigsten Bestimmungen des am 28. 6. 1919 zwischen dem Deutschen Reich und den alliierten und assoziierten Mächten unterzeichneten *Friedensvertrages von Versailles:*

Teil III (Territoriale Bestimmungen):
Gebietsabtrennungen:
an Frankreich: Elsaß-Lothringen,
Saargebiet bis 1935 unter Völkerbundsverwaltung
an Belgien: Moresnet und Eupen-
Malmedy

an Polen: Westpreußen, Posen und
Oberschlesien
unter   Völkerbundsverwaltung:
Danzig
an Litauen: Memelland (zunächst
unter »Obhut der Alliierten«, ab
1923 zu Litauen)
an Tschechoslowakei: Hultschiner
Ländchen
an Dänemark: Nordschleswig

Somit verlor Deutschland: 73 485 qkm Land mit 7 325 000 Einwohnern.

	1914:	1921:
Der Umfang des Reiches betrug:	540 787 qkm	467 302 qkm
Bevölkerungsziffer des Reiches:	67 892 000 Einw.	59 360 000 Einw.

Deutschland verlor von seiner Jahresförderung an Bodenschätzen: 75%
Zinkerz, 74,8% Eisenerz, 28,3% Steinkohle, 7,7% Bleierz, 4% Kali; von
seiner jährlichen Ernte: 19,7% Kartoffeln, 18,2% Roggen, 17,2% Gerste,
12,6% Weizen, 9,6% Hafer.

Gebietsbesetzungen: Auf vorläufig 15 Jahre blieben das Saargebiet und
das linke Rheinufer mit den Brückenköpfen Köln, Koblenz und Mainz
besetzt.

Die Besatzungskosten hatte das Reich zu tragen. Die Summen waren in
Goldmark zu zahlen: sie beliefen sich bis zum Ende der Besatzungszeit
auf 3640 Millionen Goldmark.

Verbot des Anschlusses von Deutsch-Österreich an das Deutsche Reich.

Entmilitarisierte Zone: Deutschland darf auf dem linken Rheinufer und in
einer 50 km breiten neutralen Zone auf dem rechten Rheinufer keine
Befestigungen und keine militärischen Streitkräfte unterhalten.

Teil V (Abrüstung und Militär):
Abschaffung der Wehrpflicht, Auflösung des Generalstabes, langdienen-
des Söldnerheer mit 100 000 Mann, Beschränkung der Marine auf
6 Linienschiffe, 6 kleine Kreuzer, 12 Zerstörer, 12 Torpedoboote,

Personal auf 500 Offiziere und 15000 Mann. Verbot des Unterhalts von Luftstreitkräften. Überwachung der deutschen Aufrüstung durch eine internationale Militärkommission (bis 1927).

Teil VII (Strafbestimmungen):
Öffentliche Anklage Kaiser Wilhelms II. und einer Anzahl weiterer führender Persönlichkeiten als »Kriegsverbrecher« und deren Auslieferung an einen Gerichtshof.
Die entsprechende Passage in den Bestimmungen lautete:
»Die alliierten und assoziierten Mächte stellen Wilhelm II. von Hohenzollern, vormaligen Kaiser von Deutschland, *wegen schwerster Verletzung des internationalen Sittengesetzes und der Heiligkeit der Verträge* unter öffentliche Anklage … Die deutsche Regierung räumt den alliierten und assoziierten Mächten die Befugnis ein, die wegen eines Verstoßes gegen die Gesetze und Gebräuche des Krieges angeklagten Personen vor ihre Militärgerichte zu ziehen.«

Teil VIII (Wiedergutmachungen):
Um ihre materiellen Wiedergutmachungsforderungen zu legitimieren, setzten die Siegermächte an die Spitze dieser Bestimmungen des Versailler Vertrages den berühmten *»Kriegsschuldartikel«*
Artikel 231: »Die alliierten und assoziierten Regierungen erklären und Deutschland erkennt an, daß Deutschland und seine Verbündeten als Urheber für alle Verluste und Schäden verantwortlich sind, die die alliierten und assoziierten Regierungen und ihre Staatsangehörigen infolge des Krieges, *der ihnen durch den Angriff Deutschlands und seiner Verbündeten aufgezwungen wurde,* erlitten haben.«

Wiedergutmachung:
Festsetzung aller Schäden durch einen Wiedergutmachungsausschuß. Tilgung innerhalb von 30 Jahren, sofortige Anzahlung von 20 Milliarden Goldmark.
Auslieferung der Handelsflotte. Auslieferung der deutschen Kabel.
Kohlenlieferungen: an Frankreich, Belgien, Italien und Luxemburg jährlich 40 Millionen Tonnen.

Lieferungen von Farbstoffen, Maschinen, Fabrikeinrichtungen, Werkzeugen, Materialien für den Wiederaufbau der zerstörten Gebiete in Belgien und Nordfrankreich.

An Belgien und Frankreich sind zu liefern: 140000 Milchkühe, 4000 Stiere, 40000 Färsen, 700 Zuchthengste, 40000 Stuten und Stutenfüllen, 1200 Schafböcke, 30000 Schafe, 10000 Ziegen, 15000 Mutterschweine. Konfiskationen des deutschen Eigentums, auch des privaten, sowie der deutschen Rechte im Ausland.

Meistbegünstigungsrecht für die alliierten Staaten ohne Gegenseitigkeit.

Beschränkung der deutschen Eisenbahnhoheit bezüglich der Gütertarife.

Internationalisierung der deutschen Ströme: Elbe, Oder, Memel, Donau, Rhein und Mosel werden dem Einfluß der Ententeregierungen unterworfen.

Vertrags-Ploetz II, 4, aaO, S. 40f.

3. Vom Saulus zum Paulus – Stimmen zeitgenössischer ausländischer Politiker zum Versailler Vertrag

Zahlreiche alliierte Politiker, die während des Krieges leidenschaftlich gegen den »preußischen Militarismus« und den »autokratischen Kaiser« gewirkt hatten, wandten sich von Beginn an gegen die übermäßig harten Versailler Friedensbedingungen.

Herbert Hoover, Mitglied der amerikanischen Friedensdelegation in Versailles und späterer US-Präsident schrieb über sein Gespräch mit dem amerikanischen Präsidenten Wilson nach dessen Ankunft in Europa am 15. 12. 1918:

»Ich bemerkte zu ihm (Wilson), daß die gesamte Atmosphäre plötzlich von Strömungen unbeschreiblicher Bösartigkeit durchsetzt sei. Der große Schwung des Krieges wäre tiefer Niedergeschlagenheit gewichen, ganz Europa von Verzweiflung erfüllt. Wenn es sich dabei um Einzelpersonen handelte, meinte ich, so würde ich ihre Haltung als überwiegend habsüchtig, machtgierig, gehässig und rachsüchtig beschreiben. Jedoch könnte ich mir keine gleichwertigen Ausdrücke denken, die sich auf Nationen anwenden ließen. Auf jeden Fall würde er es mit aufgepeitschtem Nationalismus, Imperialismus, Militarismus, Gleichgewicht der Kräfte, Reaktion und mit der Entschlossenheit zu tun haben, das Rennen als erster zu machen.«

Hoover, Memoiren I, aaO, S. 104

*

Aus dem Memorandum (»Eine Erwägung für die Friedenskonferenz, ehe sie ihre Bedingungen endgültig festsetzt«) des britischen Premierministers *Lloyd George* vom 25. 3. 1919 zur Behandlung Deutschlands auf der Versailler Friedenskonferenz:

»... Die Aufrechterhaltung des Friedens wird davon abhängen, daß keine Ursachen zur Verzweiflung vorhanden sind, die dauernd den Geist

91

des Patriotismus, der Gerechtigkeit oder des ›fair play‹ aufstacheln. Unsere Bedingungen dürfen hart, sogar grausam und selbst erbarmungslos sein, um Genugtuung zu erlangen, aber gleichzeitig können sie so gerecht sein, daß das Land, dem sie auferlegt werden, in seinem Herzen fühlen wird, daß es kein Recht zur Klage hat. *Aber Ungerechtigkeit und Anmaßung, ausgespielt in der Stunde des Triumphes, werden nie vergessen und vergeben werden.*

Aus diesen Gründen bin ich auf das schärfste dagegen, mehr Deutsche, als unerläßlich nötig ist, der deutschen Herrschaft zu entziehen, um sie einer anderen Nation zu unterstellen. Ich *kann mir keine stärkere Ursache für einen künftigen Krieg vorstellen, als daß das deutsche Volk*, das sich zweifellos als eine der kraftvollsten und mächtigsten Rassen der Welt erwiesen hat, *rings von einer Anzahl kleiner Staaten umgeben werden soll*, von denen viele aus Völkern bestehen, die noch nie vorher eine stabile Regierung aufgestellt haben, aber *jeder breite Massen von Deutschen einschließt, die die Vereinigung mit ihrem Heimatland fordern.* Der *Vorschlag der polnischen Kommission*, 2 100 000 Deutsche der Aufsicht eines Volkes von anderer Religion zu unterstellen, das noch niemals im Laufe seiner Geschichte die Fähigkeit zu stabiler Selbstregierung bewiesen hat, *muß meiner Beurteilung nach früher oder später zu einem neuen Krieg in Osteuropa führen...«*

Vertrags-Ploetz II, 4, aaO, S. 600f.

✳

US-Präsident *Woodrow Wilson* sagte 1919:
»Wie kann sich z. B. eine Macht wie die Vereinigten Staaten von Amerika – denn ich kann für keine andere sprechen – 3000 Meilen über den Ozean nach Unterzeichnung dieses Vertrages zurückziehen und ihrem Volk berichten, daß eine Friedensregelung für die Welt geschaffen worden sei, wenn sie *Elemente enthält, die man nicht für dauerhaft ansehen kann.* Ich kann es nicht.«

Erwin Viefhaus, Die Minderheitenfrage und die Entstehung der Minderheitenschutzverträge auf der Pariser Friedenskonferenz 1919, Würzburg 1960; S. 193

✳

Der amerikanische Außenminister *Robert Lansing* sagte am 8. 5. 1919:

»Prüft den Vertrag und Ihr werdet finden, daß Völker gegen ihren Willen in die Macht jener gegeben sind, die sie hassen, während ihre wirtschaftlichen Quellen ihnen entrissen und anderen übergeben sind. Haß und Erbitterung, wenn nicht Verzweiflung, müssen die Folgen derartiger Bestimmungen sein. Es mag Jahre dauern, bis diese unterdrückten Völker imstande sind, ihr Joch abzuschütteln, aber so gewiß wie die Nacht auf den Tag folgt, wird die Zeit kommen, da sie den Versuch wagen...

Wir haben einen Friedensvertrag, *aber er wird keinen dauernden Frieden bringen,* weil er auf dem Treibsand des Eigennutzes gegründet ist.«

Christian Höltje, Die Weimarer Republik und das Ostlocarno-Problem, Würzburg 1958; S. 162

✳

W. I. Lenin urteilte über den Versailler Vertrag:

»Der Friede von Brest-Litowsk, von dem monarchistischen Deutschland diktiert und dann der weitaus bestialischere und niederträchtigere Friede von Versailles, von ›demokratischen‹ Republiken, von Amerika und Frankreich sowie vom ›freien‹ England diktiert...

..., daß wir nicht Vertreter der Kultur und Zivilisation vor uns haben, sondern in der Gestalt Englands und Frankreichs zwar demokratische Staaten, die jedoch von imperialistischen Räubern regiert werden... Als Deutschland besiegt war, da schrie der Völkerbund, der Bund der Nationen, die gegen Deutschland gekämpft hatten, das sei ein Befreiungskrieg, ein demokratischer Krieg gewesen. Deutschland wurde ein Frieden aufgezwungen, aber das war ein Frieden von Wucherern und Würgern, ein Frieden von Schlächtern, denn Deutschland und Österreich wurden ausgeplündert und zerstückelt. Man nahm ihm alle Existenzmittel, ließ die Kinder hungern und des Hungers sterben. Das ist ein ungeheuerlicher Raubfrieden. Was also ist der Versailler Vertrag? *Ein ungeheuerlicher Raubfrieden,* der Millionen und aber Millionen Menschen, darunter die zivilisiertesten, zu Sklaven macht. Das ist kein Frieden, das sind vielmehr

Bedingungen, die *einem wehrlosen Opfer von Räubern mit dem Messer in der Hand diktiert worden sind.*«

W. I. Lenin, Über Krieg, Armee und Militärwissenschaft. Eine Auswahl aus Lenin-Schriften in zwei Bänden, Berlin (Ost) 1958; 1. Band, S. 569, 600, 774

*

Der italienische Ministerpräsident *Francesco Nitti,* (1919–1920) urteilte so über Versailles:

»Von dem Augenblick an, da ich als Ministerpräsident Italiens den Vertrag von Versailles unterschreiben mußte, habe ich mich dank der Ententekonferenzen, an denen ich teilnahm, davon überzeugt, daß man nicht den Frieden wollte, sondern *nur darauf ausging, Deutschland zu erwürgen und zu zerstückeln;* und was die Sieger hierbei bestimmte, war nicht nur der Haß und die Rachsucht, sondern vor allem auch die Furcht, Deutschland stärker als je wieder auferstehen und kraft seiner machtvollen Arbeitsfähigkeit seinen Platz auf dem Weltmarkt zurückerobern zu sehen...

Aber die Friedensverträge, im Hasse geboren, sind fast ausschließlich nach Frankreichs Willen ausgestaltet worden, und dieser Wille war nur eines: Deutschland demütigen, es erwürgen und zerstückeln. Die Reparationspolitik ist der verabscheuenswürdigste Betrug, den die moderne Geschichte verzeichnet. Ganz Europa ist balkanisiert worden und droht nunmehr in der künstlich geschaffenen Zerrüttung unterzugehen«

Francesco Nitti, Europa am Abgrund, Frankfurt 1923; S. 23 f.

*

Der Unterhaus-Abgeordnete *J. W. Kneeshaw* sagte 1920 auf dem Parteitag der Labour-Party in Scarborough:

»Wären wir das besiegte Volk und hätten solche Bedingungen auferlegt bekommen, so würden wir, statt uns ruhig auf sie zu verpflichten, in unseren Schulen und Heimen begonnen haben, unsere Kinder auf einen Vergeltungskrieg vorzubereiten, der das unerträgliche Joch der Eroberer abschüttelt. Diese Bedingungen waren nicht nur ein Anschlag auf Deutschland, auf Österreich und andere besiegte Nationen, ... sie waren auch *ein Anschlag auf das ganze Gewebe der Zivilisation.*«

Wenzel Jaksch, Europas Weg nach Potsdam, Stuttgart 1958; S. 214

4. Vorahnungen ...

Nicht wenige ahnten damals bereits, daß Versailles der Auftakt zum nächsten Weltkrieg werden würde.

Der amerikanische Präsident *Herbert Hoover* (1929–1933) schrieb in seinen Memoiren über Versailles:
»Am Tische der Friedenskonferenz von Versailles saßen zerstörerische Kräfte. Dort ging es um die Zukunft von sechsundzwanzig aufeinander eifersüchtigen europäischen Völkern. Die *Keime tausendjährigen, angeborenen Hasses* und tausendjähriger Furcht, die sich von Generation auf Generation vererbt hatten, *lagen ihnen im Blut.* Zu jeder Stunde des Tages erhob sich die Rachsucht, erlittenes Unrecht zu vergelten. Aber nicht die Delegierten allein waren von diesem Geist besessen. Diese Gefühle des Hasses, der Rache, des Verlangens nach Reparationen und das berechtigte Bewußtsein erlittenen Unrechts tobten auch in den Völkern daheim wie ein Fieber. England hatte nach dem Waffenstillstand gerade Lloyd George mit dem Schlagwort ›Hängt den Kaiser‹ von neuem gewählt und verlangte vom Feind für Großbritannien phantastische Schadenersatzleistungen. Clemenceau hatte in der französischen Nationalversammlung mit einem blutrünstigen Programm, Deutschland für alle Zeiten unschädlich zu machen und die französischen Verluste auf den Pfennig genau aufwiegen zu lassen, ein Vertrauensvotum erhalten.«
»Ich war zutiefst beunruhigt. Der politische und wirtschaftliche Teil waren *von Haß und Rachsucht durchsetzt ...* Es waren Bedingungen geschaffen, unter denen Europa niemals wieder aufgebaut oder der Menschheit der Frieden zurückgegeben werden konnte.«
»Damit wurde *die Welt* tatsächlich in der Gußform von Versailles, die in der Leidenschaft des Krieges geformt worden war, *zum Erstarren gebracht* – dies aber führte zu einem Abwürgen jeglichen Fortschritts und zur Rechtfertigung jeglichen Unrechts.«

Hoover, Memoiren I, aaO, S. 391, 413; II, S. 15

Der französische Historiker *Jacques Bainville* schrieb:

»Man kann also nicht sagen, daß der Friedensvertrag Deutschland nicht zerstückelte. Er zerstückelte es in entscheidender Weise im Osten, an einem besonders empfindlichen Punkt und völlig außer der Reichweite der Alliierten. Er zerstückelte Deutschland zugunsten Polens, dessen Bevölkerungszahl nur ein Drittel derjenigen Deutschlands beträgt und dessen Stärke nicht einmal auf den zwanzigsten Teil der Stärke Deutschlands geschätzt werden darf, wenn man die innere Schwäche des polnischen Staates und seine gefährdete Lage in Betracht zieht.«

»Man kann sagen, daß *der Friedensvertrag von Versailles den ewigen Krieg organisiert.«*

»Neue Grenzen wurden abgesteckt, und wenn sich Deutschland vielleicht im Westen darein schickt, so wäre es doch sehr merkwürdig, wenn es sie im Osten für lange Zeit als endgültig betrachten würde.«

»Stellen wir uns einen Augenblick vor, daß Frankreich besiegt worden wäre und daß der Sieger aus irgendwelchen Gründen für gut befunden hätte, Spanien einen Korridor zu geben, der bei Bordeaux mündete und die Departements Basses Pyrenées und Bayonne beließe. Wie lange würde Frankreich, vorausgesetzt daß es eine Nation und ein Staat geblieben wäre, diese Amputation dulden? Genau so lange, wie der Sieger es dazu zwänge und wie Spanien imstande wäre, seinen Korridor zu verteidigen. Mit dem polnischen Korridor, Danzig und Ostpreußen kann es sich nicht anders verhalten.«

Jacques Bainville, Frankreichs Kriegsziel, Hamburg 1939/40; S. 52f., 57, 95

*

Der britische Premierminister *Neville Chamberlain* sagte am 1. 11. 1938 im Unterhaus:

»Ich weiß nicht, ob die Männer, die für die Grenzen (die Grenzen, die der Versailler Vertrag gezogen hatte) verantwortlich waren, gedacht haben, sie würden dauernd so bleiben, wie sie festgelegt worden waren. Ich zweifle stark daran. Wahrscheinlich werden sie angenommen haben, daß die Grenzen von Zeit zu Zeit neu geregelt werden müßten. Man kann sich unmöglich vorstellen, daß jene Männer solche Übermenschen gewesen sein sollten, daß sie hätten wissen können, welche Grenzen für alle Zeit richtig sein würden.«

Deutsches Weißbuch Nr. 2: Dokumente zur Vorgeschichte des Krieges, Berlin 1940; S. 247, Dok.-Nr. 250

5. Versailles – Geburtsstätte Hitlers?

Versailles und seine Bürden wurden von Beginn an in die Wiege der jungen deutschen Republik gelegt. Alles was damit zusammenhing, die Niederlage, der »Dolchstoß«, das Alleinschulddogma, die Besetzungen, der Landverlust und die riesigen Reparationen wurden zum Stigma der Weimarer Demokratie, die sich schließlich ihrer Feinde nicht mehr erwehren konnte.

Der spätere erste Bundespräsident der Bundesrepublik Deutschland, *Theodor Heuss,* schrieb 1932:
»Die Geburtsstätte der nationalsozialistischen Bewegung ist nicht München, sondern Versailles«.

Theodor Heuss, Hitlers Weg, Berlin–Leipzig–Stuttgart 1932; S. 152

✳

Der langjährige sozialdemokratische Ministerpräsident von Preußen, *Otto Braun,* urteilte:
»Tatsächlich wurde im Mai 1919 in Versailles die Axt an die Wurzel der Weimarer Republik und die Giftsaat des neuen Nationalismus in den deutschen Boden gelegt. Sie ... brachte die Weimarer Republik zum Erliegen.«

Otto Braun, Von Weimar bis Hitler, Hamburg 1949, S. 24 f.

Teil III
Die Folgen von Versailles: Auf dem Weg zum Zweiten Weltkrieg

1. Das polnische Pulverfaß

a) Die Versailler Grenzziehung

Es gehörte wenig Phantasie dazu, um wegen der 1919 gezogenen polnischen Westgrenze dauernde Konflikte zwischen Deutschland und Polen vorherzusehen. Eine Grenzlinie, die eine deutsche Provinz (Ostpreußen) durch einen Korridor vom Mutterland abschnitt, mitten durch deutsch besiedelte Gebiete verlief und das deutsche Danzig »internationalisierte«, konnte nur Zwietracht zwischen beiden Völkern säen.

Der britische Premierminister *Lloyd George* sagte während der Versailler Verhandlungen 1919:

»Ich wiederhole Ihnen, daß wir niemals daran gedacht haben, Polen eine Provinz zu geben, die seit 900 Jahren nicht mehr polnisch gewesen ist... Der Vorschlag der Kommission, daß wir 2,1 Millionen Deutsche der Autorität eines Volkes mit einer anderen Religion unterstellen sollen, eines Volkes, das im Laufe der Geschichte noch niemals gezeigt hat, daß es sich zu regieren versteht, dieser Vorschlag würde früher oder später zu einem neuen Krieg im Osten Europas führen.«

Seraphim, Maurach, Wolfrum, Ostwärts von Oder und Neiße, Hannover 1949; S. 39

✳

US-Präsident *Wilson* sagte am 7. 4. 1919:

»Das einzig wahre Interesse Frankreichs an Polen besteht in der Schwächung Deutschlands, indem Polen Gebiete zugesprochen werden, auf die es kein Anrecht besitzt.«

Walther Recke, Die polnische Frage als Problem der europäischen Politik, Berlin 1927; S. 244

✳

Jan Christian Smuts, Ministerpräsident der Südafrikanischen Union, sagte 1919 während der Versailler Friedensvertragsverhandlungen zu der Grenzziehung Polens:

»Ich glaube, wir sind dabei, auf Flugsand ein Haus zu errichten. Und im Hinblick auf diese und zahlreiche andere Erwägungen würde ich die Grenzen Polens, wie sie in dem Friedensvertrag provisorisch festgelegt sind, einer Revision unterziehen, Oberschlesien und alle wirklich deutschen Gebiete Deutschland zu belassen, die Grenzen der Freien Stadt Danzig enger ziehen und sie, anstatt diese der Oberhoheit Polens zu unterstellen, wie wir es vorgeschlagen haben, unter der Souveränität Deutschlands mit einer dem Völkerbund unterstellten Verwaltung belassen. Ich halte die lange Okkupation des Rheins (durch Frankreich) und die so viel stärkere Vergrößerung Polens, als es je im Kriege geplant war, für die beiden Kardinalfehler des Friedensvertrages. Diese beiden Fehler bilden eine *starke Bedrohung des künftigen Friedens Europas,* und ich dringe darauf, sie aus der Welt zu schaffen, bevor es zu spät ist. Noch ist es nicht zu spät.«

Diwald, Geschichte der Deutschen, aaO, S. 140

✳

Reichsaußenminister *Gustav Stresemann* schrieb am 7. 9. 1925 an den deutschen Kronprinzen:

»Eine meiner wesentlichsten Aufgaben ist die Korrektur der Ostgrenzen: Die Wiedergewinnung Danzigs, des polnischen Korridors und eine Korrektur der Grenze in Oberschlesien. . . .

H. Bernhard, Gustav Stresemann, Vermächtnis-Nachlaß, Bd. 1–3, Berlin o. J.; II, S. 546 f.

b) Der Korridor

Der polnische Korridor wurde aufgrund der alliierten Zusicherungen an Polen, einen Ostseehafen zu bekommen, entgegen dem Selbstbestimmungsrecht nach 1919 eingerichtet. Die Regelung des Verkehrs zwischen

Ostpreußen und dem übrigen Reichsgebiet war während der Zeit der Weimarer Republik ein ungelöstes außenpolitisches Problem zwischen Berlin und Warschau. Für deutsche Eisenbahnreisende blieb die Durchfahrt durch den Korridor stets in bleibender Erinnerung: Schikanen polnischer Grenzbeamter und vernagelte Fenster während der Durchfahrt durch polnisches Staatsgebiet waren an der Tagesordnung.

In der der Versailler Friedenskonferenz von der *polnischen Delegation* vorgelegten »Sachverständigen-Denkschrift« vom März 1939 hieß es:

»Die territoriale Isolierung Ostpreußens, dieses Herdes des preußischen Militarismus, ist notwendig für einen dauernden Frieden und muß zu einer freiwilligen und fortschreitenden Entdeutschung (›degermanisation‹) dieses wichtigen strategischen Gebietes führen, von welchem aus die preußische Dynastie ausgezogen ist, um die Welt zu erobern.«

Recke, Polnische Frage, aaO, S. 296

✳

Der preußische Ministerpräsident *Otto Braun* (SPD) sagte im November 1930 in Königsberg:

»Ich bestreite nicht das Interesse Polens an einem Ausgang zum Meer, aber wie er dem neuen tschechischen Staat durch Elbe und Hamburg gesichert wurde, konnte er Polen auch durch Weichsel und Danzig eröffnet werden, ohne daß Ostpreußen vom Mutterland losgerissen und Hunderttausende deutscher Volksgenossen ohne Befragung unter fremde Staatshoheit gepreßt, wo sie jetzt schlimmstem Terror ausgesetzt sind, oder gar aus ihrer Heimat verdrängt wurden. Dieses Unrecht könne und werde Deutschland niemals als berechtigt anerkennen.«

Höltje, Ostlocarno-Problem, aaO, S. 193

✳

Der französische Botschafter in Berlin, *R. Coulondre*, sagte in einem Gespräch am 26. 5. 1938 zum polnischen Botschafter in Moskau, Graf Grzybowsky:

»Glauben Sie nicht, daß der polnische Korridor – ungeachtet der Rechte Polens auf dieses Gebiet – auch seinerseits in Osteuropa einen zum wenigsten anomalen, wenn nicht künstlichen Zustand geschaffen hat? Wenn Sie daran zweifeln, hören Sie, was fremde Reisende darüber sagen, die durch den Korridor fahren.«

Michael Freund, Weltgeschichte der Gegenwart in Dokumenten 1938–1939, Bd. I–III, Freiburg 1954–1956; I, S. 62

✳

Der schweizerische Völkerbundshochkommissar in Danzig 1937–1939, *Carl Jacob Burckhardt*, urteilte:
»Von allem Anfang an wurde in Polen wie im Reich der Verdacht geäußert, es habe sich bei der künstlichen Abtrennung Ostpreußens durch den Korridor und bei der Schaffung der »freien« und doch von Polen abhängigen Stadt Danzig um die versteckte Absicht gehandelt, auf die Dauer einen friedlichen Ausgleich zwischen Polen und dem Deutschen Reich unmöglich zu machen.«

Carl J. Burckhardt, Meine Danziger Mission 1937–1939, München 1960; S. 24

c) **Die Danzig-Frage**

Danzig, das eine zu 96% deutsche und 4% polnische Bevölkerung besaß, wurde nach 1919 unter Völkerbundsmandat gestellt. Es sollte in den folgenden Jahren zum besonders begehrten Objekt »großpolnischer« Ambitionen werden. Der Danziger Hochkommissar Carl Jacob Burckhardt nannte das Statut der Freien Stadt Danzig einmal die »bizarrste und komplizierteste Schöpfung« von Versailles.

Der polnische Politiker auf der Versailler Konferenz und Nationalistenführer *Roman Dmowski* schrieb in der der Konferenz vorgelegten polnischen »Sachverständigen-Denkschrift« vom März 1919 über Danzig:

»Die Germanisierung Danzigs ist oberflächlich, und sobald die Polen das Recht haben werden, sich in der Stadt niederzulassen, *wird sie wieder polnisch werden* wie Krakau und andere Städte in Polen, die in einer gewissen Epoche eine deutsche Majorität gehabt haben.«

Recke, Polnische Frage, aaO, S. 327

*

Der stellvertretende polnische Generalkommissar in Danzig, *Stephan Lalicki,* sagte im Jahre 1932:
»Wir können heute den Tag und die Stunde nicht nennen, an welchem der Versailler Friedensvertrag korrigiert wird. Nicht nur die Polen aus Danzig, sondern auch die von germanischem Haß geknechteten Brüder in Ostpreußen kehren wieder in den Schoß des Vaterlandes zurück. Es kommt der Tag – ja, er ist schon angebrochen –, daß *Danzig dem Vaterlande zurückgegeben wird.«*

Höltje, Ostlocarno-Problem, aaO, S. 137

*

Über die polnischen Kundgebungen anläßlich des 20. Jahrestages der Unabhängigkeit Polens vom 11.–13. 11. 1937 berichtete der deutsche Generalkonsul in Danzig *von Janson* an das Auswärtige Amt:
»Anläßlich des 11. Novembers, des 20. Jahrestages der Wiedererlangung der Unabhängigkeit Polens, haben wie auch schon regelmäßig in den früheren Jahren, in Danzig eine Reihe von Veranstaltungen stattgefunden. Deren Höhepunkt bildete am Abend des 12. November eine Akademie in den Räumen der Sporthalle, an welcher Minister Chodacki persönlich teilnahm. Die Festrede hielt der polnische Sejmabgeordnete *Walewski* aus Warschau, der im Laufe seiner Ausführungen bezeichnende Anspielungen auf Danzig machte. *Unter Hinweis auf die befreiten polnischen Brüder im Olsa-Gebiet erklärte er, daß auch die Polen in Danzig hier dasselbe erleben würden* und daß Polen seine Grenze so erweitern wolle, wie sie dereinst zu Zeiten des Königs Boleslaw Chobry waren. Auch auf einem Unabhängigkeitsfest der polnischen Minderheit in Zoppot am

13. v. M., auf dem ebenfalls ein Mitglied der hiesigen Polnischen Diplomatischen Vertretung anwesend war, berührte der Festredner, der Vizemarschall der Vereinigung »Gmina Palska – Zwiazek Polakow e. V.«, Major a. D. *Professor Dr. Pilecki*, die Danziger Frage. Er ... stellte als Parole auf, den Tag zu erwarten, an dem sich alle Polen wieder vereinigen würden; *auch die Polen in Danzig müßten die Standarte des Vaterlandes hochhalten, um dasselbe Los zu erringen, das den Olsa-Brüdern beschieden sei.*«

Deutsches Weißbuch Nr. 2, aaO, Dok.-Nr. 194

✳

Der polnische Außenminister *Josef Beck* sagte am 23. 7. 1938 zum Danziger Hochkommissar Burckhardt:
»Die hybride Gründung der Freien Stadt hat 1918 mit der Absicht stattgefunden, zwischen Polen und Deutschland dauernde Unstimmigkeiten zu schaffen.«

Burckhardt, Danziger Mission, aaO, S. 164

✳

Der Danziger Hochkommissar *Carl J. Burckhardt* urteilte über das Danzig-Problem:
»Das Statut der Freien Stadt Danzig war zweifellos die bizarrste und komplizierteste Schöpfung des Versailler Vertrages. Es war schwer, etwas anderes anzunehmen, als daß es einzig *mit dem Zweck geschaffen worden war, den Ursprung beständiger Konflikte zwischen Deutschland und Polen,* oder zum allermindesten ein Tauschobjekt *zu bilden,* das gelegentlich benützt werden konnte, um polnische Interessen zugunsten Deutschlands zu opfern ...
Mit Recht hat der französische Botschafter in Berlin, Coulondre, in seinen Memoiren aufgezeichnet, daß das deutsche Volk sich mit der Rückkehr des Elsaß an Frankreich abgefunden habe, daß es ihm aber unmöglich gewesen sei, die Verstümmelung seiner Ostgebiete anzuerkennen. In diesem Punkt und zugleich auch in den militärischen Klauseln müsse es

das ›Diktat‹ um so bitterer empfinden, als es in ihm mehr das Ergebnis eines Verrates als seiner Niederlage empfunden habe. Bei dem ganzen Vorgang scheint man damals vergessen zu haben, daß es *eine Danziger Bevölkerung* gab (bestehend aus 96% Deutschen und nur 4% Polen), *über welche man, entgegen allen Grundsätzen, einfach verfügte...*
Immer wieder hat sie ihr Recht auf Abhaltung eines Plebiszits verlangt, wie es im Falle der Saar, am 13. 1. 1935, Anwendung finden sollte, – vergeblich! Die um ihre Meinung nicht befragte Danziger Bevölkerung hat denn auch Polen von Anfang an passiven Widerstand geleistet.«

Burckhardt, Danziger Mission, aaO, S. 24f.

✳

Der britische Historiker *A. J. P. Taylor* urteilte über die Danzig-Krise 1939:
»Danzig war die am meisten gerechtfertigte der deutschen Klagen: eine Stadt mit ausschließlich deutscher Bevölkerung, die offenkundig zum Reich zurückzukehren wünschte und die Hitler seinerseits nur mit Schwierigkeiten zurückhielt...
Die Zerstörung Polens war kein Teil von Hitlers ursprünglichem Plan. Im Gegenteil, er hatte die Frage Danzig so zu lösen gewünscht, daß Deutschland und Polen gute Beziehungen aufrechterhalten konnten.«

A. J. P. Taylor, The Origins of the Second World War, London 1961; S. 215f.

d) Das nichtsaturierte Polen nach 1918

In jedem Schulgeschichtsbuch der Bundesrepublik Deutschland wird der Einmarsch Deutschlands in Polen 1939 als Vergewaltigung des »hilflosen« Polen durch den übermächtigen Nachbarn geschildert. Kaum bekannt ist jedoch, daß sich das Polen nach 1918 keineswegs als territorial saturiertes Staatswesen verstand. Einflußreiche Kreise, vor allem die Nationaldemokraten unter Roman Dmowski und hohe Militärs, träumten von einem Groß-Polen in den »Grenzen von 1772«.

Tatsächlich vergrößerte Polen sein Staatsgebiet nach seiner Selbständigkeit, wo immer sich auch die Gelegenheit bot: 1918 annektierte Polen Ostgalizien (Einnahme Lembergs), 1919 gewann Polen den Korridor und die Provinz Posen durch den Versailler Vertrag, 1920 einen Teil des Teschener Industriegebiets. Nach dem russisch-polnischen Krieg 1920 verlief die polnische Ostgrenze im Frieden von Riga (1921) 250 km östlich der Volkstumsgrenze. 1920 besetzten die Polen das litauische Wilna; die Wilnagrenze mußte Litauen 1938 nach einem polnischen Ultimatum anerkennen. Trotz entgegengesetzten Abstimmungsergebnisses erhielt Polen 1921 das oberschlesische Industriegebiet. 1938 annektierte Polen im Zuge der Tschechenkrise das tschechische Olsa-Gebiet.

Der polnische Nationalistenführer *Roman Dmowski* sagte im Jahre 1923:
»Ich habe nicht für Polens Wiederkehr gekämpft – denn sie war selbstverständlich –, *wofür ich gekämpft habe, war die Schaffung eines Groß-Polen.* Das heutige Polen ist nicht klein, aber wir müssen uns alle vor Augen halten, daß es nur eine Anzahlung auf ein wirkliches Groß-Polen ist. Polen ist noch kein großes Gesamtreich, aber es muß sich zu einem solchen ausdehnen, wenn sein Bestand je fest werden soll.«

Höltje, Ostlocarno-Problem, aaO, S. 136

*

Die polnische *»Gazeta Gdansk«* schrieb am 9. 10. 1925:
»Polen muß darauf bestehen, daß es ohne Königsberg, ohne ganz Ostpreußen nicht existieren kann. Wir müssen jetzt in Locarno fordern, daß ganz Ostpreußen liquidiert werde. Es kann eine Autonomie unter polnischer Oberhoheit erhalten. Dann wird es ja keinen Korridor mehr geben. Sollte dies nicht auf friedlichem Wege geschehen, dann gibt es wieder ein zweites Tannenberg, und *alle Länder kehren dann sicher in den Schoß des geliebten Vaterlandes zurück.«*

Höltje, Ostlocarno-Problem, aaO, S. 84

*

Der polnische Generalstabsoffizier *H. Baginski* schrieb 1927 in einer von der »Polnischen Kommission für internationale intellektuelle Zusammenarbeit« preisgekrönten Arbeit:

»Solange wird nicht Friede in Europa herrschen, bis nicht die polnischen Länder vollkommen an Polen zurückgegeben sein werden, solange nicht der Name Preußen, der ja der Name eines nicht mehr vorhandenen Volkes ist, von der Karte Europas getilgt sein wird und solange nicht die Deutschen ihre Hauptstadt von Berlin weiter nach Westen verlegen, zur ehemaligen Hauptstadt Magdeburg an der Elbe oder Merseburg an der Saale, solange sie nicht zu dem alten Namen des Deutschen Reiches zurückkehren und solange sie nicht aufhören, von der ›Berichtigung der Grenzen im Osten zu träumen‹«.

Höltje, Ostlocarno-Problem, aaO, S. 137

✳

Der französische Außenminister *Georges Bonnet* berichtete über sein Gespräch mit dem polnischen Botschafter in Paris, Lukasiewicz, am 25. 5. 1938:

»Mehr noch, *Polen* war der Auffassung, die Tschechoslowakei müsse in naher Zukunft verschwinden, und es *bereitete sich selbst darauf vor, einen Teil des Erbes an sich zu nehmen.* Ich unterhielt mich meinerseits am 25. Mai (1938) über dasselbe Thema mit dem Pariser polnischen Botschafter Lukasiewicz und ersuchte ihn, bei seiner Regierung darauf zu drängen, daß Polen sich gutwillig an die Seite der großen, die Tschechoslowakei unterstützenden Mächte stellen solle. Lukasiewicz antwortete mir, daß die Tschechoslowakei, ein willkürliches Kompositum zahlreicher einander äußerst feindlicher Minderheiten, ein zum Tode verurteiltes Land sei. Sie trotz allem verteidigen zu wollen, sei ein schwerer Irrtum Frankreichs und Großbritanniens.«

Georges Bonnet, Vor der Katastrophe, Köln 1951; S. 41

✳

Der polnische Außenminister *Josef Beck* sagte am 5. 5. 1939 im Sejm, dem polnischen Parlament:

»Ich bestehe auf der Bezeichnung ›Provinz Pommerellen‹. Das Wort ›Korridor‹ ist eine künstliche Erfindung, denn dies ist ein altes polnisches Land mit einem unbedeutenden Prozentsatz deutscher Kolonisten.«

W. Jedrzejewicz, Poland in the British Parliament 1939–1945, London 1946; I, S. 48

✳

Der polnische Sozialfürsorgeminister *Koscialkowski* sagte am 4. 6. 1939 in Ciechocinek:

»Der Besitz Pommerellens ist die unentbehrliche Voraussetzung für Polens wirtschaftliche Blüte und politisches Gedeihen... Für den Fall, daß Polen der Kampf aufgedrungen würde, ist *die Rückkehr jener urpolnischen Gebiete,* die schon längst zu Polen gehören sollten, *das Ziel dieses Ringens.«*

Deutsches Weißbuch Nr. 2, aaO, Dok.-Nr. 378

e) »...ein Gran Narrheit«

In der Psyche des polnischen Volkes lagen seit jeher Niedergeschlagenheit und Überschwang eng beieinander. Nach 150 Jahren der Aufteilung gab es nach dem Ersten Weltkrieg wieder ein selbständiges Polen und es war nicht verwunderlich, daß nun der Überschwang wieder triumphierte. Dies sollte sich in der Krise des Sommers 1939 (»Wir marschieren nach Berlin«) als verhängnisvoll erweisen.

Churchill schrieb in seinen Memoiren über die Polen:

»Die heroischen Eigenschaften der polnischen Rasse dürfen uns nicht über die Tradition von verhängnisvollen Irrtümern hinwegtäuschen, die ihr während Jahrhunderten so unermeßliche Leiden gebracht hat. Im Jahre 1919 wurde Polen durch den Sieg der westlichen Alliierten nach generationenlanger Aufteilung und Knechtschaft zu einer unabhängigen

Republik und stellte eine der wichtigsten Mächte in Europa dar. Im Jahre 1938 aber trennte es sich wegen einer so geringfügigen Frage wie Teschen von all den Freunden in Frankreich, England und den Vereinigten Staaten, durch die es wieder ein zusammenhängendes Nationalleben erlangt hatte und die es bald bitter nötig haben sollte. Wir erlebten es, wie die Polen nicht schnell genug, während die Deutschen schon gierige Blicke auf ihr Land richteten, ihre Beute bei der Ausplünderung und Zerstörung der Tschechoslowakei an sich reißen konnten. Während der Krise war den britischen und französischen Botschaftern die Türe verschlossen, und es wurde ihnen sogar der Zutritt zum Außenminister des polnischen Staates verweigert. Es bleibt eine geheimnisvolle Tragödie in der europäischen Geschichte, daß ein Volk, das jede heroische Tugend besaß, dessen Individuen begabt, tapfer und liebenswert sind, *wiederholt und hartnäckig Fehler in fast jedem Teil seines Staatslebens beging.*«

Churchill, Zweiter Weltkrieg I, 1, aaO, S. 193

✻

Der Danziger Völkerbundshochkommissar *Burckhardt* schrieb in einem Bericht vom 20. 12. 1938 über die Polen:

»Die Polen haben ein Gran Narrheit. Sie zerbrechen die Gläser um Mitternacht. Sie sind das einzige unglückliche Volk in Europa, das Sehnsucht nach dem Schlachtfeld hat. *Sie sind ruhmsüchtig und kennen darin kein Maß.*

Es gibt Herrn Beck, aber es gibt auch die Armee und eine öffentliche Meinung, die wie Pulver entzündlich ist.«

Freund, Weltgeschichte I, aaO, S. 394, 401

✻

Der deutsche Botschafter in Warschau *Hans-Adolf von Moltke* schrieb am 28. 3. 1939:

»Für die Art der offiziellen Wehrpropaganda ist besonders ein vielfach nachgedruckter Artikel des Militärblatts ›Polska Zbrijna‹, ›Wir sind bereit‹ charakteristisch. Darin wird u. a. ausgeführt, daß die Polen zum

Unterschied von den Tschechen kein Gefühl der Unterlegenheit gegenüber den mächtigen Völkern dieser Erde empfänden. Die Zahl der fremden Divisionen schrecke die Polen nicht, denn seine eigene Armee, deren Ausrüstung, und der kriegerische Geist des polnischen Volkes *reichten dazu aus, um Polen den Sieg zu sichern.* Zahlreiche andere Veröffentlichungen, die seither täglich in der Presse erscheinen, sind im gleichen Geist und in der gleichen Tonart gehalten.

In dieser Selbstsicherheit und Überschätzung der eigenen militärischen Stärke, wie sie in der Presse zum Ausdruck kommt, *liegt im Hinblick auf den polnischen Nationalcharakter eine Gefahr.* Daß es sich hierbei nicht nur um Pressepropaganda handelt, zeigt eine verbürgte Äußerung, die der Vizekriegsminister Gluchowski in einer seriösen Unterhaltung getan hat, wobei er ausführte, die deutsche Wehrmacht sei ein großer Bluff, denn Deutschland fehlten die ausgebildeten Reserven, um seine Einheiten aufzufüllen. Auf die Frage, ob er glaube, daß Polen im Ernst Deutschland überlegen sei, antwortete Gluchowski: ›Aber selbstverständlich‹.

Deutsches Weißbuch Nr. 2, aaO, Dok.-Nr. 210

✳

Der Danziger Hochkommissar *Carl J. Burckhardt* schrieb am 5. 7. 1939 an Roger Makins, einen britischen Völkerbundsdelegierten in Basel:

»Bei den Polen setzte sich eine gefährliche Stimmung durch. Man gab vielfach zu, oder was schlimmer ist, man erklärte sogar, daß ein allgemeiner Krieg das letzte Heil für die Republik bedeuten würde. Man begann, was besonders gefährlich ist, sich mit dem Gedanken einer unvermeidlichen Katastrophe vertraut zu machen; *maßlose Aussprüche* fielen, und das Ergebnis von alldem war eine Art von psychischer Vergiftung in dieser unglückseligen Stadt, wo als Unglücksboten und Sturmvögel unzählige Schlachtenbummler einzutreffen begannen, die vielfach darauf aus waren, die Krise zu verschärfen, sei es durch persönliche Interventionen in dem lokalen Streit, sei es durch phantasievolle Reportagen.«

Burckhardt, Danziger Mission, aaO, S. 318

Über sein Gespräch mit einem hohen polnischen Beamten am 26. 8. 1939 berichtete der US-amerikanische Botschafter in Moskau, *J. E. Davies:*

»Einer der höchsten Beamten unter Beck äußerte zu mir, und zwar sehr bestimmt, seine Regierung würde nie zugeben, daß Polen und Deutschland zusammenkämen, um ihre Schwierigkeiten wegen des polnischen Korridors und Danzigs beizulegen ... Er sprach sich empört über das aus, was er die übliche Übertreibung der deutschen Militärmacht nannte. Seine Regierung, sagte er, würde es der Welt zeigen. *Drei Wochen nach Kriegsausbruch würden polnische Truppen in Berlin sein.* Der ›Westwall‹ oder die ›Siegfriedlinie‹ seien nichts als ein Baumwollfaden. Polen brauche keine russische Hilfe. Sie könnten mit den Deutschen allein fertig werden.«

J. E. Davies, Als USA-Botschafter in Moskau, Zürich 1943; S. 355

✳

Birger Dahlerus, der schwedische Vermittler zwischen Berlin und London in der Krise des Sommers 1939, schrieb über eine Äußerung des polnischen Botschafters in Berlin, Lipski, vom 29. 8. 1939:

»Während ich der Sekretärin diktierte, hatte Lipski Forbes mitgeteilt, daß er in Deutschland nach seiner fünfeinhalbjährigen Tätigkeit gute und intime Verbindung mit Göring und anderen aus den maßgebenden Kreisen habe: er erklärte, davon überzeugt zu sein, daß im Falle eines Krieges Unruhen ausbrechen und die polnischen Truppen erfolgreich gegen Berlin marschieren würden.«

Birger Dahlerus, Der letzte Versuch. London–Berlin, Sommer 1939, München 1948; S. 111 f.

f) Deutschfeindliche Stimmungen

Von Beginn der Gründung Polens 1918 an wurden die Volksdeutschen im westlichen Polen als Bürger zweiter Klasse behandelt. Die Jahre vor dem Zweiten Weltkrieg sind durch sich steigernde Übergriffe gegen die volksdeutsche Bevölkerung gekennzeichnet, eine gefährliche deutschfeindliche Stimmung breitete sich in Polen aus, die dann am »Bromberger Blutsonntag« (3. 9. 1939) zu solch entsetzlichen Ergebnissen führen sollte.

Im Oktober 1923 verkündete der spätere polnische Kultusminister *Stanislaus Grabski:*
»Wir wollen unsere Beziehungen auf die Liebe stützen, aber es gibt eine Liebe für die Landsleute und eine andere für die Fremden. Ihr Prozentsatz bei uns ist entschieden zu groß. Posen kann uns einen Weg weisen, in welcher Weise der Prozentsatz von 14 oder sogar 20 v. H. auf 1½ v. H. gebracht werden kann. *Das fremde Element wird sich umsehen müssen, ob es sich anderswo besser befindet.* Das polnische Land ausschließlich für die Polen!«

Gotthold Rhode, Die Ostgebiete des Deutschen Reiches, Würzburg 1956; S. 126

✳

Der Niederländer *Louis de Jong,* Leiter des Niederländischen staatlichen Instituts für Kriegsdokumentation, schrieb in seinem von der UNESCO in Auftrag gegebenen Werk über die deutsche »Fünfte Kolonne« im Zweiten Weltkrieg:
»Der polnisch-deutsche Nichtangriffspakt von 1934 hatte keine große Bedeutung. Regierung und Öffentlichkeit in Polen verstärkten ihren Druck auf die Volksdeutschen.«

Louis de Jong, Die deutsche 5. Kolonne im Zweiten Weltkrieg, Stuttgart 1959; S. 44

✳

Am 16. 3. 1939 berichtete der französische Botschafter in Warschau *Léon Noël* an den französischen Außenminister Bonnet:
»Seit den antideutschen Studentenkundgebungen ist die Unzufriedenheit Deutschlands mit Polen offenkundig.
Herr v. Moltke verbirgt seine schlechte Laune, die auch Herrn Beck nicht verschont, nicht vor seinen Kollegen, und er beschwert sich darüber, daß bei der Zusammenkunft der deutsch-polnischen Kommission in Berlin kein nutzbringendes Ergebnis erzielt wurde.

Anderseits entgeht niemand *das Erwachen der deutschfeindlichen Stimmung unter den Polen* der verschiedensten Gesellschaftsklassen und Kreise.«

Freund, Weltgeschichte II, aaO, S. 43

✻

Der deutsche Botschafter in Warschau *v. Moltke* berichtete am 28. 3. 1939 über die Stimmung in Polen nach Berlin:

»Die erregte Stimmung, die in Polen seit einiger Zeit herrscht, hat noch erheblich zugenommen. In der Bevölkerung sind die wildesten Gerüchte verbreitet...

Von ernsterer Bedeutung ist das Entstehen einer Kriegsstimmung, die durch die Presse, durch *anti-deutsche öffentliche Kundgebungen* – besonders in der Provinz –, die bereits vielfach zu Zwischenfällen geführt haben, und zum Teil auch durch eine säbelrasselnde offiziöse Propaganda gefördert wird. In weiten Kreisen glaubt man heute, daß der Krieg unvermeidlich geworden sei und unmittelbar bevorstehe. Die praktischen Maßnahmen der Regierung tragen dazu bei, die vorhandene Kriegspsychose zu steigern.«

Deutsches Weißbuch Nr. 2: aaO, Dok.-Nr. 210

✻

Am 1. 4. 1939 berichtete der französische Botschafter *Noël* aus Warschau:

»Das Schauspiel, das die polnische Nation seit einigen Tagen bietet, macht auf alle hier ansässigen Ausländer einen sehr starken Eindruck.

Die patriotischen Gefühle der Polen wurden durch die deutschen Drohungen, deren sich das Land plötzlich bewußt geworden ist, bei allen Parteien und in allen Klassen aufs höchste gesteigert, Arbeiter und Bauern sind sich der Gefahr bewußt und sind zu den größten Opfern bereit. Wie stets in Polen im Augenblick der Gefahr, spielen die Frauen eine wesentliche Rolle in dieser Bewegung. Obwohl die Zeichnung der Luftschutzanleihe offiziell noch nicht eröffnet ist, erfreut sie sich bereits in allen Kreisen, bei Juden und Katholiken, bei arm und reich eines außergewöhnlichen Zuspruchs. Die militärischen Maßnahmen sowie die Requisitionen werden mit Begeisterung aufgenommen.

Was vor wenigen Wochen noch unmöglich schien, ist heute zur Tatsache geworden: sämtliche Parteivorstände (mit Ausnahme der verbotenen kommunistischen Partei) sind gebeten worden, sich im Anleihekomitee vertreten zu lassen, und sind dieser Aufforderung nachgekommen. Diese Geste beweist, in wie kurzer Zeit man sich in allen Kreisen der drohenden Gefahr bewußt geworden ist. Die ruhige Haltung der Bevölkerung erweckt ebenfalls einen guten Eindruck. Das *Erscheinen deutscher Uniformen* bei den Wochenschauen in den Warschauer Lichtspieltheatern *ruft bereits heftige Demonstrationen von seiten des Publikums hervor.«*

Freund, Weltgeschichte II, aaO, S. 109

g) Ein englischer Diplomatenbericht im Sommer 1939

Im Mai/Juni 1939 unternahmen die beiden britischen Diplomaten *Sir William Strang*, Leiter der Deutschland- und Osteuropa-Abteilung im Londoner Foreign Office, und der Privatsekretär des Ständigen Unterstaatssekretärs im britischen Außenamt, *Hubert Miles Gladwyn Jebb,* eine ausgedehnte Informationsreise durch Polen.
Der (nachfolgend auszugsweise veröffentlichte) Reisebericht, erst 1979 vom Londoner »Public Record Office« zur Veröffentlichung freigegeben, vermittelt – aus britischer Sicht – interessante Aufschlüsse und Einsichten über die Stimmungslage im Polen des Sommers 1939 nach Erhalt der einseitigen britisch-französischen Garantie vom 31. 3. 1939 und der britisch-französischen Übereinkunft vom 6. 4. 1939 über ein künftiges zweiseitiges Bündnis.
In dem von Gladwyn Jebb unterzeichneten und am 9. 6. 1939 dem Außenministerium vorgelegten Bericht heißt es:
»... Was mich am stärksten berührte, war die augenscheinliche Ruhe und das Vertrauen der Polen, mit denen ich sprach. Einige waren nach meiner Ansicht übermäßig vertrauensvoll und unwissend über die wirklichen

Gefahren eines Angriffs der disziplinierten und motorisierten deutschen Truppen. Der britische Vizekonsul von Kattowitz erzählte mir beispielsweise, daß *die dortigen polnischen Beamten sich seit unserer Garantie ›schrecklich anmaßend‹ gezeigt hätten* und von einer schnellen Niederlage Deutschlands und einer Besetzung Breslaus sprächen. Wieder einmal *verlangte es die Bauern* auf einem Besitz südlich von Thorn, wo ich ein erholsames Wochenende verbrachte, *nach einem Gang gegen die Deutschen* – so versicherte es mir der Sohn des Hauses –. Dieses bestätigte mir der geistig hochgebildete Leiter der Wirtschaftsabteilung im Außenministerium, Herr Wszelaki, der mir sagte, daß der Kriegsgeist und die antideutsche Einstellung der Bauern teils auf rassische und teils auf wirtschaftliche Gründe zurückzuführen sei – Bevölkerungswachstum und daraus folgernder *Appetit auf deutsches Bauernland.*

Wszelaki ging tatsächlich so weit zu sagen, daß er *im Fall eines Kriegsausbruchs fürchte, ein furchtbares Massaker unter den Volksdeutschen könnte schwer zu verhindern sein.* Ferner hat es den Anschein, als würden die polnischen Bauern, wenn sie auch antirussisch seien, jetzt weniger an die russische Gefahr denken. Meine Freunde waren nicht geneigt zu sagen, daß dieses zu einer Wiederkehr des Panslawismus führen würde, doch gaben sie zu, daß à la longue etwas dieser Art und angesichts des fortgesetzten deutschen Druckes geschehen könnte. Andererseits hatte ich, obschon übermäßiges Selbstvertrauen und Chauvinismus unter den Beamten in den Provinzen, in der – sehr kleinen – Mittelschicht und ganz vage unter den Bauern, vorherrschen, nicht den Eindruck, als sei diese Haltung in der Hauptstadt selbst verbreitet. Im Außenministerium liegt die Macht natürlich fast gänzlich in den Händen von Oberst Beck; aber von seinem Hauptmitarbeiter, Graf Lubienski, könnte man auch bei größter Phantasie nicht sagen, er sei vorschnell und antideutsch. Lubienski schien mir eigentlich ein recht gewundener und wechselhafter Mensch zu sein. Er stammt aus Kiew und diente während des ganzen 1. Weltkrieges in der russischen Kavallerie. In vieler Hinsicht der Typ eines Russen, glaubt er offensichtlich an die Wirksamkeit des Doppelspiels. Im großen und ganzen schien er unserer Politik bezüglich Danzigs gegenüber mißtrauisch zu sein und ließ durchblicken, daß Polen sich, bevor es sich uns zuwandte, gut und gern mit Deutschland hätte arrangieren können. Auch ließ er große Nervosität hinsichtlich der Rusholiffe-Korrespondenz in der Times durchblicken. Abgesehen von ihm jedoch verhielten sich viele der mehr oder wenigen proenglischen Beamten ebenso vorsichtig wie korrekt. Sie gaben zu, daß es töricht für Polen sei, gegenüber Deutschland irgendwie provokativ zu sein, doch wiederholen sie, daß sie, ohne es herabsetzend zu meinen, der Ansicht seien, mit den Deutschen besser umzugehen verstünden als wir. *Jedenfalls gibt es hinsichtlich Danzigs bestimmte Konzessionen, die kein Pole freiwillig machen würde. Sie könnten genau genommen weder die Anwesenheit deutscher Soldaten auf Danziger Gebiet noch einen wirtschaftlichen Anschluß Danzigs an das Reich zulassen.* Ersteres bedeute, der Korridor würde militärisch nicht zu halten sein; und das zweite würde Polens Handel – von dem nicht alles über Gdingen laufen könne – abwürgen. In beiden Fällen würde Polens Unabhängigkeit ernstlich eingeschränkt. Darüber hinaus gäbe es fraglos keine Parallele zwischen den Danzigern und den Sudetendeutschen. Den Danzigern stände es völlig frei, so nationalsozialistisch zu sein, wie sie wollten, und im übrigen sei es offenkundig, daß es ihnen unter dem gegenwärtigen Regime wirtschaftlich besser ginge als wenn sie ein Teil Deutschlands seien. Kurzum, alle Polen seien zutiefst von der dem gegenwärtigen Arrangement innewohnenden Gerechtigkeit überzeugt, und *es erschrecke sie, Engländer von der »Rechtmäßigkeit« der Ansprüche Herrn Hitlers sprechen zu hören.* Weiter, wenn es eine Frage der Rechtmäßigkeit sei, was, so wollten sie wissen, täten die Deutschen in Prag?

Ich kann natürlich nicht behaupten zu wissen, was die polnischen Militärs denken. Ich kann nur so viel sagen, daß der Oberst, der während des Essens neben mir saß – Hauptmitarbeiter des Generals Stachiewitz, des Generalstabschefs – ein intelligenter und vernünftiger Mann ist. Er bekundete freimütig, daß die polnische Armee in einiger Hinsicht ihre Mängel habe, daß er aber darauf baue, daß sie, wenn nötig, ihre Sache gut machen würde. Teils von ihm und teils von anderen Herren erfuhr ich, daß *man daran denke, zu Beginn des Krieges Ostpreußen anzugreifen,* weil es für die Deutschen schwierig sein würde, diese Provinz rasch und ausreichend zu verstärken. Darüber hinaus sei es dort möglich, von vielen Punkten aus gleichzeitig anzugreifen.

Die belebende Wirkung einer Besetzung Königsbergs könnte, so hoffe man, ein Gegengewicht zu einem unvermeidlichen Rückzug von Vorpreschen im Westen bilden. Jedenfalls würde Polen nicht unbedingt besiegt, selbst wenn es sich auf die Weichsellinie zurückziehe. Und zu dem Zeitpunkt, wenn die polnischen Truppen bis dahin zurückgewichen seien, könnte es gut sein, daß den Deutschen ebenso wie den Polen bestimmter wichtiger Nachschub ausginge. Betonung schien man auf die Wahrscheinlichkeit zu legen, daß der Krieg im Osten ein ›offener Krieg‹ würde, in dem es sich frei manövrieren ließe, und daß dieses – zumindest in den ersten Phasen – dazu führe, die Polen zu begünstigen. Um meine polnischen Freunde auszuhorchen, habe ich sie gewöhnlich in einem bestimmten Stadium gefragt, was sie hinsichtlich der Deutschen vorzuschlagen hätten, wenn sich das Kriegsglück – wie sie es für wahrscheinlich hielten – zu ihren Gunsten entschieden hätte. Keine zwei Personen haben die gleiche Antwort auf diese unangenehme Frage gegeben. Aber *die allgemeine Richtung schien zu sein, daß Deutschland in zwei oder drei Stücke geschnitten werden müsse* und daß der größere Abschnitt aus einem südlichen und katholischen Block bestehen müsse, vielleicht unter dem Erzherzog Otto von Habsburg. *Jedenfalls schien es die allgemeine Auffassung zu sein, daß Ostpreußen von Polen annektiert werden müsse. Der stellvertretende Leiter der Abteilung Ost im Außenministerium ging tatsächlich so weit, klar zu sagen, daß dieses der polnische Plan sei. Er rechtfertigte ihn mit der Begründung, die Bevölkerung Ostpreußens sei im Abnehmen begriffen; daß vieles von dem Gebiet in Wirklichkeit sowieso polnisch sei; daß man jedenfalls Umsiedlungen vornehmen könne; und daß Polen als junger und rasch wachsender Staat eine seiner Bedeutung angemessene Küstenlinie haben müsse.*
Aber da gibt es, wenn ich nicht irre, ein *noch größeres und verschwommeneres Projekt für Polens Zukunft* ›nach einem siegreichen Krieg gegen Deutschland‹. Es ist die *Konzeption eines Bundes Polen, wozu Litauen gehört,* mit einer Art Autonomie für die Ruthenen. Entsprechend diesem Traum würde *Warschau das Zentrum einer gewaltigen Zusammenballung sein, deren westliche Grenzen vielleicht bis fast zur Oder ausgreifen, und mit einem südlichen Grenzland mit einem sinnvoll rekonstituierten Ungarn.*

Ich erwähne diesen Traum lediglich als ein *Beispiel für die Denkweise, die vielleicht in polnischen Hirnen steckt.* Und ich möchte nicht den Eindruck erwecken, daß irgendein vernünftiger Pole glaubt, derartige Projekte seien jetzt oder in Jahren praktische Politik. Es gibt nach meiner Ansicht nur wenige Polen, die sich nicht der echten Gefahren des Krieges mit Deutschland bewußt sind, und vielen scheint klar zu sein, daß dieses faktisch einen ständigen Rückzug ins Landesinnere bedeuten könnte, was nicht sehr gut von der Besetzung Ostpreußens aufgewogen werden könnte, wo die stehenden Truppen zur Verteidigung sehr stark sind – abgesehen von der gegenwärtigen Schwierigkeit der Verstärkung –. *Die Polen glauben jedoch, daß in dem allgemeinen Krieg, der nach ihrer Ansicht einem deutschen Angriff gegen Polen folgen würde, Deutschland am Ende besiegt werden würde* und daß die polnische Armee, wenn auch böse angeschlagen, dann aus den Pripet-Sümpfen oder dem »Urwald« von Bialowiecza wieder hervorkommen *und darangehen würde, sich eines Groß-Polens unter den durchaus gleichen Umständen wie 1919 zu bemächtigen.*

Die Ansicht ist auch nicht irgendwie pathetisch oder phantastisch. Die Polen wiesen darauf hin, und ich glaube zu Recht, daß die deutsche Lage, ob nun militärisch, innenpolitisch oder wirtschaftlich, weitaus weniger stark ist, als die deutsche Propagandamaschine es uns glauben machen will. Sie vertreten den Standpunkt, daß irgendeine Art von deutschem Zusammenbruch innerhalb eines Jahres nach dem Ausbruch eines allgemeinen Krieges eine sehr reale Möglichkeit sei, und wenn sie auch keine Zweifel hegen, daß die Deutschen im Anfangsstadium verschiedentlich gut kämpfen werden, sind sie zuversichtlich, daß der Ring halten und die Wirkung einer Blockade sich sehr viel eher bemerkbar machen wird als 1914–1918. Hier wiederum glaube ich allerdings, daß der polnische Generalstab überoptimistisch ist. Mein Freund, der Oberst, gab zu, daß Rumänien das schwache Glied in der Kette sei, und war weniger zuversichtlich als ich hinsichtlich der Unwahrscheinlichkeit, daß die Deutschen in der Lage sein werden, ihre Hand auf große Mengen rumänischen Öls zu legen und zu transportieren.

Der eigentliche Punkt schien mir jedoch die allgemeine Überzeugung zu sein, daß es ungeachtet der Aussichten eines Krieges mit Deutschland vom polnischen Standpunkt aus besser sei, zu kämpfen, als sich zu unterwerfen. Das Beispiel Tschechoslowakei hat einen wirklich tiefen Eindruck in Polen hinterlassen; und es war das Schicksal der Böhmen genau so wie unsere Garantie, das dem Wandel in der polnischen Politik zugrunde gelegen hat.

Überdies sind die Polen ein junges und starkes Volk. Ihr jährliches Kontingent junger Männer steht nicht weit hinter dem Großdeutschlands – eines doppelt so großen Landes. Die Polen regierenden Männer sind heute größtenteils in den Vierzigern. Und dies ist der wahre Grund für den Unterschied zwischen der Haltung Polens zum Krieg und, sagen wir, der Englands. Für den Polen ist der nächste Krieg tatsächlich eben der nächste Krieg. Sie hatten viele in der Vergangenheit und rechnen mit vielen in der Zukunft ...

Müßig zu sagen, daß ich mein bestes tat, um zur Mäßigung aus der Stärke heraus – Sorel schreibt »La modération dans la force« – zu raten, insbesondere *den Polen eindringlich die Unklugheit übertriebener Antideutschen-Propaganda klarzumachen* ...

Zusammenfassend sei gesagt, daß ich zu dem Schluß kam, daß unsere Garantie für Polen im großen und ganzen weniger gefährlich war, als ich vorher gedacht hatte. Mein zweiter Schluß ist, daß, wo wir sie nun einmal gegeben haben, wir unter den gegebenen Umständen keine andere Wahl haben als den Polen zu helfen, mit Gewalt Widerstand zu leisten gegen jede ›Lösung‹ der Danzigfrage hinsichtlich entweder deutscher militärischer Besetzung oder deutscher Zollkontrolle. *Abschließend, es ist meine persönliche Ansicht, daß, wenn wir versuchen, uns um unsere Garantie herumzudrücken, die Polen ernsthaft in Erwägung ziehen werden, ihre gegenwärtige Haltung zu Deutschland zu revidieren.* Selbst wenn es Ihnen nicht gelingt, die Deutschen zu versöhnen – und das werden sie wahrscheinlich tun – *dann könnte das erste Anzeichen wirklicher Schwäche unsererseits zu einem Signal für die Russen werden, sich mit den Deutschen auf der Grundlage einer vierten Teilung zu verständigen.* Wenn das geschieht, dann werden die Auswirkungen auf unsere Stellung in der Welt auch der mittelmäßigsten Intelligenz klar. Angesichts solcher Möglichkeiten ist es beunruhigend, so viele einflußreiche Persönlichkeiten erklären zu hören, daß nichts sie dazu veranlassen könnte, sich von der

Kurzsichtigkeit des Foreign Office treiben zu lassen, für Danzig zu sterben. gez. Gladwyn Jebb, 9. Juni 1939«

Public Record Office, London, FO 371/23020, Nr. C 8336/54/18

h) Der Krieg 1939

Seit der polnischen Teilmobilmachung am 23. 3. 1939 sowie dem Erhalt der einseitigen britischen Garantieerklärung vom 31. 3. 1939 war Polen gegenüber dem Deutschen Reich betreffs Regelung des Korridor- und Danzig-Problems nicht mehr wirklich verhandlungsbereit. Der Völkerbundskommissar für Danzig, Burckhardt, schrieb: »April 1939 sind für Polen die Würfel gefallen«. Bestärkt durch Großbritannien und die USA glaubten die Polen, zwischen den »Riesen« Deutschland und Sowjetunion selbständige Großmachtpolitik betreiben zu können.

Telegramm des deutschen Botschafters in Warschau, *v. Moltke,* am 24. 3. 1939 an das Auswärtige Amt in Berlin:

»Kurzfristige Reservisteneinziehung, drei bis vier Jahrgänge, und zwar 1911 bis 1914, ferner 1906 und 1907, örtlich verschieden, sicher bestätigt. Reserveoffiziere technischer Truppen eingezogen.«

Freund, Weltgeschichte II, aaO, S. 67

※

Am 30. 3. 1939, einen Tag vor der britischen Garantie für Polen telegraphierte der britische Botschafter *Kennard* aus Warschau:

»Es ist natürlich unwahrscheinlich, daß die polnische Regierung Deutschland vorsätzlich provozieren wird. Aber im gegenwärtigen Zustand der Empfindungen hier kann keineswegs die Möglichkeit von einigen impulsiven Aktionen ausgeschlossen werden.«

Documents on British Foreign Policy 1919–1939 (British Documents), Third Series, Vol. I–IX, London 1949–1955; Vol. IV, Doc.No. 573

Am 26. 3. 1939 erklärte der polnische Botschafter in Berlin, *Joseph Lipski,* Reichsaußenminister v. Ribbentrop:

»Ich habe die traurige Pflicht, Sie davon in Kenntnis zu setzen, daß eine weitere Verfolgung der deutschen Pläne, vor allem soweit sie die Rückkehr Danzigs zum Reich betreffen, den Krieg bedeuten würde.«

Akten zur Deutschen Auswärtigen Politik 1918–1945 (ADAP), Serie D, (1937–1941), Band I–XIII, Baden-Baden/Göttingen 1950–1970; D, VI, Dok. 101

※

Der schwedische Vermittler *Birger Dahlerus* berichtete über die Reaktion des polnischen Botschafters Lipski auf das deutsche Verhandlungsangebot an Warschau vom 29. 8. 1939 (Die »16 Punkte« der Reichsregierung):

»Auf Veranlassung von Henderson besuchte ich in Begleitung des britischen Botschaftsrates Forbes den polnischen Botschafter Lipski, der seine Abreise vorbereitete. Lipski war im Gesicht weiß wie Leinen und wirkte außerordentlich nervös und niedergeschlagen. Forbes erzählte, wer ich sei und die Ereignisse der Nacht. Er bat mich hierauf, die deutsche Note an Polen vorzulesen, was ich tat. Aber Lipski erklärte bald, daß er den Inhalt nicht verstehen könne. Forbes notierte hierauf eigenhändig die Hauptpunkte und übergab die Aufzeichnungen Lipski, der das Papier mit zitternden Händen nahm und eine Weile betrachtete, dann aber erklärte, daß er nicht deuten könne, was dort stehe. Ich erbot mich hierauf, die Note sofort seiner Sekretärin zu diktieren. Sie wurde hereingerufen und bekam ihre Anweisungen; ich ging mit ihr in ein angrenzendes Zimmer, und sie schrieb mein Diktat direkt in die Maschine. Mit der Niederschrift kehrte ich zurück und übergab sie Lipski, worauf Forbes und ich nach dem Wechsel einiger höflicher Redensarten Abschied nahmen.«

Dahlerus, Versuch, aaO, S. 107f.

※

Der britische Botschafter in Berlin *Sir Neville Henderson* telegraphierte am 30. 8. 1939 an den britischen Außenminister Halifax:

»Meine Überzeugung ist, daß die polnische Regierung die März-For-

125

derungen des Herrn Hitler weniger wegen ihres Inhalts an sich zurückwies, sondern weil (a) Deutschland sie bezüglich der Slowakei und Memels betrog, und (b) die Forderungen in ultimativer Form gestellt wurden.
Man hat jedoch nicht nur die unmittelbare Gegenwart in Betracht zu ziehen, in welcher es wesentlich ist, kein Anzeichen des Nachgebens gegenüber den Hitlerschen Drohungen beobachten zu lassen, sondern auch die Zukunft. Soll künftig ein echter Frieden überhaupt zwischen Polen und seinem mächtigen Nachbarn bestehen, so müssen Beschwerden des Letzteren, die nicht die Erzeugnisse des Herrn Hitler, sondern national sind, beseitigt werden. Um dieses Ziel zu erreichen, muß meines Erachtens die *Stadt Danzig, vom Hafen unterschieden, Deutschland wiedergegeben werden; eine direkte und extraterritoriale Verbindung zwischen Reich und Ostpreußen muß vorhanden sein; und die deutsche Minderheit in Polen muß durch irgendeinen Bevölkerungstausch beseitigt werden.* Auf keiner anderen Grundlage kann echter und dauerhafter Friede zwischen den beiden hergestellt werden. Kein diplomatischer Vergleich hat die Hoffnung, unbeschränkt bestehen zu bleiben ...
In der Zwischenzeit kann ich nur wieder betonen, wie wichtig es ist, daß Polen (den) Vorschlag für direkte Verhandlungen sofort annimmt und sich so in den Augen der Welt rechtfertigt.«

Kurt Glaser, Der Zweite Weltkrieg und die Kriegsschuldfrage, Würzburg 1965; S. 112f.

*

Der deutsche Historiker *Michael Freund* schrieb über die Intransingenz der Polen in den entscheidenden Wochen vor dem 1. 9. 1939:

»Ihre (die polnische) Diplomatie war wie die Angriffe ihrer Reiterei auf deutsche Panzer. Sie verweigerten jede Verhandlung mit selbstmörderischer Großspurigkeit. Sie lehnten es ab, einen deutschen Vorschlag auch nur entgegenzunehmen, als ob man nicht hätte nein sagen können, nachdem man die Vorschläge gelesen hatte.«

Freund, Deutsche Geschichte, aaO, S. 1296

2. Die Bastion Tschechoslowakei

a) Eine neue »Schweiz«?

In einer Note vom 20. 5. 1919 versprach der tschechoslowakische Außenminister Dr. Benesch den Alliierten, die innere Gestaltung des neuen Staatswesens nach den Prinzipien des Schweizer Modells zu verfassen, d. h. einer Gleichberechtigung aller Nationalitäten. Tatsächlich ist diese Note jedoch bis 1937 verheimlicht worden, ihre Zusicherungen sind nie Realität geworden. Im Gegenteil, durch eine diskriminierende Sprachenregelung und ein Bodenreformgesetz wurden die dreieinhalb Millionen Sudetendeutsche von Beginn dieses Staates an zu Bürgern dritter Klasse gemacht.

Am 20. 5. 1919 schrieb der spätere tschechische Staatspräsident *Eduard Benesch* in einer Note der tschechischen Delegation in Versailles:

»Die tschechoslowakische Regierung hat die Absicht, ihren Staat so zu organisieren, daß sie als Grundlage der Nationalitätenrechte die Grundsätze annimmt, die in der Verfassung der schweizerischen Republik zur Geltung gebracht sind. D. h., sie will aus der Tschechoslowakischen Republik *eine bestimmte Art Schweiz* machen, wobei sie, wie sich von selbst versteht, die besonderen Verhältnisse in Böhmen in Betracht zieht.«

Jaksch, Potsdam, aaO, S. 222

*

Karl Renner, 1918 bis 1920 Staatskanzler der Republik Österreich, sagte 1919 zur Eingliederung der Sudetendeutschen in den tschechoslowakischen Staat:

»Die alliierten Mächte sind im Begriff, indem sie das Frankreich im Jahre 1870 angetane Unrecht wiedergutmachen wollen, ein doppeltes Elsaß zu schaffen. Sie beschließen, indem sie im gleichen Atemzug das Selbstbestimmungsrecht der Völker verkünden, das Todesurteil gegen

127

eine Bevölkerung, die zahlreicher ist als die Norwegens und Dänemarks. Dreieinhalb Millionen Deutsche würden der Souveränität von sechs Millionen Tschechen unterworfen werden. Nie wird die unterworfene Nation der Aufgabe gewachsen sein, die daraus entsteht. Auf diese Weise wird im Herzen Europas *ein Herd des Bürgerkrieges geschaffen* werden, dessen Glut für die Welt und ihren sozialen Aufschwung noch gefährlicher werden könnte, als es die beständige Gärung auf dem Balkan war.«

Freund, Deutsche Geschichte, aaO, S. 1078

✳

Der amerikanische Präsident *Herbert Hoover* (1929–1933) urteilte über die Nationalitätenpolitik Eduard Beneschs:
»Unter Benesch verschwand die kantonale Gleichheit der Volksgruppen. Sogar die Namen der Straßen in den deutschen Gebieten, die 400 Jahre dort bestanden hatten, mußten verschwinden. Als sich Deutschland die Gelegenheit bot, diesen Dolch abzuwenden, waren die Sudetendeutschen reif zum Aufstand. Die Slowaken waren froh, eine Gelegenheit zur Befreiung vom tschechischen Joch zu erhalten.«

Hoover, Memoiren I, aaO, S. 340

✳

Am 14. 4. 1938 schrieb der französische Staatsrechtler *Professor Joseph Barthelémy* in der Pariser Zeitung »Le Temps«:
»Lohnt es sich, die Welt in Brand zu stecken, einfach zu dem Zwecke, um den tschechoslowakischen Staat zu retten, einen Haufen von verschiedenen Nationalitäten? Ist es notwendig, daß drei Millionen Franzosen, all die Jugend unserer Universitäten, unserer Schulen, unseres flachen Landes und unserer Fabriken geopfert werden, um *drei Millionen Deutsche unter tschechischer Oberhoheit* zu erhalten?«

Jaksch, Potsdam, aaO, S. 300

✳

Der britische Sonderbotschafter in der Tschechoslowakei, *Lord Runciman*, schrieb in seinem am 16. 9. 1938 anläßlich der Sudetenkrise abgefaßten Schlußbericht für den britischen Premierminister Chamberlain:

»Ich bringe jedoch der Sache der Sudetendeutschen große Sympathie entgegen. Es ist hart, von einer fremden Rasse regiert zu werden, und mein Eindruck ist, daß die tschechoslowakische Verwaltung im Sudetengebiet, wenn sie auch in den letzten zwanzig Jahren keine aktive Unterdrückung ausübte und gewiß nicht ›terroristisch‹ war, dennoch einen solchen Mangel an Takt und Verständnis und soviel *kleinliche Intoleranz und Diskriminierung* an den Tag legte, daß sich die Unzufriedenheit der deutschen Bevölkerung unvermeidlich zur Empörung fortentwickeln mußte.«

Jaksch, Potsdam, aaO, S. 311

✳

Eduard Benesch schrieb in seiner Abschiedsbotschaft als tschechoslowakischer Staatspräsident vom 5. 10. 1938:

»Wir werden nun einen nationalen Staat haben. Es wird ein Land der Tschechen und Slowaken sein, wie es die Entwicklung des Nationalitätenprinzips ergibt. Darin wird die große Stärke unseres Landes und des ganzen tschechoslowakischen Volkes liegen. Es wird ihnen eine größere Leistungsfähigkeit und eine *stärkere moralische Basis* geben, als sie zuvor hatten.«

Jaksch, Potsdam, aaO, S. 326

b) Die strategische Bedeutung

Die Tschechoslowakei sollte nach den Vorstellungen der Alliierten Teil jenes mittel-osteuropäischen Staatengürtels sein, der als »cordon sanitaire« eine Sperrfunktion sowohl gegen Deutschland als auch gegen Rußland zu erfüllen hatte. Dabei hatte die Tschechoslowakei mit ihrer gegen

Deutschland gerichteten geographischen Dolchgestalt eine ausgesprochen antideutsche Funktion. Durch den Erhalt der »historischen Länder Böhmen und Mähren« (und damit von dreieinhalb Millionen Sudetendeutschen) sollten um das geopolitische Zentrum Mitteleuropas, das böhmische Becken, stets starke deutsche militärische Kräfte gebunden sein, die dann an anderen Grenzen fehlen sollten. Vor allem die Franzosen hatten auf diese Lösung gedrängt.

Der französische *Marschall Ferdinand Foch*, 1918 Oberbefehlshaber der alliierten Truppen in Frankreich, sagte im Verlauf der Versailler Friedensvertragsverhandlungen 1919 zum britischen Vertreter Lord Mottistone:
»Sehen Sie (mit Blickrichtung auf eine Karte der Tschechoslowakei), hier ist eine große Bastion. Sie wollen mir nicht erlauben, die Grenze an den Rhein vorzuschieben, doch lassen Sie mir wenigstens diese Bastion«.

Jaksch, Potsdam, aaO, S. 334

❋

Der US-amerikanische Vertreter während der Versailler Friedensvertragsverhandlungen und spätere US-Präsident *Herbert Hoover* schrieb:
»In Paris suchte mich Masaryk auf, weil er mit mir über seine Zweifel sprechen wollte, einen Teil des westlichen Böhmens in den neuen Staat mit aufzunehmen. Es war das Zentrum der sudetendeutschen Siedlung. Er bat mich, Präsident Wilson dahingehend zu beeinflussen, daß sich der Präsident der Einbeziehung dieses Gebietes widersetzte, da es ihn in eine schwierige Lage gegenüber seinen Kollegen bringen würde, wenn er es selber täte. Wilson mußte bald feststellen, daß die Franzosen darauf bestanden, so viele Deutsche wie nur möglich zur Tschechoslowakei zu schlagen, um Deutschland zu schwächen und *eine stärkere militärische Grenze gegen sie zu haben*. Er konnte nur sehr wenig erreichen...
Nach dem Friedensschluß und mit der Ermutigung und Finanzierung durch die Franzosen verschwand sehr bald der Charakter der Tschechoslowakei als eines nichtmilitärischen Staates. *Sie machten aus dieser Nation einen Dolch, der auf die deutsche Flanke gerichtet war.*«

Hoover, Memoiren I, aaO, S. 340

Churchill schrieb über den deutschen Einmarsch in die »Rest«-Tschechoslowakei im März 1939:

»Allein schon durch eine Neutralisierung der Tschecho-Slowakei werden 25 deutsche Divisionen zur Bedrohung der Westfront frei; außerdem öffnet sie den triumphierenden Nazis den Weg zum Schwarzen Meer...

Die Unterjochung der Tschecho-Slowakei *verringerte die Macht der Alliierten um 40 Divisionen.*«

Churchill, Zweiter Weltkrieg I, 1, aaO, S. 371, 409

*

In dem 1961 erschienenen sowjetischen Buch »*Der Große Vaterländische Krieg*« heißt es über die strategische Bedeutung der Tschechoslowakei gegen Deutschland:

»Solange die Tschecho-Slowakei existierte, *waren die Hände des faschistischen Deutschland gebunden.* Deutschland konnte nichts gegen Polen, nichts gegen Frankreich unternehmen, da die gut organisierte und bewaffnete tschechoslowakische Armee für Deutschland ein sehr ernster Gegner war.«

Worobiew und Krawzow, Der Große Vaterländische Krieg der Sowjetunion 1941 bis 1945, russ., Moskau 1961; S. 24

*

Der sudetendeutsche Sozialdemokrat *Wenzel Jaksch* schrieb:

»So kam schließlich die Wahrheit an den Tag, daß die Landkarte Europas in Versailles und Saint-Germain *unter dem Diktat militärischer Fehlspekulationen* gezeichnet worden war. Sogar Marschall Foch war der Propaganda erlegen, daß eine durch Vergewaltigung des Selbstbestimmungsrechtes begründete Tschechoslowakei ein europäisches »Sperrfort« gegen ein expansives Deutschland sein konnte.«

Jaksch, Potsdam, aaO, S. 334

*

Professor *Michael Freund* urteilte:

»Man hat die alte, mit Frankreich und der Sowjetunion verbündete Tschechoslowakei als einen auf das Herz Deutschlands gerichteten Dolch bezeichnet. Sie war in der Tat eine feindliche Festung mitten im deutschen Raum gewesen, *eine Einbruchspforte aller Gegner des Reiches.*«

Freund, Weltgeschichte II, aaO, S. 40

c) Das Münchner Abkommen

Das Münchner Abkommen vom 29. 9. 1938, mit dem die vier Großmächte Deutschland, England, Frankreich und Italien bestimmten, daß die Tschechoslowakei die Sudetengebiete an das Deutsche Reich abzutreten hatte, beendete eines der unerquicklichsten Minderheitenprobleme Europas. »Nicht das Dritte Reich, sondern die Tschechoslowakei mit ihrer herausfordernden Minderheitpolitik hatte die Krise in diesem Raum Europas heraufbeschworen«, schreibt Prof. Hellmut Diwald in seiner »Geschichte der Deutschen«. Dieses Abkommen wurde überall in Europa als glückliche Lösung eines unerträglich gewordenen Problems gepriesen.

Der polnische Botschafter in Moskau *Graf Waclaw Grzybowski* sagte am 26. 5. 1938 zu seinem französischen Kollegen Robert Coulondre:

»Die Tschechoslowakei retten zu wollen, ist eine Wahnidee. Früher oder später wird sie wie ein Kartenhaus zusammenfallen.«

Robert Coulondre, Von Moskau nach Berlin 1936–1939, Bonn 1950; S. 219

✻

Wenzel Jaksch schreibt über das Münchner Abkommen:

»Chamberlain und Daladier flogen also nach München mit einem konkreten Auftrag ihrer Kabinette, sogar mit einem von den Tschechen bereits gebilligten Abkommen. *In München sind lediglich die Modalitäten dieses Abkommens geregelt worden.* So hieß es im Münchner Vertrag wörtlich: ›Deutschland, das Vereinigte Königreich von Großbritannien,

Frankreich und Italien sind unter Berücksichtigung des Abkommens, das hinsichtlich der Abtretung des Sudetenlandes bereits grundsätzlich erzielt wurde, übereingekommen...

Die Entscheidung von München wurde heraufbeschworen, weil die Demokratie bei den Friedensschlüssen von 1919 ihre eigenen Grundsätze verleugnet hatte.«

Jaksch, Potsdam, aaO, S. 331, 334

＊

Aus der Debatte des *britischen Unterhauses* Anfang Oktober 1938 über das Münchner Abkommen:

Premierminister Neville Chamberlain: »Wir sind nicht nach München gegangen, um zu entscheiden, ob die vorwiegend deutschen Gebiete des Sudetenlandes nach Deutschland überführt werden sollen. Das war bereits entschieden.«

...

Mr. Raikes: »Wir sollten nicht vergessen, daß die Tschechen die deutschen Gebiete noch vor dem Vertrag von Versailles annektiert haben. Einige ehrenwerte Mitglieder dieses Hauses beklagen die kurze Frist zur Übergabe. Ich möchte sie daran erinnern, daß sich die Tschechen zwanzig Jahre Zeit gelassen haben, ehe sie den Sudetendeutschen Rechte zugestanden.«

Mr. Culverwell: »Wollen Sie (die Verteidiger der Tschechoslowakei) ernsthaft behaupten, daß die Sudetendeutschen keine Beschwerden hatten? Hätten die Beschwerden der Sudetendeutschen Gehör gefunden, wenn Hitler nicht zur Macht gekommen wäre? ... Hat der Völkerbund jemals in dieser Sache etwas unternommen?«

Sir Archibald Southby: »Wir sind alle der Meinung, daß die Sudetendeutschen ein Anliegen hatten, doch daß ihre Beschwerden erst berücksichtigt wurden, als Deutschland stark genug wurde, um für sie einzutreten.«

...

Sir H. Croft: »Die Arbeiterpartei und die Liberale Partei waren zur Zeit der Friedensberatungen leidenschaftlich gegen das ganze Flickwerk der Tschechoslowakei.«

Jaksch, Potsdam, aaO, S. 331 f.

Der britische Botschafter in Berlin *Neville Henderson* urteilte 1939 über das Münchner Abkommen:

»Die Tschechoslowakei hat Gebiete verloren ... die klugerweise in Versailles in den tschechischen Staat gar nicht hätten eingegliedert werden sollen und welche niemals – es sei denn auf der Basis einer Föderation – dort dauernd verbleiben konnten.«

Jaksch, Potsdam, aaO, S. 334

... und schrieb am 16. 3. 1939 an Außenminister Halifax:

»Wenn auch verwerflich in der Form und unwillkommen als Tatsache, so war die Eingliederung Österreichs und der Sudetendeutschen in das Reich im Prinzip keine unnatürliche Entwicklung, kein unedles Streben für die Deutschen und nicht einmal in einem ethischen Sinne unmoralisch. Beide, die Ostmark und das Sudetengebiet, sind von einer Bevölkerung bewohnt, die völlig deutsch ist und die an die Grenzen Deutschlands anstößt. *Ihre Eingliederung in das Reich geschah daher in Übereinstimmung mit dem Recht der Selbstbestimmung.*«

Freund, Weltgeschichte II, aaO, S. 11

❋

Der britische Premierminister *Chamberlain* sagte am 17. 3. 1939 auf einer Rede in Birmingham:

»Es (die Abtretung des Sudetenlandes an Deutschland) war etwas, was seit dem Versailler Vertrag immer existiert hatte, ein Problem, das schon längst hätte gelöst werden sollen, wenn bloß die Staatsmänner der letzten 20 Jahre eine großzügigere, umfassendere und aufgeklärtere Auffassung von ihrer Pflicht gehabt hätten. Es war wie ein lang vernachlässigtes Übel geworden, und ein *chirurgischer Eingriff wurde notwendig, um das Leben des Patienten zu retten.*«

Freund, Weltgeschichte II, aaO, S. 15 f.

❋

Der tschechoslowakisch-französische Offizier und bekannte Militärschriftsteller, *Ferdinand Otto Miksche,* schrieb:

»Der weitverbreitete Glaube, daß ohne diese Kapitulation der westlichen Mächte in München die Tschechoslowakei ihren eigenen Grund hätte halten können, ist nicht auf Tatsachen gestützt. Das ist nur eine der vielen Propagandalegenden, die ihren Weg in das öffentliche Bewußtsein fanden.«

F. O. Miksche, Unconditional Surrender, London 1952; S. 203

d) März 1939: Der Einmarsch in die »Rest-Tschechei«

Nach dem Münchner Abkommen steigerte sich die Abneigung der seit der Regierung des Staatspräsidenten Masaryk (1935) noch mehr als Menschen zweiter Klasse behandelten Slowaken im Februar und März 1939 zu einem neuen Höhepunkt. Unterstützt von Berlin erklärte die Slowakei am 14. 3. 1939 ihre Unabhängigkeit. In einer dramatischen Nachtsitzung wurde der tschechische Präsident Hácha daraufhin in Berlin genötigt, einen Protektoratsvertrag mit dem Deutschen Reich abzuschließen. Am 15. 3. 1939 rückten deutsche Truppen in Böhmen und Mähren ein.

Die außenpolitischen Folgen waren jedoch für Deutschland verheerend. Deutschland galt seitdem in London und Paris als ein gefräßiges Ungeheuer, als ein Faß ohne Boden, das immer neue Forderungen stellen würde.

Man sollte insgesamt jedoch nicht vergessen, daß sich seit 1938 eine Reihe europäischer Staaten an der zerfallenden Tschechoslowakei »schadlos« hielten: Nach dem Münchner Abkommen 1938 als auch nach dem Zerfall der »Rest-Tschechoslowakei« im März 1939 annektierte Ungarn slowakisches Territorium. Polen annektierte im Oktober 1938 das tschechische Olsaterritorium.

*

Am 27. 10. 1938 teilte der deutsche Botschafter in Warschau *von Moltke* dem Auswärtigen Amt in Berlin mit:

»Wie ich bereits mit Bericht vom 14. Oktober 1938 gemeldet habe, arbeitet Polen daraufhin, die Slowakei zur Loslösung aus ihrem bisherigen Staatsverbande zu veranlassen.«

ADAP, D, V, aaO, Dok. 87

✳

Neville Henderson, von 1937 bis 1939 britischer Botschafter in Berlin, schilderte die Ereignisse in der Tschechei wenige Tage vor dem deutschen Einmarsch am 15. 3. 1939:

»Unglücklicherweise waren die Tschechen unglaublich kurzsichtig und despotisch in ihrer Behandlung der Slowaken, und die Separatisten unter den letzteren nicht weniger blind unloyal in ihrer Haltung gegenüber den Tschechen. Es war augenscheinlich, daß der Streit, der zwischen ihnen entstanden war, sie beide gleichermaßen einer deutschen Einmischung aussetzte. Und während der Woche, die der Besetzung von Prag vorausging, tat ich mein Äußerstes, um den tschechischen Minister in Berlin zu überreden, seinen ganzen Einfluß bei seiner Regierung auszuüben, sie zu bewegen keine Zeit zu verlieren, um den Disput mit den Slowaken zu bereinigen und die Truppen von Bratislava zurückzuziehen, bevor es zu spät ist...

Meine Warnungen gegenüber M. Mastny, daß seine Regierung das Spiel für Hitler spiele und daß ihre Torheit in der Katastrophe enden werde, fiel entweder auf taube Ohren oder er selbst vermochte Prag nicht zu beeindrucken. Die tschechische Regierung verharrte in ihrer Halsstarrigkeit, und am Samstag, 11. März, wurde gemeldet, daß Pater Tiso die Deutschen um Schutz gegen ihre slawischen Verwandten angegangen hat.«

Neville Henderson, Failure of a Mission, London 1940; S. 202

✳

Die Besprechung des tschechoslowakischen Staatspräsidenten Dr. Hácha mit Hitler am 15. 3. 1939 schilderte Staatsminister *Otto Meißner:*

»Die Besprechung mit Hitler begann in der Nacht zum 15. März gegen 1 Uhr: sie verlief – im Gegensatz zu späteren Tendenzmeldungen über heftige Zusammenstöße und brutale Bedrohungen – in Ruhe und in korrekten Formen. Dr. Hácha begrüßte Hitler mit der Versicherung seiner persönlichen Verehrung und der Bewunderung seiner politischen Leistungen. Er habe um diesen Empfang nachgesucht, um sein Land dem Schutze des Reiches zu unterstellen und das Schicksal seines Volkes in die Hände des deutschen Führers zu legen. Mit der Ablösung der Slowakei aus dem Gesamtstaat habe sich die Regierung abgefunden, daß das Zusammenleben der beiden Volksgruppen schlecht war und die Tschechen den Deutschen näher verwandt wären als die den Magyaren nahestehenden Slowaken. Die geographische Lage und die wirtschaftlichen Beziehungen der verbleibenden Tschechei erforderten ein enges Verhältnis zu Deutschland, das herzustellen sein vordringliches Ziel sei. Er sei überzeugt, daß der größte Teil des tschechischen Volkes ebenso denke wie er, wenn es auch noch eine Weile dauern werde, bis die Reste der alten Beneschpolitik überwunden seien.«

Otto Meißner, Staatssekretär unter Ebert, Hindenburg, Hitler, Hamburg 1950; S. 476

✳

Aus der Rede des britischen Premierministers *Chamberlain* am 15. 3. 1939 im Londoner Unterhaus nach Bekanntwerden des deutschen Einmarsches in die »Rest«-Tschechei. (Zwei Tage später vollzog Chamberlain bei seiner berühmten Rede in Birmingham eine Kehrtwendung um 180 Grad):

»So langen die Dinge bis gestern, und ich darf sagen, daß die Regierung Seiner Majestät sich in letzter Zeit bemüht hat, mit den andern in München vertretenen Regierungen zu einer Einigung über den Umfang und die Bedingungen einer solchen Garantie zu gelangen, aber bisher ist es uns nicht möglich gewesen, eine solche Einigung zu erzielen. Unserer Ansicht nach hat sich die Lage von Grund auf geändert, seit der slowakische Landtag die Unabhängigkeit der Slowakei erklärt hat. Diese

Erklärung hatte die Wirkung, daß der Staat, dessen Grenzen wir zu garantieren beabsichtigen, *von innen her zerbrach* und so sein Ende fand, und demgemäß hat die Sachlage, die der Herr Staatssekretär für die Dominien geschildert hat und die wir schon immer als nur vorübergehend ansahen, nun aufgehört zu bestehen, und Seiner Majestät Regierung kann sich infolgedessen *nicht mehr länger an diese Verpflichtung gebunden halten.*«

Freund, Weltgeschichte der Gegenwart II, aaO, S. 9

3. Der Anschluß Österreichs 1938 –
Ein Irrtum der Geschichte?

a) Deutsche Stimmen zum Anschluß-Problem

In zahlreichen historischen Werken nach 1945 wurde in einer isolierenden Sichtweise im Hinblick auf die Ereignisse des März 1938 der Anschluß Österreichs als erste Aggressionshandlung Hitlers gegen einen europäischen Nachbarstaat in der Kette der darauffolgenden bezeichnet. Dabei schüttete man im Zuge der Umerziehung nach 1945 insofern in gewisser Weise das Kind mit dem Bade aus, als man den unter totalitären Vorzeichen vollzogenen Anschluß der zum deutschen Volk gehörenden Österreicher eo ipso zum »Irrtum« der Geschichte erklärte. Tatsächlich jedoch war die »Wiedervereinigung« (so wurde nach dem Ersten Weltkrieg der Anschluß Österreichs an das Deutsche Reich bezeichnet) eine Sache aller demokratischen Politiker in der Weimarer Republik.

Im Programm der *Bayerischen Volkspartei* vom Dezember 1918 hieß es:
»Den Anschluß unserer deutschen Brüder in Böhmen und in den deutsch-österreichischen Ländern an den deutschen Staatenbund begrüßen und fördern wir auf das allerwärmste.«

Jaksch, Potsdam, aaO, S. 211

*

Der Volksbeauftragte und spätere Reichspräsident *Friedrich Ebert* sagte auf der ersten Sitzung der Deutschen Nationalversammlung am 6. 2. 1919 in Weimar:
»Deutschösterreich muß mit dem Mutterland für alle Zeiten vereinigt werden... Unsere Stammes- und Schicksalsgenossen dürfen versichert sein, daß wir sie im neuen Reich der deutschen Nation mit offenen Armen und Herzen willkommen heißen. Sie gehören zu uns und wir gehören zu ihnen.«

Jaksch, Potsdam, aaO, S. 211 f.

Der spätere Präsident des Reichstages, der Sozialdemokrat *Paul Löbe* sagte im Jahre 1919:

»Wie die großen Vorkämpfer der Sozialdemokratie, so *treten wir für Großdeutschland*, für die Einheit aller derer ein, die an der Donau, an der Etsch, wie an den Mündungen der Weser und Elbe, Oder und Weichsel von deutscher Mutter das Sprechen gelernt haben. In dieser Schicksalsstunde verlangen wir heiß für bessere Zeiten die Vereinigung mit unseren, durch noch ärgere Friedensbedingungen niedergedrückten Brüdern und Schwestern in den Sudetenländern, wie in Wien und Klagenfurt, in Bozen und Meran.«

Freund, Deutsche Geschichte, aaO, S. 1081

⁎

In Wien erklärte der Präsident des Deutschen Reichstages *Paul Löbe* (SPD) am 30. 8. 1925 auf einer Kundgebung des Österreichisch-Deutschen Volksbundes:

»... Wir verwahren uns gegen den Vorwurf, Annexionismus zu betreiben. Wo Teile eines großen Volkes daran verhindert werden, sich mit dem Stammvolk zu vereinigen, kann von Annexionismus nicht gut die Rede sein, sondern das ist lediglich die Anwendung des Selbstbestimmungsrechtes, von dem Präsident Wilson gesprochen hat...

Die gegenwärtige Kundgebung ist von keiner Regierung gemacht, sie entspringt den Völkern selbst. Die beiden Außenminister sind unbelastet. Deutschland und Österreich wollen den Anschluß nicht zu kriegerischen Eroberungen, sondern um in friedlicher Arbeit mit den übrigen Völkern zu leben. Wenn Teile eines Volkes die Rückkehr zum Mutterland wollen, dann ist das keine Annexion, sondern *das ist allererstes Menschenrecht der Völker*.«

Horst Zimmermann, Die Schweiz und Österreichs Anschluß an die Weimarer Republik, Bern 1967; S. 69

⁎

Ende März 1926 erklärte Reichsaußenminister *Gustav Stresemann* anläßlich des Besuchs des österreichischen Bundeskanzlers Dr. Ramek in Berlin:

»Ich bin überzeugt, daß unsere deutschen Gäste aus Österreich den Eindruck empfangen haben..., wie es den Beziehungen zwischen unserem Volk in Österreich und Deutschland entspricht...
Wir sind zwei Staaten, aber ein Volk.«

Zimmermann, Schweiz, aaO, S. 87

b) Österreichische Stimmen zum Anschluß-Problem

Die Vereinigung mit dem Mutterland Deutsches Reich war mehr noch eine Sache der Österreicher selbst. Trotz des Verbots des Anschlusses im Vertrag von Saint Germain 1919 war es (mit Ausnahme der restaurativen Habsburg-Monarchisten) das Ziel aller österreichischen Politiker, durch eine Vielzahl von Verträgen und Absprachen mit dem Deutschen Reich einen Gleichklang der politischen, wirtschaftlichen, sozialen Verhältnisse Österreichs mit dem »Altreich« herzustellen und damit die politische Vereinigung in einer günstigeren Stunde vorzubereiten.

Die *Provisorische Nationalversammlung* in Wien beschloß am 12. 11. 1918 im Artikel 2 des neuen Gesetzes über die Staats- und Regierungs-form:

»Deutsch-Österreich ist ein Bestandteil der Deutschen Republik.«

Diwald, Geschichte der Deutschen, aaO, S. 236

✻

Am 6. 9. 1919 erklärte der sozialistische österreichische Staatskanzler *Dr. Karl Renner* in der Wiener Nationalversammlung:

»Deutsch-Österreich wird niemals darauf verzichten, die Wiederverei-nigung mit dem Deutschen Reich als das Ziel seiner friedlichen Politik zu betrachten.«

Deutsche Verfassungen »Von Frankfurt nach Bonn«, Frankfurt, Berlin, Bonn 1958; S. 62

Der Nationalratsabgeordnete der Großdeutschen Volkspartei, *Franz Dinghofer* (österreichischer Vizekanzler 1926–1927), sagte 1924:
»... keine Macht der Erde werde stark genug sein, den natürlichen Lauf der Dinge aufzuhalten und den Anschluß Österreichs an Deutschland zu verhindern.«

Zimmermann, Schweiz, aaO, S. 68

✳

Der Vorsitzende des Landbundes *Prof. Leopold Schönbauer* sagte 1927:
»Wir hoffen auf den Tag, wo wir sagen können: Heim ins Reich!«

Zimmermann, Schweiz, aaO, S. 68

✳

1928 erklärte der sozialistische Nationalratsabgeordnete *Karl Renner* (1918–1920 erster Staatskanzler der österreichischen Republik):
»Es gibt für Österreich nur eine politische Befreiung, den Anschluß an das Deutsche Reich.«

Zimmermann, Schweiz, aaO, S. 75

✳

Bei einer Unterschriftensammlung des Österreichisch-Deutschen Volksbundes 1928 unterschrieben mehr als zwei Drittel aller österreichischen Nationalräte und Bundesratsmitglieder folgenden Text:
»Deutschösterreich ist ein Bestandteil der deutschen Republik – heute, zehn Jahre nach dem 12. November 1918, und immerdar halten wir in Treue fest an diesem Beschluß und bekräftigen ihn durch unsere Unterschrift.«

Zimmermann, Schweiz, aaO, S. 75

✳

1929 erklärte *Julius Deutsch* für die sozialistische Fraktion im Wiener Nationalrat:
»Ich bin bekanntermaßen ein *unbedingter Anhänger des Anschlusses* Österreichs an Deutschland. Jede andere Lösung erschiene mir unnatürlich und auf die Dauer nicht haltbar.«

Zimmermann, Schweiz, aaO, S. 197

✳

Die sozialistische Wiener *»Arbeiterzeitung«* schrieb 1930:
»Der staatsrechtliche Anschluß ist uns vorläufig verwehrt, aber auch ohne Verletzung des Anschlußverbots könnte für die wirtschaftliche, soziale und kulturelle Annäherung Deutschlands und Österreichs mehr als bisher geschehen.«

Zimmermann, Schweiz, aaO, S. 77

✳

Die dem österreichischen Bundeskanzler Johannes Schober (1929–1930) nahestehenden *»Wiener Neuesten Nachrichten«* schrieben nach seinem Staatsbesuch in Berlin 1930:
»Das Anknüpfen direkter Beziehungen ... wird dazu beitragen, den selbstverständlichen Gedanken neuerdings zu bekräftigen, daß das durch fremde Macht gebotene staatliche Sonderleben der beiden deutschen Staaten Mitteleuropas die Rücksicht auf *die gesamtdeutschen Interessen* ... steigern muß.«

Zimmermann, Schweiz, aaO, S. 77

✳

Der christlich-soziale österreichische Nationalratspräsident *Gürtler* schrieb 1930:
»Hierbei müssen wir Deutschösterreicher vor allem von dem Grundsatz ausgehen, daß wir die Vereinigung mit dem Reich nicht zu dem Zweck wollen, um uns hinter die Schürze der Frau Germania zu

143

verkriechen, um jeder weiteren Selbstverantwortung enthoben zu sein. Nicht als arme Verwandte, sondern als gleichwertige nützliche *Mitglieder der großen deutschen Familie* wollen wir in den Kreis unserer Stammesgenossen treten.«

Zimmermann, Schweiz, aaO, S. 76

✳

Am 19. 3. 1931 erklärte der sozialistische österreichische Nationalratspräsident *Karl Renner* anläßlich der Unterzeichnung des Vorvertrages für die Zollunion zwischen Deutschland und Österreich:

»Österreichs und Deutschlands Regierung haben den ersten Schritt getan auf dem Weg ins Freie..., um uns wirtschaftlich mit unserem Mutterlande zu vereinigen.«

Zimmermann, Schweiz, aaO, S. 207

c) Österreichische Stimmen nach dem Anschluß

Selbst nach dem Anschluß Österreichs im März 1938 an das inzwischen totalitäre Deutschland stellten demokratische Politiker die Einheit des Volkes über die politische Ordnung.

Karl Renner erklärte im April 1938 zur Volksabstimmung am 10. 4. 1938 über den Anschluß Österreichs an das Deutsche Reich:

»Ich müßte meine ganze Vergangenheit als Vorkämpfer des Selbstbestimmungsrechtes der Nationen wie als deutschösterreichischer Staatsmann verleugnen, wenn ich die große geschichtliche Tat des Wiederzusammenschlusses der deutschen Nation nicht freudig begrüßte.«

Das Volk ohne Staat. Von der Babylonischen Gefangenschaft der Deutschen, Bad Neustadt 1981; S. 49

»Als Sozialdemokrat und somit als Verfechter des Selbstbestimmungsrechtes der Nationen, als erster Kanzler der Republik Deutschösterreich und als gewesener Präsident ihrer Friedensdelegation zu St. Germain werde ich mit ›Ja‹ stimmen.«

Bruno Gebhardt, Handbuch der Deutschen Geschichte, Bd. 1–4, 9. Aufl., Stuttgart 1970f.; IV, 2, S. 473

✴

Aus der Erklärung sämtlicher *katholischer Bischöfe* Österreichs zur Volksabstimmung über den Anschluß Österreichs an das Deutsche Reich am 10. 4. 1938:
»Am Tag der Volksabstimmung ist es für uns Bischöfe selbstverständlich nationale Pflicht, uns als Deutsche zum Deutschen Reich zu bekennen.«

Volk ohne Staat, aaO, S. 49

✴

»Wir erkennen freudig an, daß die nationalsozialistische Bewegung auf dem Gebiet des völkischen und wirtschaftlichen Aufbaues sowie der Sozialpolitik für das Deutsche Reich und Volk namentlich für die ärmsten Schichten des Volkes Hervorragendes geleistet hat und leistet. Wir sind auch der Überzeugung, daß durch das Wirken der nationalsozialistischen Bewegung die Gefahr des alles zerstörenden gottlosen Bolschewismus abgewehrt wurde.«

Gebhardt, Handbuch IV, 2, aaO, S. 473

d) Ausländische Presse zum Anschluß

Auch in der europäischen Presse galt der Anschluß Österreichs als die »natürlichste Sache der Welt«.

Am 3. 12. 1928 schrieb der Wiener Korrespondent der *»Neuen Zürcher Zeitung«:*

»Vielleicht wird sich das historische Ereignis des Anschlusses einst in derselben Art vollziehen, wie ein Apfel vom Baum fällt. Tatsächlich betrachtet ihn das Volk in Österreich als eine Art Naturereignis oder eine *schicksalshafte Fügung,* die von der Konstellation abhängt.«

Zimmermann, Schweiz, aaO, S. 73

✳

Die Londoner *»Times«* schrieb in einem Leitartikel im Februar 1938:
»Im Grunde ist ein enges Einverständnis zwischen den beiden deutschen Staaten *das Natürlichste der Welt.* Eines der unvernünftigsten, zerbrechlichsten und herausforderndsten künstlichen Gebilde der Friedensverträge war das Verbot der Einverleibung Österreichs in das Reich . . .
Die Vögel kehren in ihr Nest zurück. Österreich kann niemals antideutsch sein. Das ist letzten Endes die wirkliche Stärke der Ansprüche des Reiches auf Österreich und die wirkliche Schwierigkeit eines österreichischen Kanzlers, wenn er die Selbständigkeit Österreichs verteidigen und abgrenzen muß.«

Gordon Brook-Shepherd, Der Anschluß, Graz–Wien–Köln 1963; S. 125 f.

✳

Nach dem Anschluß Österreichs am 13. 3. 1938 schrieb die *»Neue Zürcher Zeitung«* am 14. 3. 1938:
»Das Volk Österreichs erlebte . . . den Einmarsch der deutschen Truppen . . . mit tiefster Ergriffenheit.«

Zimmermann, Schweiz, aaO, S. 224

✳

Am 15. 3. 1938 schrieb der Wiener Korrespondent in der *»Neuen Zürcher Zeitung«:*
»Auch bürgerliche Kreise, die die geschichtlichen Ereignisse weniger vom Parteistandpunkt als vom allgemeinen und nationalen staatlichen

Standpunkt betrachten, verstehen, daß 1866 heute überwunden ist, die außenpolitischen *Gegensätze zwischen Wien und Berlin heute beendet* sind und der Nationalsozialismus aus dem sechsjährigen Kampf um Österreich infolge der außenpolitischen Entwicklung Europas, aber auch wegen der Ausdauer seiner Anhänger in Österreich als Sieger hervorgegangen ist.«

Zimmermann, Schweiz, aaO, S. 224

e) Gab es einen spezifisch österreichischen Widerstand gegen Hitler?

Nach 1945 versuchten etablierte Kräfte im neugeschaffenen selbständigen Österreich der neuen Staatlichkeit Österreichs nun auch eine »Nation Österreich« folgen zu lassen, die den endgültigen Abschied von der deutschen Geschichte vollzogen habe. Als besonders wichtiger Meilenstein auf diesem Weg zur »Nation Österreich« sollte ein behaupteter »Nationalwiderstand« des österreichischen Volkes gegen die deutsche Okkupation gelten. Diesen Widerstand gegen Hitler wollte man in einen Zusammenhang mit dem Widerstand in anderen besetzten Ländern (Frankreich, Holland, . . .) stellen, den es jedoch de facto nie gegeben hat. Im Gegenteil, noch im Sommer 1943 bekannten sich emigrierte österreichische Widerständler zur »Treue« zum Deutschen Reich.

Karl Seitz, der frühere sozialistische Wiener Bürgermeister, äußerte im Sommer 1943 zu deutschen Widerständlern aus dem »Altreich«:
»Wenn es euch deutschen Widerstandskämpfern gelingt, Hitler zu beseitigen, dann *werden wir Österreicher dem Reich die Treue halten.* Freilich müssen wir als Bedingung stellen, daß Österreich als Glied des neuen föderativ gestalteten Deutschen Reiches eine seiner Tradition und seiner Bedeutung entsprechende Stellung erhält. Beispielsweise müßte der deutsche Reichstag zuweilen auch in Wien tagen, dem deutschen Reichskanzler müßte ein österreichischer Vizekanzler zur Seite stehen, und überhaupt wären in das Reichskabinett auch österreichische Minister aufzunehmen.«

Volk ohne Staat, aaO, S. 53f.

Über den Umfang des spezifisch österreichischen Widerstandes gegen Hitler schreibt der Kieler Historiker *Karl Dietrich Erdmann* im »Handbuch der Deutschen Geschichte«:

»Er war in keiner Weise vergleichbar mit der französischen Résistance, den jugoslawischen Partisanen oder der polnischen Untergrundarmee. Zu einem kollektiven Widerstand oder gar zu einer Volkserhebung gegen den Nationalsozialismus ist es in Österreich ebensowenig gekommen wie sonst im Reich. Auch in Österreich wurde die nationalsozialistische Herrschaft nicht von innen, sondern von außen her zum Einsturz gebracht.«

Volk ohne Staat, aaO, S. 53

*

Die sowjetische Zeitschrift *»Novoje Vremja«* schrieb 1946 über die im gleichen Jahr von der Wiener Bundesregierung herausgegebene Dokumentation »Rot-Weiß-Rot-Buch«, die einen spezifisch österreichischen Anteil am Widerstand gegen die NS-Herrschaft beweisen sollte:

»Dieses Buch soll entgegen den auf der Hand liegenden Tatsachen beweisen, daß Österreich im Kampf gegen Hitler-Deutschland Beträchtliches geleistet habe... Die Verfasser des Buches führen weder Tatsachen noch Beweise noch Schriftstücke an... (sie) rechnen damit, daß die Völker ein kurzes Gedächtnis haben. Dabei verrechnen sie sich aber. Niemand hat vergessen, daß die österreichische Regierung im Jänner, Februar, März 1938 keinen Finger rührte, um dem Hitlerschen Aggressor Widerstand zu leisten. Bekanntlich waren die Führer der katholischen und sozialistischen Gruppen im Lande für den Anschluß Österreichs an Deutschland. Sie tragen sich auch jetzt mit dem Gedanken eines neuen Anschlusses. *Von einem österreichischen »Widerstand«* war selbst während des Sturmes der Sowjetarmee auf Wien *nichts zu bemerken*... Diese Tatsachen lassen zwangsläufig erkennen, daß das Rot-Weiß-Rot-Buch eine Maskerade ist, ein Versuch, den Regierungen der Großmächte und der öffentlichen Meinung Sand in die Augen zu streuen.«

Zimmermann, Schweiz, aaO, S. 64 f.

f) Österreich nach 1945

Seit der Moskauer Außenministerkonferenz im November 1943 war die Wiederherstellung des österreichischen Staates offizielles erklärtes Kriegsziel der Alliierten. Es war klar, daß die Front derjenigen österreichischen Hitler-Gegner, die den Anschluß auch nach dem Kriege beibehalten wollten, von nun an abbröckelte, da eine Niederlage des Deutschen Reiches damals bereits vorhersehbar war und ein Widerstand gegen die alliierten Ziele daher zunehmend sinnlos erschien.

Dennoch ist auch die Neuordnung des alpendeutschen Raumes nach 1945 als Teil der Deutschlandpolitik der Alliierten anzusehen, denn allein durch das erneute und verschärfte Verbot des Anschlusses im Staatsvertrag 1955 ist die Verknüpfung Österreichs mit der deutschen Frage auf deutliche Weise bestätigt worden.

Die Erklärung über Österreich auf der *Viermächtekonferenz in Moskau* am 1. 11. 1943 der Außenminister der UdSSR, der USA, Großbritanniens und Chinas lautete:

»Sie halten die Österreich am 15. März (sic!) von Deutschland aufgezwungene Annexion für null und nichtig. Sie betrachten sich selbst in keiner Weise an irgendwelche Veränderungen gebunden, die in Österreich seit jenem Tage vorgenommen worden sind. Sie erklären, daß sie ein freies und unabhängiges Österreich wiederhergestellt zu sehen wünschen, um so dem österreichischen Volk selbst und allen jenen seiner Nachbarstaaten, die ähnliche Fragen zu lösen haben werden, den Weg zu öffnen, jene politische und wirtschaftliche Sicherheit zu finden, die die einzige Grundlage für einen dauerhaften Frieden ist.

Österreich wird aber daran erinnert, daß es wegen der Teilnahme am Kriege an der Seite Hitler-Deutschlands eine Verantwortung trägt, der es sich nicht entziehen kann und daß bei der endgültigen Regelung sein eigener Beitrag zu seiner Befreiung unweigerlich in Betracht gezogen werden wird.«

Vertrags-Ploetz II, 4, aaO, s. 216

*

Der Österreicher *Konrad Günter* schreibt in seinem Buch »Neutralität und Neutralitätspolitik«:

»Die Wiedererrichtung eines selbständigen österreichischen Staates nach dem Zweiten Weltkrieg wird von der Geschichtsschreibung heute wohl mehrheitlich als ein *Teil der Deutschlandpolitik der Alliierten* dargestellt, d. h. die Frage eines unabhängigen Österreich wiederum als eine Funktion der deutschen Frage angesehen.«

Volk ohne Staat, aaO, S. 62 f.

✳

Der österreichische Sozialist *Wolfgang Neugebauer* schrieb 1978 in seinem Werk »Sozialdemokratie und Anschluß«:

»Zweifellos hatte die Sowjetunion nach der Machtergreifung Hitlers – und das gilt bis heute – ein starkes *Interesse an einer Schwächung Deutschlands* und an einem unabhängigen Österreich.«

Volk ohne Staat, aaO, S. 52

4. Englands Entscheidung zum Krieg

a) Die »balance of power«

Trotz aller Moralisierungen des Zweiten Weltkrieges von angelsächsischer Seite als eines Krieges gegen die »blutrünstige Hitler-Diktatur« etc. spielte der Zusammenhang des erstarkenden Deutschland und des britischerseits als bedroht empfundenen europäischen Gleichgewichts der Mächte die eigentliche Rolle bei den Gründen Englands zum Kriegseintritt gegen das Deutsche Reich 1939.

Im Jahre 1919 schrieb die *»Times«*:
»Sollte Deutschland in den nächsten 50 Jahren wieder Handel zu treiben beginnen, so haben wir diesen Krieg umsonst geführt.«

Hubertus Prinz zu Löwenstein, Deutsche Geschichte, Frankfurt 1950; S. 474

✳

Über die ›Philosophie‹ der britischen Außenpolitik der letzten 400 Jahre sprach *Sir Winston Churchill* im März 1936 vor dem ›Konservativen Parlamentskomitee für Auswärtige Angelegenheiten‹:
»Seit vierhundert Jahren hat die Außenpolitik Englands darin bestanden, sich der stärksten, aggressivsten, beherrschenden Großmacht auf dem Kontinent entgegenzustellen und insbesondere zu verhindern, daß die Niederlande unter die Herrschaft dieser Großmacht gerieten. Im geschichtlichen Rückblick müssen diese vier Jahrhunderte beharrlichen Strebens im Wechsel so mancher Namen, Tatsachen und Verhältnisse als eine der beachtenswertesten Erscheinungen gelten, welche die Geschichte irgendeiner Rasse, eines Staates oder eines Volkes aufweist. Überdies wählte England bei allen Gelegenheiten den schwierigeren Weg. Gegenüber Philipp II. von Spanien, gegenüber Ludwig XIV. unter William III. und Marlborough, gegenüber Napoleon und Wilhelm II. von Deutschland wäre es leicht gewesen und muß auch eine große Verlockung bedeutet

haben, sich der stärkeren Seite anzuschließen und die Früchte ihrer Eroberungen zu teilen. Wir schlugen aber immer den härteren Weg ein, schlossen uns den weniger starken Mächten an, schufen zwischen ihnen eine Verbindung und besiegten damit den militärischen Tyrannen auf dem Kontinent, wer immer er war und welche Nation er auch anführen mochte. Auf diese Weise bewahrten wir die Freiheit Europas, schützten das Gedeihen seiner lebensvollen und verschiedenartigen Gemeinschaften und gingen mit wachsendem Ruhm und einem sich ausdehnenden Weltreich aus vier furchtbaren Kämpfen hervor, wobei auch die Unabhängigkeit der Niederlande gesichert blieb. Darin liegt die großartige, unbewußte Tradition der britischen Außenpolitik. *Unser ganzes Denken wurzelt heute noch in dieser Tradition.* Es ist mir nichts bekannt, was die Gerechtigkeit und Weisheit, die Tapferkeit und Umsicht, die das Handeln unserer Vorfahren bestimmte, verändert oder geschwächt hätte. Es ist mir nichts bekannt, was der menschlichen Natur widerfahren wäre und die Gültigkeit ihrer Schlüsse auch nur im geringsten gewandelt hätte. Es ist mir keine militärische, politische, wirtschaftliche oder wissenschaftliche Tatsache bekannt, die mich denken ließe, daß wir weniger fähig wären. Es ist mir nichts bekannt, das mich zur Meinung führen könnte, wir sollten oder könnten nicht auf derselben Bahn weitergehen. Ich stelle diese höchst allgemeine Behauptung vor Ihnen auf, weil ich glaube, daß durch ihre Anerkennung alles andere viel einfacher wird.

Wir müssen bedenken, daß die Politik Englands sich nicht danach richtet, welche Nation die Herrschaft über Europa anstrebt. *Es handelt sich nicht darum, ob es Spanien ist oder die französische Monarchie, oder das französische Kaiserreich, oder das deutsche Kaiserreich oder das Hitlerregime. Es handelt sich nicht um Machthaber oder Nationen, sondern lediglich darum, wer der größte oder der potentiell dominierende Tyrann ist.* Wir sollten uns daher nicht vor der Beschuldigung fürchten, daß wir eine profranzösische oder antideutsche Einstellung hätten. Wenn die Verhältnisse umgekehrt lägen, könnten wir ebenso gut deutschfreundlich und antifranzösisch sein. Wir folgen einem Gesetz der Politik, nicht einer bloßen Zweckmäßigkeit, die durch zufällige Umstände, Neigungen und Abneigungen oder andere Gefühle bestimmt wird.

Es erhebt sich daher die Frage, welche Macht in Europa heute die stärkste ist und welche in einem gefährlichen und unterdrückenden Sinne zu herrschen sucht. Heute, dieses Jahr noch und vermutlich bis in das Jahr 1937 hinein, ist die französische Armee die stärkste in Europa. Niemand aber fürchtet sich vor Frankreich. Jedermann weiß, daß Frankreich unbehelligt bleiben will und daß es bei Frankreich nur um die Selbsterhaltung geht. Jedermann weiß, daß die Franzosen friedfertig sind und daß eine Angst auf ihnen lastet. Sie sind gleichzeitig tapfer, entschlossen, friedliebend und von Furcht bedrückt. Sie sind eine liberale Nation mit freien parlamentarischen Einrichtungen.

»Deutschland dagegen fürchtet niemanden. Es rüstet in einer Weise auf, wie man es in der deutschen Geschichte noch nie erlebt hat. Es wird von einer Handvoll übermütiger Desperados gelenkt. Das Geld wird knapp; unter der Despotenherrschaft regt sich Unzufriedenheit. Bald werden sie wählen müssen, ob sie einen wirtschaftlichen und finanziellen Zusammenbruch und innere Unruhen vorziehen oder einen Krieg, der kein anderes Ziel haben könnte – und der, wenn er gelingt, kein anderes Ergebnis bringen kann – als ein germanisiertes Europa unter nationalsozialistischer Aufsicht. *Deshalb scheint mir, daß alle die alten Gegebenheiten wieder vorliegen und daß unsere nationale Rettung davon abhängt, ob wir noch einmal alle Mächte in Europa vereinigen können,* um die deutsche Oberherrschaft in Schranken zu halten, zu verhindern und *wenn nötig zu vernichten...*«

Churchill, Zweiter Weltkrieg I, 1, aaO, S. 257f.

✳

Churchill sagte am 14. 3. 1938 im britischen Unterhaus über den Anschluß Österreichs an das Deutsche Reich:

»Wien ist das Zentrum der Verbindungen aller Länder, die das alte Österreichisch-Ungarische Kaiserreich bildeten, und aller Länder im Südosten Europas. Eine lange Strecke der Donau befindet sich nun in deutschen Händen. Die Beherrschung Wiens ermöglicht dem nazistischen Deutschland die militärische und wirtschaftliche Kontrolle sämtlicher Verbindungen in Südosteuropa, der Straßennetze, der Flüsse, der

Bahnlinien. *Worin besteht die Auswirkung auf das Gefüge Europas?* Worin besteht die Auswirkung auf das, was man als Gleichgewicht der Mächte bezeichnet, und auf das, was man die Kleine Entente nennt?«

Churchill, Zweiter Weltkrieg I, 1, aaO, S. 334

✳

Der britische Historiker *A. J. P. Taylor* sagte über die Haltung britischer Politiker nach dem Münchner Abkommen:

»Die offenherzigsten Gegner Münchens, wie zum Beispiel Winston Churchill, behaupteten ganz einfach, daß Deutschland für Europa zu mächtig würde und daß es durch die Drohung einer großen Koalition oder, wenn notwendig, durch Waffengewalt gebremst werden müßte... Duff Cooper, der Erste Lord der Admiralität, ... als er aus Protest gegen das Münchner Abkommen zurücktrat, ... sorgte sich um das Gleichgewicht der Mächte und um die britische Ehre, nicht um die Selbstbestimmung oder um die Ungerechtigkeit von Versailles.«

Taylor, Origins, aaO, S. 190

✳

Der britische Premierminister *Chamberlain* sagte am 4. 4. 1939 in Zusammenhang mit der sog. »Tilea-Lüge« zum polnischen Außenminister Beck in London:

»Wenn Deutschland die *Kontrolle über die rumänischen Rohstoffe* erlangt, ganz gleich, ob auf direktem oder indirektem Wege, würde dies einen großen *Kräftegewinn für Deutschland* und eine Schwächung der anderen Seite bedeuten.«

British Documents (1919–1939) III, Vol. 5, aaO, Doc. 2

✳

Der britische Historiker *Simon Newman* schreibt über die britische Deutschland-Politik vor der englischen Polen-Garantie im März 1939:

»*Großbritannien beabsichtigte überhaupt niemals, Deutschland in*

Osteuropa freie Hand zu lassen. Deshalb sollte man in der Garantie für Polen keine Umkehrung der britischen Außenpolitik sehen ... man sollte sie lieber als Gipfel oder besser noch als deutliche Manifestation eines Zuges der britischen Politik sehen, der in die Zeit vor dem September des Jahres 1938 zurückreicht und bis vor kurzem noch übersehen oder ignoriert worden ist – des Versuchs, mit allen Mitteln außer dem Mittel des Krieges, aber wenn nötig auch durch ihn als letzte Möglichkeit, den deutschen Expansionismus in Osteuropa aufzuhalten.«

Simon Newman, March 1939: The British Guarantee to Poland, Oxford 1976; S. 5 f.

❊

Der amerikanische Historiker *David Calleo* schreibt über die britische Deutschland-Politik vor 1939:

»Die Briten waren *nicht bereit, den Deutschen auch nur den geringen Raum zuzugestehen, den Hitler bereits erlangt hatte,* ganz zu schweigen von dem Großdeutschland seiner Träume. Im Zweiten, ebenso wie im Ersten Weltkrieg hatte Großbritannien nicht die Absicht, der Hegemonie der Deutschen auf dem Kontinent ruhig zuzusehen. Unter diesen Umständen war ein allgemeiner Krieg ohne Zweifel unvermeidbar. Die Tatsache, daß er dann mit dem Einmarsch in Polen begann, war eigentlich mehr eine britische als eine deutsche Initiative. Und wie es dann so kam, während die britischen Militärstrategen die tschechische militärische Stärke gering einschätzten, hielten sie die polnische Armee für eine schlagkräftige Armee. Ohne die polnische Armee im Lager der Alliierten, so glaubten sie, schlüge das militärische Gleichgewicht zugunsten der Deutschen aus. Eher als das Risiko eines Verlustes einzugehen, kam Großbritannien mit einer Garantie, um die polnische Entschlossenheit zu stärken. So nahm Großbritanniens taktische Beschwichtigungspolitik ein plötzliches Ende. Was auch immer die militärische Einsicht gewesen sein mag, Hitler die Tschechoslowakei zu überlassen und ihm Polen zu verweigern, die grundlegende Strategie der Briten scheint jedoch klar: *Sie beabsichtigten niemals, Deutschland in Europa in einem Maße zufriedenzustellen, das einen Krieg vermieden hätte.*«

Calleo, Legende, aaO, S. 150

Der britische Publizist und Herausgeber der Zeitschrift »Nineteenth Century and After«, *F. A. Voigt*, schrieb im September 1943 in »Nineteenth Century« über das englische Verständnis der »balance of power«:

»England hat keinen dauernden Feind in Europa, da keine der vitalen britischen Interessen mit den vitalen Interessen einer anderen europäischen Macht im Widerspruch stehen. *Englands einziger Feind ist diejenige Macht oder diejenige Koalition, die es versucht, den europäischen Kontinent zu beherrschen.* Gegen diesen Feind muß England stets bereit und stark sein und stets Verbündete besitzen. So wie dieser Feind wechselt, wechseln auch die britischen Alliierten. Der Feind von gestern mag der Verbündete von morgen sein und der Verbündete von gestern der Feind von morgen . . .

Dieser einfache Mechanismus ist die Balance of Power. Weder die Liga der Nationen noch irgendein System der kollektiven Sicherheit noch Abrüstung kann diese Realität verändern. Sobald die Balance of Power in Frage gestellt ist, muß jedes Kollektivsystem zusammenbrechen. Das war 1939 der Fall. *England kämpfte, um die Balance of Power aufrechtzuerhalten; aus diesem Grund und aus keinem anderen . . .* Die allgemeine Annahme, daß Deutschland den Krieg begann, um die Welt zu beherrschen, ist unserer Meinung nach falsch. Deutschland wünschte, eine Weltmacht zu sein, aber Weltmacht und Weltherrschaft ist nicht dasselbe. Hitler wäre froh gewesen, sich in der Macht mit England zu teilen. Aber dies hätte bedeutet, daß England ihm Europa hätte überlassen müssen. Deshalb ging England 1939 in den Krieg. Auch in der Zukunft muß die Balance of Power stets aufrechterhalten werden. . . .

Der politische Anstrich derjenigen, die das Gleichgewicht bedrohen, ist völlig gleichgültig. Auch wenn Deutschland das Modell einer Demokratie und umgekehrt England von einem politischen System beherrscht gewesen wäre, das etwa dem Hitlers geglichen hätte, würde England trotzdem unter dem Zwang gestanden haben, das Gleichgewicht aufrechtzuerhalten . . . Auch wenn Deutschland sein politisches System ändern würde, wäre dies kein Grund, um die britische Politik zu modifizieren. Der Frieden muß durch die bleibende Realität der europäischen Situation bestimmt werden und nicht durch Phänomene wie

Faschismus, Nationalsozialismus, Sozialismus und Kommunismus. *Ein despotisch regiertes Deutschland, das nicht zu stark ist, ist besser als ein liberales Deutschland, das zu stark ist.*«

Giselher Wirsing, Das Zeitalter des Ikaros, Jena 1944; S. 92 f.

✳

In einem Brief an Stalin vom 20. 2. 1944 schrieb *Churchill:*
»*Ich betrachte diesen Krieg* gegen die deutsche Aggression als ein Ganzes und *als einen dreißigjährigen Krieg von 1914 an*...«

Briefwechsel Stalins mit Churchill, Attlee, Roosevelt und Truman 1941–1945, Berlin (Ost) 1961; S. 254

b) Zum Krieg entschlossen

Während Premierminister Chamberlain die Versailler Revisionswünsche Deutschlands bis zum März 1939 als berechtigt ansah und wegen des Anschlusses Österreichs und der Angliederung des Sudetenlandes keinen Krieg riskieren wollte, drängte die einflußreiche britische Kriegspartei bereits vor der Polen-Krise 1939 zum Konflikt mit Deutschland. Kein Zweifel an der Entschlossenheit Englands konnte jedoch nach dem deutschen Einmarsch in die »Rest-Tschechei« im März 1939 bestehen.

Der britische Außenminister (1938–1940) *Lord Halifax* schrieb in seinen Memoiren in bezug auf den Februar 1938:
»Fast jeden Tag sollte ich den ungebetenen Rat erhalten, irgendeine Aktion zu unternehmen, dessen klare Konsequenz war, wenn der Bluff keinen Erfolg hätte, ihn lieber so durchzuführen, daß das Ergebnis Krieg sein mußte.«

Earl of Halifax, Fullness of days, London 1957; S. 196

✳

Der polnische Botschafter in London, *Edward Raczynski,* schrieb über sein Lunch mit Winston Churchill am 28. 9. 1938, dem Vorabend der Münchner Konferenz:

»Und danach fuhren wir zusammen zum Parlamentsgebäude. Churchill erklärte, daß die einzige Hoffnung in Entschlossenheit und wenn notwendig im Krieg liegt, und drohte, daß wenn Chamberlain wieder einmal für einen unrühmlichen Rückzug entscheidet, er – Churchill – ›es ihm schon zeigen werde‹.«

Edward Raczynski, In Allied London – The wartime diaries of the Polish Ambassador, London 1962; S. 8

✳

Am 10. 7. 1939 berichtete der deutsche Botschafter in England *Herbert von Dirksen* an das Auswärtige Amt:

»Zusammenfassend läßt sich feststellen, daß die Gegnerschaft gegen Deutschland im Zunehmen begriffen ist; daß die Kampfbereitschaft sich gehärtet hat; daß das Gefühl zugenommen hat: wir dürfen uns nichts mehr gefallen lassen, unsere Ehre ist im Spiel; wir müssen kämpfen; die Regierung darf nicht nachgeben. Zu dieser Geistesstimmung haben die gemeldeten deutschen Pressestimmen über das dekadente England, über seine fehlende Bereitschaft, zu kämpfen, wesentlich beigetragen.
Der maßgebende Unterschied zwischen der englischen Stimmung im Herbst 1938 und jetzt ist der folgende: damals wollte die große Masse nicht kämpfen und war passiv; jetzt hat sie der Regierung gegenüber die Initiative übernommen und treibt das Kabinett vorwärts. So unbegründet und gefährlich diese Einstellung der englischen Öffentlichkeit ist, so sehr muß sie als eine ernste Realität gewertet werden, um so mehr in einem Lande, in dem die öffentliche Meinung eine so ausschlaggebende Rolle spielt wie in England.«

Freund, Weltgeschichte II, aaO, S. 443 f.

✳

Im Zusammenhang mit Hitlers Angebot an Polen vom 29. 8. 1939 (»16 Punkte«) schrieb der schwedische Forscher *Sven Hedin* über die beschlagnahmte Abendausgabe des »Daily Telegraph« vom 31. 8. 1939:
»Die diplomatischen Akten der neueren Geschichte werden *kaum ein Schriftstück* aufweisen, *das diesem Vorschlag an Mäßigung, an Entgegenkommen* und Verständnis für die Bedürfnisse eines andern Landes *gleichkommt.* Daß Polen ihn trotzdem nicht einmal einer Empfangsbestätigung für wert hielt, kann nur durch die inzwischen bekanntgewordene Tatsache erklärt werden, daß es sich nicht nur auf seine europäischen Freunde Großbritannien und Frankreich verließ, sondern vor allem auch auf die Unterstützung der Vereinigten Staaten. Roosevelt hatte sie ihm durch seine Botschafter in Warschau und Prag zusagen lassen.
In London ist behauptet worden, daß der deutsche Vorschlag so spät abgesandt wurde, daß die Warschauer Regierung gar nicht darauf antworten konnte. Der deutsche Einmarsch in Polen sei so schnell erfolgt, daß der ganze Vorschlag wahrscheinlich nicht ernst gemeint war.
Diese Behauptung ist unwahr. Der Londoner »Daily Telegraph«, eine dem Foreign Office nahestehende Zeitung, hat in der Abendausgabe vom 31. August 1939 einen Bericht über Beratungen im englischen Kabinett veröffentlicht. In diesen sei zur Sprache gekommen, daß dem britischen Botschafter in Berlin, Sir Neville Henderson, vom deutschen Reichsaußenminister die deutschen Vorschläge über eine friedliche Beilegung des deutsch-polnischen Konflikts übermittelt worden seien. Er habe sie sofort nach London weitergemeldet, da sich die britische Regierung in einer Note vom 28. August 1939 gegenüber der deutschen Regierung bereit erklärt hatte, die Vermittlung zu übernehmen. Das Londoner Kabinett habe das deutsche Memorandum nach Warschau weitergeleitet, und die polnische Regierung habe nach seinem Empfang die Generalmobilmachung angeordnet.
In London hat der Bericht des »Daily Telegraph« große Bestürzung hervorgerufen, denn man war dort – mit Roosevelts Zustimmung – entschlossen, die Schuld am Ausbruch des Kriegs nach dem Vorbild von 1914 Deutschland zuzuschieben. Im britischen Blaubuch über den Kriegsausbruch und in den Erinnerungen Sir Neville Hendersons »The Failure of a Mission« ist dieser Entschluß ausgeführt worden.

Die unbeabsichtigte Wahrheitsliebe des »Daily Telegraph« wurde dadurch *zu vertuschen gesucht,* daß die genannte Abendausgabe beschlagnahmt und die Redaktion veranlaßt wurde, eine zweite Spätausgabe herauszubringen, in deren Bericht über die Kabinettsberatung der für die britische Regierung so peinliche Satz über die polnische Generalmobilmachung nach Erhalt des deutschen Vorschlags entfernt war. Das Foreign Office hat aber nicht verhindern können, daß die erste Ausgabe des »Daily Telegraph« mit der Mitteilung bereits in die Hände einiger Menschen gekommen war, die sich für die wahren Umstände interessierten. Der beispiellos schnelle Ablauf des deutschen Feldzuges gegen Polen ist in aller Erinnerung. Die versprochene Truppen- und Waffenhilfe der Mächte, die Polen durch ihre Garantie zum Widerstand gegen Deutschland ermutigt hatten, ist nie erfolgt. Polen ist von England, Frankreich und dem Amerika Roosevelts verraten worden.«

Sven Hedin, Amerika im Kampf der Kontinente, Leipzig 1942; S. 60

✳

Am 1. 9. 1939 erklärte *Chamberlain* im Unterhaus:
»Der wichtigste und befriedigendste Punkt ist der, daß wir heute keinen allgemeinen Appell für Rekruten zu erlassen brauchen, wie Lord Kitchener vor 25 Jahren es tat. Dieser Appell ist um viele Monate vorweggenommen worden, und *die Mannschaften sind bereits verfügbar.*«

Blaubuch der Britischen Regierung über die deutsch-polnischen Beziehungen und den Ausbruch der Feindseligkeiten zwischen Großbritannien und Deutschland am 3. 9. 1939, Fasc. 1, Basel 1939; Nr. 105

✳

Der britische Premierminister *Chamberlain* schrieb am 10. 9. 1939 an seine Schwestern:
»Die letzten lang hingezogenen Agonien, die der wirklichen Kriegserklärung vorausgingen, waren so unerträglich, wie sie nur sein konnten. *Es*

lag uns daran, die Dinge voranzutreiben, aber es gab da drei Komplikationen: die geheimen Verhandlungen, die durch einen neutralen Mittelsmann mit Göring und Hitler liefen, der Konferenzvorschlag von Mussolini und das französische Verlangen, die eigentliche Kriegserklärung so lange wie möglich hinauszuschieben, bis sie ihre Frauen und Kinder evakuiert und ihre Armeen mobilisiert hätten. Wir konnten darüber sehr wenig vor der Öffentlichkeit sagen.«

Keith Feiling, The Life of Neville Chamberlain, London 1947; S. 416

✳

Am 8. 10. 1939 schrieb *Chamberlain* in einem Brief:
»In den drei Tagen der letzten Woche erhielt ich 2450 Briefe, und 1860 davon lauteten ›stop the war‹ in dieser oder jener Form...
Ich bekenne, *ich war ängstlich, als ich Hitlers geschickte Rede las* (Friedensangebot Hitlers nach dem Polenfeldzug) und besonders als die erste amerikanische Reaktion berichtet wurde, daß er eine sehr ansprechende Reihe von Vorschlägen gemacht hätte...«

Feiling, Life, aaO, S. 424

c) Zeit gewinnen

Ein Grund für das britische Nachgeben während der Tschechenkrise 1938 war die Einschätzung britischer Militärs, England sei für einen Konflikt mit Deutschland noch nicht genug gerüstet. Es bleibt daher eine offene Frage der Geschichte, ob Großbritannien bei einer anderen subjektiven Einschätzung der militärischen Möglichkeiten bereits 1938 einen Krieg gegen das Deutsche Reich riskiert hätte, zu einer Zeit also, als die deutsche Politik noch voll durch das Selbstbestimmungsrecht der Völker abgedeckt war.

In der Verlautbarung der *britischen Stabschefs* vom November 1937 hieß es:

»...wir nicht die Zeit vorhersehen können, wann unsere Verteidigungskräfte stark genug sind, unser Gebiet, unseren Handel und unsere lebenswichtigen Interessen gegen Deutschland, Italien und Japan gleichzeitig zu schützen. Vom Standpunkt der Reichsverteidigung können wir deshalb die Bedeutung jeder politischen oder internationalen Aktion nicht übertreiben, die unternommen werden kann, um die Zahl unserer möglichen Feinde zu verringern und die Hilfe großer Verbündeter zu gewinnen.«

Newman, March 1939, aaO, S. 70

*

Am 20. 3. 1938 notierte der britische Premierminister *Neville Chamberlain* in sein Tagebuch:

»In die französische Regierung kann man nicht das geringste Vertrauen setzen. Die Russen ziehen insgeheim und verschlagen alle Fäden hinter der Szene, um uns in einen Krieg mit Deutschland zu verwickeln.
Man braucht nur auf die Landkarte zu sehen, um zu erkennen, was Frankreich und wir tun können, möglicherweise die Tschechoslowakei davor bewahren kann, von den Deutschen überrannt zu werden, wenn das Deutsche Reich es will. Wir können daher der Tschechoslowakei nicht helfen. Sie würde nichts als ein Vorwand für uns sein, Krieg mit Deutschland anzufangen. Daran aber dürfen wir nur denken, wenn wir eine vernünftige Aussicht haben darauf, *Deutschland in einer angemessenen Zeit auf die Knie* zu *zwingen,* und ich sehe dafür keinerlei Aussichten.«

Freund, Deutsche Geschichte, aaO, S. 1246

*

Der Chamberlain-Biograph *Keith Feiling* schreibt über die Motive des britischen Premierministers für die Unterzeichnung des Münchner Abkommens:

»Viele haben es ausgesprochen und geschrieben, daß Chamberlains erster Grund nach München zu gehen gewesen ist, für einen unvermeidlichen Krieg *Zeit zu gewinnen!* Er wäre in der Tat ein ungeeigneter Premier gewesen, wenn er das nicht im Sinn gehabt hätte.«

Feiling, Life, aaO, S. 359

✳

Am 3. 10. 1938 erklärte Premierminister *Chamberlain:*
»Wir sind in diesem Land bereits während eines langen Zeitraumes mit einem großen Wiederaufrüstungsprogramm beschäftigt, das an Umfang und Tempo ständig zunimmt.«

... und am 22. 2. 1939 in Blackburn:
»Die Zahlen unserer Aufrüstung sind in der Tat überwältigend. Vielleicht sind sie so gewaltig, daß das Volk sie gar nicht mehr zu fassen vermag.«

Deutsches Weißbuch Nr. 2, aaO, Dok.-Nr. 218, 242

d) Polen als Streichholz

Nach der scharf gehaltenen Rede Chamberlains am 17. 3. 1939 in Birmingham und der britischen einseitigen Garantieerklärung für Polen am 31. 3. 1939 gab Großbritannien seine Entschlossenheit zu erkennen, weitere Gebietsansprüche Hitlers mit Krieg zu beantworten. Dabei schlug jedoch die Hoffnung Londons, nach der Polen-Garantie auch die UdSSR in ein Bündnissystem gegen Deutschland miteinzubeziehen, auf eklatante Weise fehl. So hing den Briten die Polen-Garantie in den folgenden Monaten als Klotz am Bein und ließ durch die sich an Starrköpfigkeit gegenseitig überbietende Politik Berlins, Warschaus und Londons den Krieg im September 1939 beinahe zwangsläufig werden.

Der Unterstaatssekretär im Warschauer Außenministerium *Graf Szembek* schrieb am 7. 7. 1938 in sein Tagebuch:

»*Vansittart* ist der hauptsächliche *Antreiber der Einkreisungspolitik gegen Deutschland*, die von gewissen Elementen in der englischen Regierung geleitet und ermuntert werde. ...

Sie möchten auch uns in die Politik einer *Einkreisung Deutschlands* einbeziehen und begünstigen deshalb den auf uns in diesem Sinne ausgeübten Druck aller englischen Kreise der Linken, die ... heute eine Kriegspartei bilden und sogar dem Gedanken eines Präventivkrieges zustimmen. ...«

Graf J. Szembek, Journal 1933–1939, Paris 1952; S. 322 f.

✳

Zur britischen Polen-Garantie vom 31. 3. 1939 schrieb *Churchill* in seinen Memoiren:

»Die Geschichte ... durchsucht man vergeblich nach einer Parallele zu diesem plötzlichen und vollständigen Richtungswechsel einer Politik, die seit fünf oder sechs Jahren bequeme, versöhnliche Befriedung anstrebte und dann fast über Nacht die Bereitschaft entwickelte, einen offensichtlich nahe bevorstehenden Krieg von größtem Ausmaß und unter den allerschlimmsten Umständen auf sich zu nehmen.

Endlich war es zu einer Entscheidung gekommen, im ungünstigsten Augenblick und unter den unbefriedigendsten Verhältnissen, zu einer Entscheidung, die mit Gewißheit zum Niedermetzeln von Millionen Menschen führen mußte.«

Churchill, Zweiter Weltkrieg I, 1, aaO, S. 422 f.

... und am 3. 4. 1939 im Londoner Unterhaus:

»Ist diese neue Politik begonnen worden, so *kann es kein Zurück mehr geben*. ...

Hier mit einer Garantie an Polen aufzuhören würde bedeuten, im Niemandsland ungeschützt unter dem Feuer beider Grabenlinien anzuhalten. ...

Wir müssen nun vorwärts gehen, bis eine Vereinbarung erreicht ist. Nachdem wir begonnen haben, eine große Allianz gegen Aggression zu

schaffen, können wir sie nicht mißlingen lassen. Wir werden in einer tödlichen Gefahr sein, wenn wir scheitern. ...
Es ist zur Frage von Leben und Tod geworden!«

Jedrzejewicz, Poland, I, aaO, S. 15f.

✳

Der mehrmalige britische Minister von 1935 bis 1941, *Duff Cooper*, sagte zur britischen Polen-Garantie:
»In keinem Augenblick der Geschichte haben wir je einer anderen Macht die Entscheidung überlassen, ob Großbritannien in einen Krieg eingreifen solle oder nicht. Jetzt liegt die Entscheidung bei einer Handvoll Männern, deren Namen – vielleicht mit Ausnahme des Obersten Beck – unserem Volke völlig unbekannt sind. Diese Unbekannten können also morgen den Ausbruch des europäischen Krieges befehlen.«

Freund, Weltgeschichte II, aaO, S. 103

✳

Der Staatssekretär im Deutschen Auswärtigen Amt *Ernst von Weizsäcker*, Angehöriger des Widerstandes, sagte zur britischen Garantie für Polen:
»In einem normalen Bündnisvertrag versprechen sich die Partner militärische Hilfe für den Fall eines nicht provozierten Angriffs durch Dritte. Ob der Fall vorliegt, entscheidet natürlich der Partner, der Hilfe leisten soll. *Hier nun war es umgekehrt. Warschau hatte es in der Hand, das britische Empire in den Krieg zu ziehen.*«

Ernst von Weizsäcker, Erinnerungen, München–Leipzig–Freiburg, 1950, S. 222

✳

Der britische Botschafter in Berlin *Henderson* schrieb in einem Brief an Außenminister Halifax am 26. 4. 1939:
»Persönlich habe ich größere Angst, als ich je im letzten September hatte, und doch sind die unmittelbaren Fragen, die sich abzeichnen, verhältnismäßig unwichtig an sich und wären einer Regelung durchaus

fähig. *Wenn Danzig an Deutschland vor 6 Monaten gefallen wäre, würde kein Hahn danach gekräht haben,* und ein extraterritorialer Korridor durch den Korridor hindurch ist eine durchaus gerechte Regelung. Wenn Schottland von England durch einen irischen Korridor getrennt wäre, würden wir mindestens soviel verlangen, was Hitler jetzt verlangt. Wenn man diese Forderungen an und für sich betrachtet, würde es etwas Schlechtes sein, in einen Weltkrieg wegen solcher Punkte hineinzutreiben...

Ich kann mich nicht dazu bringen, zu glauben, daß die *Politik einer Machtprobe jetzt* anstatt später irgendeine moralische oder praktische Rechtfertigung hat.«

Michael Freund, Geschichte des zweiten Weltkrieges in Dokumenten, Freiburg 1955; II, S. 200

✳

Aus dem *Vertrag über den gegenseitigen Beistand* zwischen Großbritannien und Polen vom 25. 8. 1939:

Art. 1: »Sollte eine der Vertragschließenden Parteien mit einer europäischen Macht infolge eines Angriffs derselben in Feindseligkeiten verwickelt werden, so wird die andere Vertragsschließende Partei der in Feindseligkeiten verwickelten unverzüglich jede in ihrer Macht liegende Unterstützung und Beistand gewähren.

Art. 2: 1. Die Bestimmungen des Artikels 1 beziehen sich auch auf den Fall, daß irgendeine Aktion einer europäischen Macht direkt oder indirekt die Unabhängigkeit einer der Vertragschließenden Parteien offensichtlich bedroht und so geartet ist, daß die betreffende Partei den bewaffneten Widerstand als von lebenswichtiger Bedeutung betrachtet.

2. Sollte eine der Vertragschließenden Parteien in Feindseligkeiten mit einer europäischen Macht wegen einer Aktion dieser Macht verwickelt werden, welche die Unabhängigkeit oder Neutralität eines anderen europäischen Staates so gefährdet, daß dies eine offensichtliche Bedrohung der Sicherheit einer der Vertragschließenden Parteien bedeutet, so gelten die Bestimmungen des Artikels 1, jedoch unbeschadet der Rechte der fraglichen europäischen Macht.

Geheimes Zusatzprotokoll:

Es legt fest, daß *unter dem Ausdruck »eine europäische Macht«
Deutschland zu verstehen ist* (Ziff. 1);
daß der im Art. 2, Abs. 1 angenommene Fall sich auf die Freie Stadt
Danzig bezieht (Ziff. 2b).

Vertrags-Ploetz II, 4, aaO, S. 181

✻

Der Historiker *Michael Freund* schreibt in seiner »Deutschen Geschichte«:
»Frankreich und Großbritannien glaubten nicht daran, der Tschechoslowakei und Polen wahrhaft helfen zu können. Der Tschechoslowakei
wurde das 1938 von England offen gesagt, weil Großbritannien damals
den Krieg nicht wollte, und den Polen wurde es verschwiegen, weil 1939
England entschlossen war, *unter allen Umständen den Krieg gegen Hitler
zu führen* ...
Polen war die Rolle zugedacht, im Untergang die Kräfte des Feindes
abzunutzen. Es war kaum mehr als ein Kriegsanlaß, *ein Zündholz,* das
sich verbraucht, indem es die Flamme entfacht.«

Freund, Deutsche Geschichte, aaO, S. 1274f.

e) Der Pakt mit dem Teufel: Die britisch-sowjetische Zusammenarbeit

Da man britischerseits das europäische Gleichgewicht durch Deutschland
gestört sah, konnte man in London keine Skrupel darin sehen, bereits vor
Ausbruch des Krieges 1939 um die Gunst des nicht minder totalitären
Stalin-Rußland zu buhlen. Tatsächlich ergab sich zwischen London und
Moskau seit 1941 eine enge Zusammenarbeit, die vor allem unter der
Ägide des Außenministers Anthony Eden (seit 1940) einen teilweise
einfältigen Charakter annahm.
Das Nachdenken darüber, was eigentlich mit Europa geschehen sollte,
wenn die Ostfront nach Mitteleuropa zurückflutete, und die Rote Armee
in Warschau, Berlin oder Paris stand, wurde bei den verantwortlichen

167

westalliierten Politikern zum Tabu erklärt. Nachgedacht wurde erst, als es bereits zu spät war.

Im Sommer 1934 sagte *Churchill* zum sowjetischen Botschafter in London, Maiski:

»1919 glaubte ich, Ihr Land stelle die größte Gefahr für das Empire dar und war deshalb damals ein Gegner ihres Landes. Jetzt bin ich der Ansicht, daß Deutschland die größte Gefahr für das Empire ist, darum bin ich jetzt ein Gegner Deutschlands... Indessen nehme ich an, daß Hitler nicht nur gegen uns, sondern auch im Osten, gegen Sie, zur Expansion rüstet. Warum sollten wir uns im Kampf gegen den gemeinsamen Feind nicht zusammentun? Ich war und bleibe ein Gegner des Kommunismus, aber um der Integrität des Empire willen bin ich zur Zusammenarbeit mit den Sowjets bereit.«

Franz-Willing, Zweiter Weltkrieg, aaO, S. 84 f.

✳

Am 25. 6. 1940 schrieb *Churchill* an Stalin:

»Geographisch liegen unsere beiden Länder an den entgegengesetzten Enden Europas, und ihre Regierungssysteme entsprechen einem völlig anders gearteten politischen Denken...

In der Vergangenheit – besonders in der jüngsten Vergangenheit – haben unsere Beziehungen, das muß festgestellt werden, unter gegenseitigem Argwohn gelitten; und im vergangenen August hat die Sowjetregierung entschieden, daß die Interessen der Sowjetunion einen Abbruch der Verhandlungen mit uns und die Anknüpfung enger Beziehungen mit Deutschland verlangten. Und so ist Deutschland Ihr Freund geworden, und das fast zur gleichen Stunde, da es unser Feind wurde. Seither aber ist ein neuer Umstand eingetreten...

Für ganz Europa stellt sich die Frage, wie die Staaten und Länder Europas auf die Aussicht einer deutschen Hegemonie reagieren werden.

Die Tatsache, daß unsere beiden Länder nicht in Europa, sondern in dessen Randgebieten liegen, versetzt sie in eine besondere Lage. Wir sind besser befähigt als andere, weniger glücklich gelegene Staaten, *Deutsch-*

lands Hegemonie Widerstand zu leisten, und wie Sie wissen, hat die englische Regierung die bestimmte Absicht, diese geographische Lage auszunutzen und ihre großen Hilfsmittel zu diesem Zweck zu verwenden. Tatsächlich konzentriert Englands Politik sich auf zwei Ziele: Das Land vor der deutschen Beherrschung zu schützen, und den Rest Europas von der Beherrschung zu befreien, die Deutschland ihm gerade jetzt auferlegt.«

Freund, Deutsche Geschichte, aaO, S. 1353 f.

✲

Ende Juni 1941, nach dem deutschen Einmarsch in die Sowjetunion, sagte *Churchill:*

»Wenn Hitler einen Einfall in die Hölle unternommen hätte, dann hätte ich auch über den Teufel in meiner Unterhausrede ein paar freundliche Worte gesagt.«

Freund, Deutsche Geschichte, aaO, S. 1369

✲

Churchill sagte am 27. 2. 1945 im britischen Unterhaus:

»Der Eindruck, den ich von der Krim und von allen meinen anderen Kontakten mitbrachte, ist der, daß Marschall Stalin und die sowjetischen Führer in ehrenhafter Freundschaft und Gleichberechtigung mit den westlichen Demokratien leben wollen. Ich fühle auch, daß ihr Wort ihre Bürgschaft ist. *Ich kenne keine Regierung, die verläßlicher hinter ihren Verpflichtungen steht als die russische Sowjetregierung.* Ich lehne es absolut ab, hier in eine Diskussion über den guten Willen der Russen einzusteigen.«

Edward J. Rozek. Allied Wartime Diplomacy – A Pattern in Poland, New York 1958; S. 359

✲

Churchills »Botschaft der britischen Nation an die Rote Armee und das russische Volk« vom 9. 5. 1945:

»Ich sende Ihnen allen tiefempfundene Grüße anläßlich des glänzenden Sieges, den Sie mit der Vertreibung des Aggressors aus Ihrem Heimatland und mit der Niederwerfung der Nazityrannei errungen haben. Es ist mein fester Glaube, daß von der Freundschaft und Verständigung zwischen dem britischen und dem russischen Volk die Zukunft der Menschheit abhängt. Wir hier auf unserer heimatlichen Insel denken heute sehr oft an Sie, und wir wünschen Ihnen aus tiefstem Herzensgrunde Glück und Wohlergehen und hoffen, daß wir nach all den Opfern und Leiden in diesem Tal der Finsternis, durch das wir gemeinsam gegangen sind, auch in aufrichtiger Kameradschaft und *Freundschaft im Sonnenlicht eines siegreichen Friedens* gemeinsam vorwärtsschreiten werden. Ich habe meine Frau gebeten, diese wenigen Worte der Freundschaft und der Bewunderung Ihnen allen zu übermitteln.«

Briefwechsel Stalins, aaO, S. 433 f.

5. USA, die »graue Eminenz« im Hintergrund

a) Wider »das Böse«

Wie schon vor dem Ersten Weltkrieg moralisierte man in den USA auch vor Eintritt in den Zweiten Weltkrieg 1941 die politischen Verhältnisse in Europa und in Asien. Die »faschistischen« Staaten Deutschland, Italien und Japan wurden als gefräßige Länder dargestellt, die, wenn man ihnen nicht entgegenträte, eines Tages die ganze Welt unter sich aufteilen würden.

US-Präsident *Franklin D. Roosevelt* sagte am 5. 10. 1937 in seiner richtungsweisenden *»Quarantäne-Rede«*:
»Unschuldige Völker und Staaten werden grausam in der Gier nach Macht und Herrschaft geopfert, die kein Gefühl für Gerechtigkeit besitzt... Wenn sich solche Dinge in anderen Teilen der Welt ereignen, so soll sich niemand einbilden, daß Amerika davon verschont bleibt, daß es Gnade zu erwarten hat, daß diese Westliche Hälfte der Erde nicht angegriffen wird und daß sie fortfahren kann, ruhig und friedlich zu leben... Die friedliebenden Nationen müssen sich gemeinsam gegen jene Vertragsverletzungen und jene Mißachtung menschlicher Instinkte zur Wehr setzen, die heute einen Zustand internationaler Anarchie und Unbeständigkeit schaffen, vor dem es kein Entweichen durch Isolierung oder Neutralität gibt... Ich bin gezwungen und Sie sind gezwungen, in die Zukunft zu blicken. Friede, Freiheit und Sicherheit von 90% der Menschheit werden von den übrigen 10% gefährdet, durch die der Zusammenbruch aller Ordnung und allen Rechts im internationalen Leben droht.
Die Situation ist zweifellos für die ganze Welt von größter Bedeutung. Unglückseligerweise scheint die Epidemie der Gesetzlosigkeit sich auf der Welt auszubreiten.
Wenn eine Krankheit sich epidemisch ausbreitet, beschließt die Gemein-

schaft, um sich vor Ansteckung zu schützen, die Patienten in Quarantäne zu legen. Der Krieg ist eine Seuche, ob er nun erklärt ist oder nicht.«

Vertrags-Ploetz, II, 4, aaO, S. 611

✻

Am 4. 1. 1939 sagte Präsident *Roosevelt* vor dem amerikanischen Kongreß:

»Überall um uns herum toben unerklärte Kriege – militärische und wirtschaftliche. Überall um uns herum erfolgen Drohungen neuer Aggressionen – militärische und wirtschaftliche. Es kommt die Zeit für die Menschen, da sie sich zur Verteidigung nicht allein ihrer Heime, sondern auch ihrer Lehren des Glaubens und der Humanität, auf denen ihre Kirchen, ihre Regierung und ihre Zivilisation begründet sind, vorbereiten müssen. Es betrifft ein und denselben Kampf, ob es sich um die Verteidigung der Religion, der Demokratie oder des guten Glaubens unter den Nationen handelt. Um uns zu retten, müssen wir uns nun bereiterklären, alles zu retten. . . .

Gottesfürchtige Demokratien können nicht immer Aggressionsakte ohne wirksamen Protest hinnehmen. Es gibt viele Methoden dicht am Rande des Krieges, doch nachhaltiger und wirksamer als bloße Worte würde sein, den Aggressor-Regierungen die aufgestauten Empfindungen unseres eigenen Volkes eindringlich vor Augen zu führen.«

James Burns; Roosevelt, The Lion and the Fox, New York 1956; S. 389

b) »... in keine fremden Kriege...«

Präsident Roosevelt führte seinen Wahlkampf um die Wiederwahl 1940 unter den Vorzeichen, die USA in jedem Fall aus den Kriegen in Europa und im Fernen Osten herauszuhalten, um der damaligen pazifistischen Stimmung in den Vereinigten Staaten entgegenzukommen.

Roosevelt am 23. 10. 1940:
»Euer Präsident und euer Außenminister verfolgen den Weg des Friedens. ... Wir bewaffnen uns nicht zum Zweck eines Eroberungsfeldzuges oder eines Eingreifens in ausländische Streitigkeiten.«

Charles Callan Tansill, Die Hintertür zum Kriege, Düsseldorf 1956; S. 646

... und am 28. 10. 1940 in New York:
»Die Regierung hat es unternommen, alle die Zufälle auszuschalten, die in der Vergangenheit zum Krieg geführt haben. Wir haben es klar gesagt, daß Schiffe unter amerikanischer Flagge nicht Munition in kriegführende Länder bringen können und daß sie sich außerhalb der Kriegszone halten müssen.«

Wirsing, Kontinent, aaO, S. 279

٭

Auf einer Rede in Boston am 31. 10. 1940 erklärte *Roosevelt:*
»Während ich zu euch, ihr Mütter und Väter, spreche, mache ich euch eine weitere Zusicherung. Ich habe bisher gesagt und werde es wieder und wieder und immer wieder sagen: Eure Jungen werden in *keine fremden Kriege geschickt werden.*«

Tansill, Hintertür, aaO, S. 646

٭

Am 3. 11. 1940 sagte US-Präsident *Roosevelt* in Boston:
Ich kämpfe, um dieser Nation den Wohlstand und den Frieden zu erhalten. Ich kämpfe, um unser Volk aus dem Kriege herauszuhalten und um fremde Regierungsauffassungen den USA fernzuhalten.«

Wirsing, Kontinent, aaO, S. 279

c) Biedermann und die Brandstifter

Einer der Gründe für die intransigente Politik Warschaus und Londons gegenüber Deutschland im Sommer 1939 waren die Versprechungen Washingtons, in einem Konfliktfall in jedem Fall zur Seite zu stehen.

Der polnische Botschafter in Paris, Kukasiewicz, gibt die Äußerungen des US-Botschafters in Paris, *Bullitt,* vom Februar 1939 wieder:

»Würden Großbritannien und Frankreich geschlagen, würde ›Deutschland für die realistischen Interessen der Vereinigten Staaten auf dem amerikanischen Kontinent gefährlich werden. Deshalb lasse sich vorhersehen, daß die Vereinigten Staaten von Beginn an an der Seite Frankreichs und Britanniens am Kriege teilnehmen würden. Eines ... scheint mir sicher, daß nämlich die Politik Präsident Roosevelts darauf gerichtet sein wird, den Widerstand Frankreichs zu unterstützen ... und *die britischen Kompromißneigungen zu schwächen‹.*«

Tansill, Hintertür, aaO, S. 598

*

Am 6. 7. 1939 notierte der Unterstaatssekretär im polnischen Außenministerium, *Graf Szembeck,* über die Eindrücke des aus Washington zurückgekehrten polnischen Botschafters Potocki:

»Im Westen gibt es allerlei Elemente, die offen zum Kriege treiben; die Juden, die Großkapitalisten, die Rüstungsfabrikanten. Alle stehen heute vor einer glänzenden Konjunktur, denn sie *haben einen Ort gefunden, den man in Brand stecken kann:* Danzig; und eine Nation, die bereit ist zu kämpfen: Polen. Auf unserem Rücken wollen sie Geschäfte machen. Die Zerstörung unseres Landes würde sie gleichgültig lassen. Im Gegenteil: da später alles wieder aufgebaut werden müßte, würden sie auch daran verdienen.«

Szembek, Journal, aaO, S. 475 f.

*

Der polnische Botschafter in Washington Potocki gab die Worte des US-Botschafters in Paris, *William Bullitt*, vom 21. 11. 1938 wieder:

»... daß nur Stärke, und zwar am Schluß eines Krieges, der wahnsinnigen Expansion Deutschlands in Zukunft ein Ende machen könne. Auf meine Frage, wie er sich diesen kommenden Krieg vorstelle, erwiderte er, daß vor allem die Vereinigten Staaten, Frankreich und England gewaltig aufrüsten müßten, um der deutschen Macht die Stirn bieten zu können. Dann erst, wenn der Augenblick reif ist, wird man zu der letzten Entscheidung schreiten können.«

Deutsches Weißbuch Nr. 3: Polnische Dokumente zur Vorgeschichte des Krieges, Erste Folge, Berlin 1940; Dok.-Nr. 4

✳

Der amerikanische *Professor Tansill* schreibt über die Hintergründe der englischen Polen-Garantie:

»Heute ist wohl klar, daß der wirkliche Mad Hatter Franklin D. Roosevelt war, der Chamberlain drängte, den Polen Versprechungen zu machen, als keine Möglichkeit bestand, sie zu erfüllen. Nach eigenen Berichten war es William C. Bullitt, der Roosevelt in dieser grotesken Rolle einführte.«

Tansill, Hintertür, aaO, S. 596

✳

Der spätere amerikanische Verteidigungsminister *James Forrestal*, im Krieg Unterstaatssekretär im US-Marineministerium, schrieb in seinem Tagebuch (27. 12. 1945) über sein Gespräch mit Joseph Kennedy, der 1937–1940 US-Botschafter in London war:

»Spielte heute Golf mit Joe Kennedy. Ich fragte ihn über seine Gespräche mit Roosevelt und Neville Chamberlain von 1938 an. Er sagte, Chamberlains Position 1938 war die, daß England nichts besaß, womit es hätte kämpfen können und daß es keinen Krieg mit Hitler riskieren konnte. Kennedy's Ansicht: Hitler würde gegen Rußland gekämpft haben ohne späteren Konflikt mit England, wenn nicht Bullitt (William C. Bullitt, damals Botschafter in Frankreich) Roosevelt im Sommer 1939 gedrängt hätte, die Deutschen wegen Polen zu demütigen; weder die Franzosen noch die Briten hätten Polen zum Kriegsgrund gemacht, *wenn sie nicht ständig von Washington angestachelt worden wären.* Bullitt, so sagte er, redete Roosevelt ständig ein, die Deutschen würden nicht kämpfen, Kennedy selbst vertrat die Ansicht, sie würden kämpfen und Europa überrennen. Chamberlain, so sagte er, stellte fest, daß *Amerika und das Weltjudentum England in den Krieg gezwungen haben...«*

The Forrestal Diaries, ed. by Walter Millis, New York 1951; S. 121 f.

d) Schritte zum Krieg

Seit seiner »Quarantäne-Rede« 1937 zeigte US-Präsident Roosevelt seine Entschlossenheit an, einer Ausweitung der Machtsphäre der »faschistischen« Staaten notfalls mit Krieg entgegenzutreten. Tatsächlich sind die Jahre 1939–1941 bis zum Kriegseintritt der USA Jahre einer immer massiveren und offeneren Unterstützung der gegen die Achsenmächte kriegführenden Staaten. Wenige Tage nach seinem Triumph als wiedergewählter Präsident der USA im November 1940 vertauschte Roosevelt den Zustand der offiziellen Neutralität mit demjenigen der »Nicht-Kriegführung«. Seitdem war der Kriegseintritt der USA nur noch eine Frage des »Wann« und des »Wie« und nicht mehr des »Ob«.

Der polnische Botschafter in Washington *Graf Jerzi Potocki* berichtete Polens Außenminister Beck am 12. 1. 1939 über den jüdischen Einfluß auf US-Präsident Roosevelt:

»Ferner ist das brutale Vorgehen gegen die Juden in Deutschland und das Emigrantenproblem, die den herrschenden Haß immer neu schüren gegen alles, was irgendwie mit dem deutschen Nationalsozialismus zusammenhängt. An dieser Aktion haben die einzelnen jüdischen Intellektuellen teilgenommen, z. B. Bernard Baruch, der Gouverneur des Staates New York, Lehmann, der neuernannte Richter des Obersten

Gerichts Felix Frankfurter, der Schatzsekretär Morgenthau und andere, die mit dem Präsidenten Roosevelt persönlich befreundet sind. Sie wollen, daß der Präsident zum Vorkämpfer der Menschenrechte wird, der Religions- und Wortfreiheit, und er soll in Zukunft die Unruhestifter bestrafen. Diese Gruppe von Leuten, die *die höchsten Stellungen in der amerikanischen Regierung einnehmen* und die sich zu den Vertretern des »wahren Amerikanismus« und als »Verteidiger der Demokratie« hinstellen möchten, sind im Grunde doch durch unzerreißbare Bande mit dem internationalen Judentum verbunden. Für diese jüdische Internationale, die vor allem die Interessen ihrer Rasse im Auge hat, war das Herausstellen des Präsidenten der Vereinigten Staaten auf diesen »idealsten« Posten eines Verteidigers der Menschenrechte ein genialer Schachzug. Sie haben auf diese Weise einen sehr gefährlichen Herd für Haß und Feindseligkeit auf dieser Halbkugel geschaffen und haben die Welt in zwei feindliche Lager geteilt. Das ganze Problem wird auf mysteriöse Art bearbeitet: Roosevelt sind die Grundlagen in die Hand gegeben worden, um die Außenpolitik Amerikas zu beleben und auf diesem Wege zugleich die kolossalen militärischen Vorräte zu schaffen für den künftigen Krieg, dem die Juden mit vollem Bewußtsein zustreben. Innenpolitisch ist es sehr bequem, die Aufmerksamkeit des Publikums von dem in Amerika immer zunehmenden Antisemitismus abzulenken, indem man von der Notwendigkeit spricht, Glauben und individuelle Freiheit vor den Angriffen des Faschismus zu verteidigen.«

Burckhardt, Danziger Mission, aaO, S. 253f.

*

US-Präsident *Roosevelt* sagte im Februar 1939:

»Im Kriegsfalle liegt die Grenze der Vereinigten Staaten in Frankreich.«

Bonnet, Katastrophe, aaO, S. 171

*

...und am 28. 5. 1939 zum tschechoslowakischen Ex-Präsidenten Benesch:

»Ich denke, die Vereinigten Staaten *werden auch in jedem Fall in den Krieg einzutreten haben.* Europa kann allein den Krieg gegen Hitler nicht gewinnen. Und sogar dann, wenn die Vereinigten Staaten nicht in den Kampf gegen den Nazismus eintreten, wird der Nazismus die Vereinigten Staaten angreifen. Es ist notwendig, nicht zu vergessen, daß Hitler und seine Mitläufer Wahnsinnige sind, die ihrer Sinne nicht mächtig und fähig zu allem sind.«

Eduard Benesch, Memoirs of Dr. Eduard Beneš – From Munich to New War and New Victory, London 1954; S. 79

٭

Roosevelt sagte am 16. 5. 1940 vor dem US-Kongreß:

»Von den Fjorden Grönlands sind es nur vier Stunden Flug bis Neufundland und nur sechs Stunden bis nach Neu-England. Von den Azoren sind es ebenso nur sechs Stunden bis nach Neu-England. Wenn die Bermudas in die Hand des Feindes fielen, benötigten moderne Bomber nur noch drei Stunden, um unsere Küsten zu erreichen. Von einem Stützpunkt auf den Antillen könnte Florida in 200 Minuten erreicht werden. Die an den Westküsten Afrikas gelegenen Inseln sind nur 1500 Meilen von Brasilien entfernt. Moderne Flugzeuge, die von den Kapverdischen Inseln abfliegen, können in sieben Stunden in Brasilien sein. Brasilien ist nur vier Stunden Flug von Caracas in Venezuela entfernt und zweieinhalb Stunden von der Zone des Panamakanals. Die Panamakanalzone ist nur zweieinviertel Stunden von Tampico in Mexiko entfernt und Tampico selbst nur zweieinviertel Stunden von St. Louis, Kansas-City und Omaha.«

Wirsing, Kontinent, aaO, S. 269

٭

Churchill im Juni 1940:

»Wenn Frankreich aufgrund dieser Zusicherung des amerikanischen Regierungschefs den Krieg weiterführte, dann wären *die Vereinigten Staaten* offenbar ›unwiderruflich daran gebunden, *auch noch den letzten*

Schritt zu tun, nämlich in aller Form Kriegsführender zu werden, zu dem
sie sich tatsächlich schon gemacht haben‹.«

Tansill, Hintertür, aaO, S. 636

✱

Churchill gratulierte Roosevelt am 6. 11. 1940 in einem Brief nach dessen
gewonnener Präsidentenwahl:
»Ich glaube, Sie werden nichts dagegen einzuwenden haben, wenn ich
Ihnen sage, daß ich für Ihren Erfolg gebetet habe und wahrhaft dankbar
dafür bin ... Es drängt mich, mein festes Vertrauen zu bekennen, daß *die
Lichter, nach denen wir steuern,* uns alle sicher in den Hafen bringen
werden.«

Tansill, Hintertür, aaO, S. 646

✱

In der sog. »Kaminfeuerrede« sagte US-Präsident *Roosevelt* am 29. 12.
1940:
»Die Naziherren Deutschlands haben es klar gemacht, daß sie nicht
Leben und Denken in ihrem eigenen Lande beherrschen, sondern ganz
Europa versklaven wollen, um sich dann mit Hilfe der Reichtümer
Europas die übrige Welt zu unterwerfen ...
Eine Nation kann mit den Nazis nur um den Preis totaler Kapitulation
Frieden schließen ...
Ein solcher Diktatfrieden wäre überhaupt kein Frieden. Er wäre nur
wieder ein Waffenstillstand und würde zu dem riesigsten Wettrüsten und
verheerendsten Handelskriegen führen, die die Geschichte gekannt hat ...
Wir alle auf dem ganzen amerikanischen Kontinent würden unter der
Mündung einer Nazipistole leben – einer Pistole, geladen mit wirtschaft-
lich wie militärisch explosiven Geschossen.«

Robert E. Sherwood, Roosevelt and Hopkins – Weltpolitik 1933–45 im Weißen Haus,
Hamburg 1948, S. 170

✱

US-Senator *Gerald P. Nye,* der in den dreißiger Jahren den Untersuchungsausschuß über die Hintergründe des Kriegseintritts der USA 1917 geleitet hatte, sagte am 27. 4. 1941 über die Politik Roosevelts:

»Wir werden von denselben Mächten zum Narren gehalten, die uns im Weltkrieg zum Narren gehalten haben... Unser Volk muß jetzt oder später zahlen und teuer zahlen für die Hilfe, die wir England geben, und für unsere eigene Verteidigung. Washington weiß, daß wir einmal zu zahlen haben werden, und es muß einen echten Krieg schaffen, um alle diese Ausgaben zu rechtfertigen. Wenn wir je in diesen Krieg verwickelt werden, so wird er von den künftigen Geschichtsschreibern nur mit einem Namen bezeichnet werden, ›*der Krieg des Präsidenten*‹, weil jeder seiner Schritte seit seiner Rede in Chikago auf den Krieg hinlenkte.«

Hedin, Kontinente, aaO, S. 100 f.

✳

US-Präsident *Roosevelt* zu Churchill während der Zusammenkunft im Atlantik im August 1941:

»Ich werde vielleicht nie den Krieg erklären, aber ich werde ihn führen.«

Freund, Deutsche Geschichte, aaO, S. 1375

✳

Staatssekretär *Ernst von Weizsäcker,* Mitglied der Widerstandsbewegung gegen Hitler, schrieb:

»Kein Deutscher wollte Krieg mit den Vereinigten Staaten oder suchte dort Streit... Wir haben uns nicht dazu provozieren lassen, diejenigen zu sein, die den Konflikt ans offene Tageslicht bringen würden. Wo auch immer unfreundliche Handlungen vorkämen, ... wir wollten nicht diejenigen sein, die anfangen.«

Tansill, Hintertür, aaO, S. 650

✳

Chronologie US-amerikanischer *Maßnahmen vor Kriegseintritt* der USA in den Zweiten Weltkrieg im Dezember 1941:

Juli 1940	Beginn der amtlichen Förderung der Anwerbung amerikanischer Staatsangehöriger für die britische Luftwaffe und die Ausbildung britischen Flugpersonals in den USA
August 1940	Stattgabe britischer Zensurwünsche: Alle Europa-Post ging über die britischen Bermudas, wo sie von den Briten zensiert wurde
September 1940	Übergabe von 50 amerikanischen Zerstörern an England für die Überlassung von Stützpunkten an die USA auf britischen Besitzungen in der Karibik und auf Neufundland
November 1940	US-Schiffe übernehmen den britischen Patrouillendienst in der Karibik
Dezember 1940	Roosevelt sagt dem griechischen König amerikanische Hilfe zu, ebenso der jugoslawischen Putschregierung Ende März 1941
Januar 1941	Beginn britisch-amerikanischer Stabsbesprechungen für eine gemeinsame Kriegsführung gegen Deutschland
11. 3. 1941	Das »Leih- und Pachtgesetz« tritt in Kraft. Es ermächtigte den Präsidenten zu Kriegslieferungen an die Alliierten, damals England, auch ohne Bezahlung
30. 3. 1941	Die USA beschlagnahmen 28 italienische und 2 deutsche in ihren Häfen liegende Schiffe und verhaften 873 Besatzungsangehörige dieser Schiffe. Durch Gesetz im April ließ Roosevelt die beschlagnahmten Schiffe in die amerikanische Marine überführen
9. 4. 1941	Die USA schließen mit dem dänischen Gesandten in Washington, Kauffmann, ein Abkommen, das sie ermächtigte, auf Grönland Stützpunkte zu errichten. Die dänische Regierung mißbilligte die eigenmächtige Handlung ihres Gesandten

Mai 1941	Die südamerikanischen Staaten gewähren unter dem Druck der USA keinem deutschen Pressevertreter die Einreise
14. 6. 1941	Einfrierung der deutschen Guthaben in den USA
16. 6. 1941	Die USA verlangen die Schließung der deutschen Konsulate, Reisebüros und der Informationsbibliothek in New York
18. 6. 1941	Ausreiseverbot für deutsche Staatsangehörige
7. 7. 1941	Landung amerikanischer Marinetruppen in Island trotz dänischen Protestes (Personalunion Dänemark-Island). Diese lösen die seit Frühjahr 1940 stationierten britischen Truppen ab
17. 7. 1941	Die USA geben eine schwarze Liste von mehr als 800 Firmen und Personen in den lateinamerikanischen Ländern bekannt, an die aus den USA nicht mehr geliefert werden darf. Die Maßnahme richtete sich ausschließlich gegen Deutsche und Italiener
10.–13. 8. 1941	Roosevelt und Churchill verkünden auf einem Kreuzer im Atlantik die »Atlantik-Charta«. In Punkt 6 der Zielsetzungen heißt es: »Nach der endgültigen Vernichtung der Nazi-Tyrannei hoffen sie einen Frieden hergestellt zu sehen, der allen Nationen die Möglichkeit bietet, unangefochten ihrer eigenen Grenzen zu leben, und der Sicherheit gewährt, daß alle Menschen ihr Leben frei von Furcht und Not führen können«
12. 9. 1941	Roosevelt erteilt Schießbefehl an die amerikanische Marine und Luftwaffe: »Amerikanische Schiffe und Flugzeuge werden in den Gewässern, die wir für unsere Verteidigung wichtig betrachten, nicht mehr solange warten, bis U-Boote der Achse, die unter Wasser lauern, oder Piratenschiffe über Wasser ihren todbringenden Schlag zuerst ausführen. Unsere Marine- und Luftbeobachtung, die jetzt mit starken Kräften in weiten Gebieten des Atlantik operieren,

hat die Pflicht, nunmehr die amerikanische Politik der Freiheit der Meere durchzuführen«

Ende Oktober 1941 Die USA fordern das im Krieg mit der UdSSR befindliche Finnland auf, seine Truppen hinter die Grenze von 1939 zurückzuziehen, weil die Operationen eine direkte Gefahr für die Sicherheit der USA darstellten. Am 12. 11. 1941 antwortete Finnland in einer diplomatischen Note den USA:

»Die Vereinigten Staaten, die ein mächtiges, von zwei Weltmeeren geschütztes und von zahlreichen, sogar Tausende von Meilen vom Mutterland entfernt gelegenen Stützpunkten gesichertes Reich darstellen, können von der finnischen Wehrmacht nicht bedroht werden. Die finnische Regierung kann auch nicht der Ansicht sein, daß die Besetzung solcher Gebiete durch finnische Truppen, von denen aus die finnische Sicherheit fortlaufend bedroht wurde, im Widerspruch mit den Anforderungen der amerikanischen Sicherheit stehen könnte. Aber die Sorge der Vereinigten Staaten für ihre eigene Sicherheit gibt Finnland das Recht, bei der Regierung und dem Volk der Vereinigten Staaten Verständnis dafür zu erwarten, daß Finnland sein Leben beschützen, seine Sicherheit erhöhen und seine alte demokratische Freiheit verteidigen will«

6. 11. 1941 Die UdSSR erhält von den USA eine Anleihe von einer Milliarde Dollar. In das Leih- und Pachthilfegesetz wurde die UdSSR am 26. 5. 1942 miteinbezogen

Franz-Willing, Zweiter Weltkrieg, aaO, S. 193f.; Freund, Deutsche Geschichte, aaO, S. 1348; Wirsing, Kontinent, aaO, S. 405

6. Sein oder Nichtsein – Der Krieg gegen die Sowjetunion

a) Der »imperialistische Krieg« und die Revolution

Durch die Unterzeichnung des Nichtangriffspaktes und der geheimen Zusatzklausel mit Berlin am 23. 8. 1939 ermöglichte die UdSSR Hitler, einen Krieg gegen Polen ohne ernsthafte Bedrohung der östlichen Flanke zu führen. Dies wußte und wollte man in Moskau, denn ohne dieses deutsch-sowjetische Bündnis hätte der »Fall Weiß« gegen Polen am 1. 9. 1939 wohl kaum stattgefunden. Die »imperialistischen Länder« sollten nach dem Willen Moskaus einen jahrelangen Zermürbungskrieg gegeneinander führen und die bolschewistische Weltrevolution sollte dann als lachender Dritter aus dieser Auseinandersetzung hervorgehen.

Der amerikanische Botschafter in Paris *Bullitt* berichtete über die Unterredung des US-Botschafters in London J. P. Kennedy mit dem rumänischen Außenminister Gafencu am 25. 4. 1939:

»Seiner (Gafencus) Meinung nach unterliege es keinem Zweifel, daß die Politik der Sowjetunion darauf gerichtet sei, in einem europäischen Krieg möglichst wenig verwickelt zu werden in der Hoffnung, daß am Ende des Krieges ... die Rote Armee *im Interesse des Bolschewismus* den Kontinent überrennen könnte.«

Tansill, Hintertür, aaO, S. 568

＊

Am 19. 8. 1939 erklärte *Josef W. Stalin* auf einer Geheimsitzung des Politbüros:

»Wir sind absolut überzeugt, daß Deutschland, wenn wir einen Bündnisvertrag mit Frankreich und Großbritannien schließen, sich gezwungen sehen wird, vor Polen zurückzuweichen. Auf diese Weise könnte der Krieg vermieden werden, und die anschließende Entwicklung wird bei diesem Zustand der Dinge einen für uns gefährlichen Charakter annehmen. Auf der anderen Seite wird Deutschland, wenn wir sein Angebot zu einem Nichtangriffspakt annehmen, sicher Polen angreifen, und die Intervention Frankreichs und Englands in diesem Krieg wird unvermeidlich werden.

Unter solchen Umständen werden wir viele Chancen haben, außerhalb des Konflikts zu bleiben, und wir können mit Vorteil abwarten, bis die Reihe an uns ist. Das ist genau das, was unser Interesse fordert. Daher ist unsere Entscheidung klar: Wir müssen das deutsche Angebot annehmen und die französisch-englische Mission mit einer höflichen Ablehnung in ihre Länder zurückschicken.

Ich wiederhole, daß es in unserem Interesse ist, wenn der Krieg zwischen dem Reich und dem anglo-französischen Block ausbricht. Es ist wesentlich für uns, daß der Krieg so lange wie möglich dauert, *damit die beiden Gruppen sich erschöpfen.* In der Zwischenzeit müssen wir die politische Arbeit in den kriegführenden Ländern intensivieren, damit wir gut vorbereitet sind, wenn der Krieg sein Ende nehmen wird...«

K. Zentner, Illustrierte Geschichte des Dritten Reiches, München 1965; S. 452

b) Zeitgewinn als Faktor

Ein Faktor für das relativ gute Einvernehmen mit Berlin bis zum Molotow-Besuch im November 1940 sollte aus sowjetischer Sicht das Motiv des Zeitgewinns sein. Das große sowjetische Umrüstungsprogramm sollte erst 1942 beendet sein und bis dahin wollte man es unter keinen Umständen auf einen Krieg mit Deutschland ankommen lassen.

Im April 1940 berichtete ein *deutscher V-Mann* über die Tätigkeit sowjetischer Propagandisten in Reval:

»Der Inhalt der Propaganda ist sinngemäß folgender: Aus Zweckmäßigkeitsgründen hat Rußland den Nichtangriffspakt mit Deutschland abschließen müssen. Die zukünftige *Auseinandersetzung Kommunismus/ Faschismus* sei deshalb nach wie vor *unvermeidlich.* Wie Beispiele zeigen, ist Deutschland der Unterdrücker und Vernichter aller kleinen selbständi-

185

gen Nationen ... Estland steht nun am Scheidewege. Auf welche Seite stellt sich Estland im zukünftigen Kampf zwischen Deutschland und Rußland? Hier gibt es für das werktätige estnische Volk nur eine Antwort: die Sowjetunion! *Deutschland ist aber militärisch außerordentlich stark.* Aus diesem Grunde muß Estland sich baldmöglichst an Rußland anschließen. Denn nach dem deutschen militärischen Sieg im Westen wenden sich die Deutschen auf jeden Fall nach Osten, um dann die durch Estland enteigneten und ausgewiesenen baltischen Barone zu rächen ...«

Philipp W. Fabry, Die Sowjetunion und das Dritte Reich, Stuttgart 1971; S. 184

✳

Der sowjetische Außenminister *Wjatscheslaw Molotow* sagte in einer Rede am 1. 8. 1940:

»Wir haben viele neue Erfolge gehabt, aber wir beabsichtigen nicht, uns mit dem zufrieden zu geben, was wir erreicht haben.«

Soviet Documents on Foreign Policy, hrsg. von J. Degras, London–New York–Toronto 1953; III, S. 461 f.

✳

Stalin erklärte am 5. 4. 1941 auf dem Bankett des Kreml anläßlich der Unterzeichnung des sowjetisch-jugoslawischen Neutralitätsabkommens nach dem prosowjetischen Umsturz:

»Wir sind Brüder des gleichen Blutes und der gleichen Religion. Nichts ist in der Lage, unsere beiden Länder voneinander zu trennen. Ich hoffe, daß Ihre Armee die Deutschen lange aufhalten wird. Sie haben Berge und Wälder, wo die Tanks wirkungslos sind. Organisieren Sie einen Guerillakrieg ...«

Fabry, Sowjetunion, aaO, S. 294

✳

Bericht des deutschen Botschafters in Moskau v. d. Schulenburg vom 4. 6. 1941 über die *Rede Stalins vor den Absolventen der Militärakademie am 5. 5. 1941:*

»Über die Rede, die Stalin anläßlich der Entlassung der Absolventen der Militärakademie am 5. Mai 1941 im Kreml gehalten hat, ist bisher Authentisches nicht verlautet. Der hiesige DNB-Vertreter Schüle hat nunmehr über den weiteren Inhalt der Rede durch einen Gewährsmann einige Äußerungen eines Augenzeugen erhalten, die er in der anliegenden Aufzeichnung niedergelegt hat. Für die Richtigkeit der Angaben kann naturgemäß keine Gewähr übernommen werden; immerhin klingen sie nicht unwahrscheinlich.

gez. v. d. Schulenburg«

Aufzeichnung

»Am 5. 5. 1941 hatte im Kreml ein Festakt stattgefunden aus Anlaß der Entlassung der Absolventen von 16 Militärakademien der Roten Armee und 9 militärischen Fakultäten ziviler Hochschulen. Bei dieser Gelegenheit (übrigens am Tage vor der Übernahme des Postens des Regierungschefs der UdSSR durch Stalin) waren neben Abordnungen der jungen Offiziere die Spitzen des Staates und der Partei sowie die oberste Führung von Armee und Flotte als Gäste der Sowjetregierung versammelt. Wie am Tage darauf in der Presse mitgeteilt wurde, hat im Laufe dieses Festaktes Stalin eine »mit gepanntester Aufmerksamkeit« verfolgte Rede gehalten, die über 40 Minuten gedauert hat. Über diese Rede war jedoch nur eine ganz kurze Inhaltsangabe veröffentlicht worden.

Hierzu erfahre ich aus einer gut unterrichteten sowjetischen Quelle, daß Stalin mehr als $^2/_3$ seiner Rede einer exakten und völlig leidenschaftslosen Gegenüberstellung des deutschen und des sowjetischen Kriegspotentials gewidmet habe. Er habe in seiner bekannten ruhigen Sprechweise, ohne jegliches Pathos, seinen Zuhörern eingehend die Stärke und Ausrüstung des deutschen Heeres, der Kriegsmarine und der Luftwaffe anhand einiger Zahlen vor Augen geführt und ebenso klar die Leistungen der deutschen Kriegs- und Rüstungsindustrie gekennzeichnet, jeweils im Vergleich zu den entsprechenden Angaben über das sowjetische Kriegspotential. Stalin sei dann zu dem Schluß gekommen, daß das sowjetische

Kriegspotential dem deutschen nicht gewachsen sei. In Anbetracht dieser Tatsache habe er empfohlen, zwei Schlußfolgerungen zu ziehen:

1.) die sowjetische Politik *müsse dem gegenwärtigen Kräfteverhältnis Rechnung tragen,*

2.) die sowjetischen Streitkräfte und die Rüstungsindustrie haben keinen Grund, sich ihrer erreichten Erfolge, so erheblich diese auch seien, übermäßig zu rühmen oder gar auf ihren Lorbeeren auszuruhen. Es gelte, *mit Anspannung aller Kräfte an der Ausbildung und Ausrüstung der Armee, dem Ausbau der Kriegsindustrie zum Zwecke der Befestigung der Landesverteidigung weiterzuarbeiten.*

Unter den Zuhörern, vor denen Stalin in seiner kurzen Rede diese Gedanken entwickelte, sei – so wurde mir durch meinen Gewährsmann erzählt – der Eindruck vorherrschend gewesen, daß es Stalin darauf angekommen sei, seine Gefolgschaft auf einen »neuen Kompromiß« mit Deutschland vorzubereiten.

gez. Schüle«

ADAP, D, XII, 2, aaO, Nr. 593

✷

Aus einer den Deutschen nach der Eroberung Belgrads in die Hände gefallenen Akte aus der sowjetischen Botschaft:

»Die UdSSR wird *erst im gegebenen Moment reagieren.* Die Achsenmächte haben ihre Streitkräfte weitgehend verzettelt, und deshalb wird die UdSSR plötzlich gegen Deutschland losschlagen...«

Fabry, Sowjetunion, aaO, S. 298

✷

Das Moskauer Parteiorgan »*Kommunist*« schrieb in seinem Aprilheft Nr. 5/1958 einen richtungweisenden Artikel über den Charakter des Zweiten Weltkrieges aus sowjetischer Sicht:

»Der Nichtangriffspakt mit Deutschland war darauf berechnet, *Zeit zu gewinnen* und unsere Verteidigungsmacht zu stärken..., mehr als 20 Monate zu gewinnen, in deren Verlauf die strategische Lage unseres

Landes bedeutend verbessert wurde und die Streitkräfte sowie ihre wehrwirtschaftliche Basis ernstlich verstärkt wurden... Nicht England und Frankreich waren die wahren Kämpfer. Die wahren Kämpfer gegen die faschistische Gefahr, die *von Anfang bis Ende konsequenten Kämpfer waren die kommunistischen Parteien.* Die Kommunisten kämpften unversöhnlich gegen den Faschismus... Als England und Frankreich, die den Krieg um imperialistischer Ziele willen angefangen und fortgesetzt haben, die ersten schweren Niederlagen erlitten (Mai/Juni 1940)..., änderten die Kommunisten ihre Einstellung zum Krieg. Sie traten ein für eine entschlossene Kriegführung, für die Vereinigung aller Kräfte, die fähig waren, den Einfall der Hitlerleute abzuweisen, und setzten sich die Befreiung der Völker der besetzten Länder und die völlige Zerschlagung des Faschismus zum Ziel.«

Kommunist, Nr. 5/1958

✳

Der Göttinger Historiker *Dr. H. G. Seraphim* schrieb 1949:
»Es gibt aber noch einen Zeugen, der aus bester eigener Kenntnis der Dinge Hitlers Auffassung rechtfertigt, obschon er selbst einer der erbittertsten Feinde des deutschen Führers und Reichskanzlers war: Dr. Eduard Benesch. Er spricht in seinen in Prag erschienenen Erinnerungen ganz selbstverständlich davon, daß die Sowjetunion den Nichtangriffspakt mit Deutschland 1939 nur abgeschlossen habe, *um Zeit zu gewinnen und um erst später, wenn die kämpfenden Parteien geschwächt seien, in den Krieg einzutreten,* um dann die Weltrevolution weiter auszubreiten. Und die ›Contemporary Review‹ (London) vom Januar 1948 schreibt unter Bezugnahme auf die Ausführungen Beneschs: ›Es war tatsächlich eine der Absonderlichkeiten dieses verwirrten Krieges von 1939–1945, daß es Hitler war, der unfehlbar das russische Spiel durchschaute‹. Wenn dem aber wirklich so war – und es besteht kein Anlaß, das Urteil des tschechischen Staatsmannes für falsch zu halten – dann könnte man hier wohl Hitlers Entschluß und seine Begründung am besten mit dem Bilde klarstellen, das Präsident Roosevelt in seiner Rundfunkrede vom 11. 9. 1941 brauchte, als er – noch mehrere Monate vor Beginn des Krieges

zwischen Deutschland und den USA – den bekannten Schießbefehl gegen deutsche Streitkräfte erließ: ›Wenn man eine Klapperschlange sieht, die sich aufrichtet, dann wartet man nicht bis sie auf einen zuschnellt, sondern zerschmettert sie vorher‹.«

H. G. Seraphim, Die deutsch-russischen Beziehungen 1938–1941, Göttingen 1949; S. 48f.

c) Aufmarsch der Roten Armee

Seit Mitte 1940 häuften sich die Beobachtungen deutscher Nachrichtendienste über einen Aufmarsch sowjetischer Soldaten an der Westgrenze der Sowjetunion. Es war bis zum Beginn des Rußlandfeldzuges am 22. 6. 1941 vor allem der deutsche Generalstab, der Hitler angesichts der sowjetischen Truppenmassierungen drängte, möglichst rasch in einem Präventivschlag die Sowjetmacht zu zerschlagen. »Rußland bleibt das ganze Problem Europas. Alles muß getan werden, um bereit zu sein zur großen Abrechnung«, schrieb Generaloberst Halder, Chef des Generalstabes des Heeres, am 4. 11. 1940 in sein Tagebuch. Nach dem Besuch des sowjetischen Außenministers Molotow in Berlin im November 1940 und dem sowjetischen Mitwirken beim Putsch antideutscher jugoslawischer Offiziere in Belgrad im März 1941 war klar, daß der bisherige Krieg in Europa nur »Vorgeplänkel« im Hinblick auf den eigentlichen Krieg war, fast schon eine »Ruhe vor dem Sturm«.

Aus dem Lagebericht der Abteilung »Fremde Heere Ost« vom 29. 4. 1940:
»Die Presseberichte, Gerüchte und sonstige unbestätigte Nachrichten über Truppenansammlungen der Russen an der rumänischen Grenze und im transkaukasischen Gebiet dauern an. Ein klares Bild über die tatsächlichen Verhältnisse läßt sich jedoch hieraus nicht gewinnen.«

Fabry, Sowjetunion, aaO, S. 348

✳

Telegramm des deutschen Gesandten in Riga, *Kotze,* an das Auswärtige Amt in Berlin am 18. 7. 1940:

»Erfahre aus zuverlässiger Quelle, daß zwei betrunkene Sowjet-Offiziere im Gespräch mit Letten in hiesigem Sommerrestaurant gestern abend auf die Frage, warum so viele Truppen zur Besetzung Randstaaten notwendig waren, spontan geantwortet haben, daß die Hauptaufgabe der Truppen ein Angriff auf Deutschland sei. Auf weitere Frage, wer sie geschickt hätte, antworteten sie ebenso spontan: Cripps (britischer Botschafter in Moskau).«

Fabry, Sowjetunion, aaO, S. 184f.

＊

Generaloberst *Franz Halder,* Chef des Generalstabes des Heeres, notierte am 30. 9. 1940 in sein Tagebuch:

»Die Nachrichten, daß Rußland im Jahre 1941 mit einem bewaffneten Konflikt mit uns rechnet, mehren sich. Die Vorbereitungen in der Ausbildung der russischen Truppe treten stark hervor...«

Fabry, Sowjetunion, aaO, S. 353

＊

Am 1. 11. 1940 telegraphierte der deutsche Gesandte in Reval, *Frohwein,* nach Berlin:

»Diese Nachrichten, die den zuständigen Stellen der Wehrmacht im einzelnen auf besonderem Wege zugegangen sind, lassen keinen Zweifel darüber, daß das Offizierskorps der Sowjetwehrmacht, einschließlich der übernommenen früheren estnischen Offiziere, *auf eine kriegerische Auseinandersetzung zwischen der Sowjetunion und Deutschland vorbereitet wird.* So erhielt ich dieser Tage eine Nachricht über einen Vortrag im Kreise höherer Offiziere, der vor einigen Tagen gehalten worden ist. Der Vortragende sollte über Leninismus sprechen, hielt sich jedoch bei diesem Thema nur etwa 10 Minuten auf und ging sodann gleich auf Deutschland über. Er verurteilte scharf die deutsche Politik und entwickelte etwa folgende Gedankengänge: Deutschland sei in der letzten Zeit den politischen Zielen Sowjetrußlands überall entgegengetreten. Rumänien habe es durch einen Garantiepakt und die Entsendung von Wehrmachtteilen gegen die Sowjetunion gefestigt, und nach Finnland habe es mit einer anderen Begründung Truppen entsandt. Auch das Vorgehen Italiens in Griechenland zeige, daß die Achsenmächte Rußland aus den Fragen der Neugestaltung Europas heraushalten wollen. Dies könne von der SU jedoch nicht hingenommen werden. Vielmehr müsse diese darauf bestehen, bei europäischen Fragen mitbeteiligt zu sein. Aus diesem Gegensatz werde sich ein Krieg entwickeln, für den sich die Sowjetarmee bereithalten müsse. Seither habe die Hoffnung bestanden, daß Deutschland durch den Krieg mit England noch sehr lange in Anspruch genommen sei und durch ihn stark geschwächt werde. Nach den neusten Nachrichten scheine aber England dicht vor dem Zusammenbruch zu stehen, was die Situation für die SU sehr ungünstig beeinflusse. Kein Zweifel könne darüber bestehen, daß der Hauptfeind der Sowjetunion Deutschland sei, mit dem für die Dauer ein gutes Verhältnis ... nicht möglich sei ...

Es besteht kaum ein Zweifel darüber, daß die geschilderte Ausrichtung gegen Deutschland und auf einen deutsch-sowjetischen Krieg von oben angeordnet und dirigiert ist. Ob diesen Beobachtungen eine weitergehende Bedeutung für die Gesamthaltung der SU gegenüber uns zukommt, oder ob sie aus den lokalen Verhältnissen, wie sie die Sowjetstaatsgewalt in Estland vorgefunden hat, zu erklären sind, vermag ich von dem hiesigen beschränkten Gesichtsfeld aus nicht zu übersehen.«

Fabry, Sowjetunion, aaO, S. 365f.

*

Am 20. 3. 1941 meldete die Abteilung »Fremde Heere Ost«:

»Die von Anfang März bis jetzt gemeldeten Truppenbewegungen in Bessarabien und den baltischen und westlichen Militärbezirken zeigen ein Aufschließen der russischen Truppen auf die deutsche Grenze von Osten nach Westen.

Aus Bessarabien liegen nur Meldungen über Eintreffen neuer Einheiten vor. Kischinew und Umgebung mit Truppen stark belegt. In Kischinew wahrscheinlich 2 mot./mech. Brigaden (bisher noch nicht bekannt).

Im westlichen Militärbezirk rückten die Truppen in Richtung auf die Linie: Bargelow-Osowiec-Zambrow auf. Ob die Truppen die Linie überschritten haben, geht aus den Meldungen nicht hervor.

Im baltischen Militärbezirk sind die Russen bis an die deutschen Grenzen aufgeschlossen. Der Suwalkizipfel scheint von Süden und Norden her von stärkeren Kräften als bisher eingeschlossen zu sein. Die Feldbefestigungen in Gegend Virbalis (65 km ostw. Insterburg) sind besetzt worden. Außerdem wurden dauernde Eisenbahntransporte von Leningrad nach Litauen gemeldet.

Truppenbewegungen von Westen nach Osten sind bisher noch nicht gemeldet worden.«

Fabry, Sowjetunion, aaO, S. 358

*

Der deutsche Botschafter in Ungarn *Erdmannsdorff* telegraphierte am 10. 4. 1941 an das Auswärtige Amt in Berlin:

»Der russische Jahrgang, der im Herbst einberufen werden sollte, wird jetzt schon einberufen. Einheiten vom Ural und anderen Bezirken, die zum großen Teil motorisiert sind, werden nach der westlichen und auch südwestlichen Grenze der Sowjetunion verschoben. Russischerseits interessiert man sich dafür, ob sich an rumänischer und bulgarischer Küste deutsche U-Boote befinden.«

Fabry, Sowjetunion, aaO, S. 295

*

Am 15. 5. 1941 meldete die deutsche Abwehrstelle in Rumänien:

»Auffallend zahlreiche Truppentransporte im gesamten Abschnitt, besonders im Raum nördlich und nordwestlich Lemberg und an der Karpatenfront.

Ablösung der bisher eingesetzten Truppenteile mit vorwiegend ukrainischer Zusammensetzung durch Verbände aus dem Inneren Rußlands (Kaukasus und Ural).

Transporte neuer Panzer- und Kampfwagen und Geschütze zur Vervollständigung der Bewaffnung der eingesetzten Divisionen.

193

Außer der Verstärkung der Verteidigungslinie im Abschnitt nördlich Rawa Ruska auch Ausbau einer rückwärtigen Stellung entlang des Dnjestr und im Höhengelände südlich Lemberg.

Der Übungsfunkverkehr im russischen Heeresfunknetz ist ab Ende April eingestellt worden. Durch die erhöhten russischen Truppentransporte und zahlreiche Einberufungen (Jahrgänge 1918 und 1922) herrscht unter der Bevölkerung der Westukraine Kriegsstimmung...

Weitere Erhöhung der Abwehrbereitschaft mit vermutlicher Schwerpunktbildung an der Karpatenfront und nordwestlich Lemberg.

Vorläufig noch keine Anzeichen dafür, daß im Falle eines feindlichen Angriffs das kampflose Ausweichen auf eine strategisch günstigere Sehnenstellung beabsichtigt ist.«

Fabry, Sowjetunion, aaO, S. 361

＊

Am 27. 5. 1941 meldete die Abteilung »Fremde Heere Ost«:

»Zusammenfassend kann gesagt werden, daß möglicherweise ein Aufmarsch von Teilen der Roten Armee an der rumänischen Grenze erfolgt ist. Die Versammlungen in der Krim, bei Poti, Batum und an der türkischen Grenze können als Mobilmachungsmaßnahmen gewertet werden. Nach Angaben Molotows gegenüber dem deutschen Botschafter sollen zwar nur defensive Vorsichtsmaßnahmen getroffen worden sein. Ob es sich hierbei aber tatsächlich nur um defensive Maßnahmen oder um die Versammlung stärkerer Kräfte für einen offensiven Vorstoß handelt, läßt sich noch nicht übersehen.«

Fabry, Sowjetunion, aaO, S. 349f.

＊

Der sowjetische Generalmajor *Grigorenko* schrieb 1969 in seinem Buch »Der sowjetische Zusammenbruch 1941« hinsichtlich des Frühjahres 1941:

»Mehr als die Hälfte der Truppen unseres westlichen Sondermilitärbezirks befand sich im Gebiet von Bjelostok und westlich davon, das heißt in einem Raum, welcher tief in das Territorium des Gegners hineinragte. Solche Verteilung wäre nur in einem Fall begründet, dann nämlich, wenn *diese Truppen für eine Überraschungsoffensive bestimmt* wären...«

Fabry, Sowjetunion, aaO, S. 351

d) Das deutsche Dilemma

Das Deutsche Reich stand nach dem Sieg über Frankreich vor dem spiegelbildlichen Problem Napoleons: Jenseits des Ärmelkanals hatte Hitler es mit einem England zu tun, das unter »Blut, Schweiß und Tränen« zu keinem Kompromiß oder Frieden mit Deutschland bereit war und sich durch die immer stärker werdende Rückendeckung seitens der USA relativ sicher auf seiner Insel fühlen konnte; im Osten stand der ideologische Todfeind, die Sowjetunion, eine unberechenbare Macht, die irgendwann einmal zum »Festlanddegen Englands« werden könnte. Hitler entschied sich wie Napoleon zum Marsch auf Moskau.

In seinen Memoiren schilderte *Churchill* die Lage Deutschlands nach dem Frankreichfeldzug 1940 so:
»Lag Frankreich einmal darnieder, dann mußte Hitler, wenn möglich, Großbritannien erobern oder vernichten. *Die einzige andere Möglichkeit, die ihm offenstand, war ein Angriff auf Rußland.*«

Freund, Deutsche Geschichte, aaO, S. 1345

✳

Generaloberst *Franz Halder*, Chef des Generalstabes des Heeres und Angehöriger des Widerstandes, schrieb 1949 über die Lage unmittelbar vor Beginn des Rußlandfeldzuges im Juni 1941:
»Rußland rückte in die ihm als Interessensphäre zugestandenen Baltischen Länder mit immer stärkeren Truppenverbänden ein, an der deutsch-russischen Demarkationslinie stand über eine Million Soldaten in Kriegsformation mit Panzern und Luftgeschwadern wenigen in breiten

Abschnitten überdehnten deutschen Sicherungsverbänden gegenüber ... stand seine (Hitlers) feste und nicht unbegründete Überzeugung, daß Rußland sich zum Angriff auf Deutschland rüste. Wir wissen heute aus guten Quellen, daß er damit recht hatte.«

Franz Halder, Hitler als Feldherr, München 1949; S. 36 f.

✳

Generaloberst *Alfred Jodl* sagte 1946 im Verlauf des Nürnberger Prozesses:

»Es war *zweifellos ein reiner Präventivkrieg.* Das, was wir nachträglich noch feststellten, war aber jedenfalls die Gewißheit einer ungeheuren militärischen Vorbereitung gegenüber unseren Grenzen ... Es ist zwar die taktische Überraschung nach Tag und Stunde gelungen, die strategische Überraschung nicht. Rußland war in vollem Maße kriegsbereit ...«

Der Prozeß gegen die Hauptkriegsverbrecher vor dem Internationalen Militärgerichtshof in Nürnberg vom 14. November 1945 bis 1. Oktober 1946 (IMT), Bd. I–XLII, Nürnberg 1948; Bd. XV, S. 432

✳

Der Kölner Osthistoriker Prof. *Boris Meissner* schreibt über die deutschen Motive für den 1941 begonnenen Rußlandfeldzug:

»Die bisherigen Dokumentenveröffentlichungen geben keine Anhaltspunkte dafür, daß bereits im Sommer 1940 die Entscheidung Hitlers zum Angriff auf die Sowjetunion gefallen sei. Es scheint vielmehr, daß erst das sowjetische Übergreifen in die deutsche Interessensphäre in Südosteuropa und die Art des sowjetischen Vorgehens im Baltikum das Mißtrauen Hitlers gegenüber den Absichten Stalins geweckt hat. Die sowjetischen Expansionsbestrebungen veranlaßten Hitler, am 18. 12. 1940 den ersten wirklichen Befehl in Richtung eines Ostfeldzuges, die Weisung ›Fall Barbarossa‹ zu erteilen. Der Befehl enthielt den ausdrücklichen Hinweis, daß die angeordneten Maßnahmen als Vorsichtsmaßnahmen anzusehen seien für den Fall, daß Rußland seine bisherige Haltung gegenüber Deutschland ändern sollte ...

An diesem Vorbehalt hat Hitler auch nach der Erteilung des Aufmarsch-
befehls, am 3. 2. 1941, festgehalten. Der Vorbehalt ist erst nach dem
Belgrader Militärputsch vom 27. 3. 1941 und dem Abschluß des
jugoslawisch-sowjetischen Freundschafts- und Nichtangriffsvertrages
vom 5. 4. 1941 fallengelassen worden. Den *Ausschlag bei der Entscheidung, die Sowjetunion anzugreifen, gaben die starken sowjetischen
Truppenkonzentrationen entlang der deutschen, finnischen und rumänischen Grenze, insbesondere auch im Baltikum, die aggressive Absichten
der Sowjets befürchten ließen.*«

Boris Meissner, Die Sowjetunion, die baltischen Staaten und das Völkerrecht, Köln 1956;
S. 112f., 115

7. Kriegsschuld

Nach dem Zweiten Weltkrieg spielte das Thema »Kriegsschuld« in der westdeutschen Historie kaum eine Rolle: Man war von der Alleinschuld Deutschlands am Zweiten Weltkrieg überzeugt und hielt sie für unerschütterlich. Dennoch muß gelten, was der britische Historiker David Irving in seinem Buch »Hitlers Weg zum Krieg« geschrieben hat: »Die Geschichtsschreibung wird seit 1945 von den Auswirkungen der Nürnberger Kriegsverbrecherprozesse behindert – durch die Methoden der Beweismaterialauswahl der Anklage, durch die nachfolgende Veröffentlichung der ausgewählten Dokumente in gefällig gedruckten und mit einem Index versehenen Bänden und durch die in einer Grube in einem Wald in Bayern erfolgte Verbrennung von Dokumenten, die so meine ich, die anklägerischen Bemühungen der Alliierten behindern würden.«

Zieht man die »entlastenden« Dokumente bei einer gerechten Würdigung der Geschichte des Zweiten Weltkrieges mit in Betracht, so ergibt sich zwar immer noch ein großer »Schuld«-Anteil Deutschlands an der Entstehung des Zweiten Weltkrieges, zugleich aber auch eine erhebliche Mitverantwortung anderer beteiligter Mächte, wie z. B. Englands, der USA, Polens und der Sowjetunion an der Entstehung dieses Krieges.

Am 3. 9. 1939 sagte der dänische Ministerpräsident *Thorvald Stauning* auf einer Rede in Kopenhagen:

»Es ist nicht meine Aufgabe, die Ursachen der augenblicklichen Lage zu untersuchen. Es mag aber doch gesagt sein, daß der Keim für das, was heute in der Entwicklung begriffen ist, sowie für die Ereignisse, die schon zurückliegen, durch den traurigen Krieg 1914 bis 1918 gelegt wurden, dessen Ende Frieden und Gerechtigkeit nicht in genügendem Maße sicherte... Der Inhalt des Friedensvertrages stimmte nicht mit den Worten überein. Es gab Gebiete, in denen gerechte Grenzen nicht gezogen wurden. Damit war der *Keim für die Auflehnung gegen die Bestimmungen des Friedensvertrages gelegt.*«

Diwald, Geschichte der Deutschen, aaO, S. 146

Stalin erklärte am 29. 11. 1939 gegenüber dem Hauptschriftleiter der »Prawda«:

»1. Nicht Deutschland hat Frankreich und England angegriffen, sondern Frankreich und England haben Deutschland angegriffen und damit die Verantwortung für den gegenwärtigen Krieg auf sich genommen;

2. Nach dem Ausbruch der Feindseligkeiten hat Deutschland Frankreich und England Friedensvorschläge gemacht und die Sowjetunion hat die Friedensvorschläge Deutschlands öffentlich unterstützt, weil sie dachte und immer noch denkt, ein rasches Ende des Krieges würde die Lage aller Länder und Völker radikal erleichtern;

3. Die herrschenden Kreise Frankreichs und Englands haben beide Deutschlands Friedensvorschläge und die Bemühungen der Sowjetunion nach rascher Beendigung des Krieges in verletzender Weise zurückgewiesen. Das sind die Tatsachen.«

Johann W. Brügel, Stalin und Hitler. Pakt gegen Europa. Dokumentensammlung vom 22. 8. 1939–22. 6. 1941, Wien 1973; Nr. 180

✻

Der schwedische Forscher *Sven Hedin* schrieb 1942:

»Die Frage, warum es zum neuen Weltkrieg kam, ist nicht nur damit zu beantworten, daß die Grundlage in den Friedensverträgen von 1919 gelegt wurde, oder in der Niederhaltung Deutschlands und seiner Verbündeten nach dem Ersten Weltkrieg, oder in der uralten Politik Großbritanniens und Frankreichs. *Der entscheidende Anstoß kam von jenseits des Atlantischen Ozeans.*«

Hedin, Kontinente, aaO, S. 54

✻

Der britische Militärhistoriker General-Major *J. F. C. Fuller* schrieb:

»So wurde unter dem Donner der Geschütze der Erste Weltkrieg begraben und der zweite Weltkrieg erzeugt; denn obwohl man die Spuren der tiefsten Ursachen des letzteren – so wie auch des ersten – über

Dampfmaschinen und Kontorhäuser bis zu den Instinkten des Urmenschen zurückverfolgen kann, so war seine unmittelbare Ursache doch der Vertrag von Versailles. Und dies nicht wegen der Härte des Vertrages, auch nicht wegen des Mangels jeglicher Klugheit darin, sondern einfach deshalb, weil er die Waffenstillstandsbedingungen vom 11. November 1918 verletzte. Es ist wichtig, dies im Gedächtnis zu behalten.«

J. F. C. Fuller, Der Zweite Weltkrieg 1939–1945, Stuttgart/Wien 1950; S. 11 f.

✳

Der amerikanische Historiker *Charles C. Tansill* schrieb:
»Was die Nürnberger Dokumente über Hitlers Angriffspläne enthüllen, ist nur das letzte Kapitel eines umfangreichen und niederdrückenden Buches, das mit Versailles anhebt...
...denn er (Präsident F. D. Roosevelt) wußte sehr wohl, daß keine der europäischen Nationen, die durch den Vertrag von Versailles profitiert hatten, willens war, von ihrer Kriegsbeute auch nur einen Brosamen herauszugeben. Bei so bestellten Dingen waren die Ungerechtigkeiten dieses Vertrages nur mit Waffengewalt zu beseitigen.«

Tansill, Hintertür, aaO, S. 40, 560

✳

Der amerikanische Professor *Kurt Glaser* schrieb 1965:
»Von diesem Gesichtspunkt gesehen bietet der Zweite Weltkrieg kein schwarz-weißes Bild, sondern abwechselnde Schattierungen im Grauen. War der Nationalsozialismus eine entscheidende Ursache des Krieges, so gilt es im Auge zu behalten, daß der Totalitarismus eine Krankheit der modernen Gesellschaft bildet, deren Ansätze in jedem Lande vorhanden sind und die in nationalen Krisen um sich greift. Das vom Totalitarismus befallene Volk ist zu befreien und zu heilen, nicht zu bestrafen. Gibt es einen noch so verbitterten Gegner des Kommunismus, der behauptet, daß das russische Volk die ›Schuld des Bolschewismus‹ sühnen muß? Ganz im Gegenteil hört man nur von der Befreiung versklavter Völker, von denen das russische als erstes gezählt wird. Bei dem Nationalsozialismus war die

Lage analog: Dem deutschen Volke mußte geholfen werden, den Fremdkörper abzuschütteln.

Die *Frage nach der ›Kriegsschuld‹* kann und soll hier nicht endgültig beantwortet werden. Definiert man aber ›Schuld am Kriege‹ als die Verantwortung für politische oder militärische Maßnahmen, die der Freiheit nicht dienlich oder ihr sogar abträglich sind, so *kann die Antwort nur eine komplizierte sein.* Beide Seiten haben gegen die Freiheit und die Menschenwürde gesündigt; beide haben verhängnisvolle Entscheidungen gefällt; beide haben die Strategie der Vernunft vergessen und sich von den Wogen kriegerischer Leidenschaft treiben lassen. Die Völker der ehemaligen Alliierten und der ehemaligen Achsenmächte sind in kaum unterscheidbarem Maße schuldig bzw. unschuldig; der Zweite Weltkrieg hat für sie ein gemeinsames Schicksal bereitet, das es nunmehr zu meistern gilt. Individuelle Verbrechen müssen nach rechtsstaatlichen Gepflogenheiten bestraft werden, gleich von wem sie begangen werden. Das deutsche Volk als ganzes hat aber keine Gründe für besondere Schuldgefühle – war es doch selbst das erste Opfer des Nationalsozialismus und steht heute in der Frontlinie gegen den totalitären Kommunismus. Es ist Unsinn zu behaupten, daß das deutsche Volk mehr als die anderen Völker Europas einer Verpflichtung unterliegt, für die Liquidierung des Zweiten Weltkrieges einen besonderen Preis zu zahlen. *Der Zweite Weltkrieg war eine gemeinsame Katastrophe mit komplizierten Ursachen: sucht man einen ›Schuldigen‹, so kann dieser nur der Nationalchauvinismus sein,* der die europäische Gemeinschaft des neunzehnten Jahrhunderts zerstückelte, aber jetzt endlich vom alten Kontinent abzieht, um in den Entwicklungsländern neue blutige Triumphe zu feiern.«

Glaser, Zweiter Weltkrieg, aaO, S. 124f.

✳

Der amerikanische Historiker, Schriftsteller, politischer Ratgeber und Diplomat *George F. Kennan* schrieb 1961:

»So wurde die Saat der Ereignisse, die die westliche Welt in eine neue Katastrophe im Jahre 1939 stürzten, in ihrer Gesamtheit schon in den Jahren 1918–19 von den Alliierten gesät. Was wir von nun an in den

Beziehungen zwischen Rußland, Deutschland und dem Westen beobachten, *folgt einer Logik*, die so unerbittlich ist wie die einer griechischen Tragödie...

Im Jahre 1917 hatten die Westmächte in ihrer Entschlossenheit, ein ihnen viel ungefährlicheres Deutschland als das Hitlers völlig zu vernichten, so unklug auf die Fortsetzung der russischen Unterstützung gedrängt, daß sie Rußland den Kommunisten auslieferten. Nun, im Jahre 1939, mußten sie diese Torheit bezahlen.«

George F. Kennan, Sowjetische Außenpolitik unter Lenin und Stalin, Stuttgart 1961; S. 223, 442

*

Der britische Historiker *A. J. P. Taylor* schrieb 1962 über den Zusammenhang von deutscher Rüstung bis 1939 und Kriegsschuld:

»Das Nazigeheimnis bestand nicht in der Rüstungsproduktion, sondern in der Befreiung von den damals anerkannten wirtschaftlichen Grundsätzen. Er (Hitler) wollte ohne Krieg Erfolge erringen, oder nur durch einen so geringfügigen Krieg, daß man ihn kaum von einem diplomatischen Schachzug unterscheiden könnte. Einen größeren Krieg plante er nicht, deshalb war es gleichgültig, daß Deutschland für ihn nicht gerüstet war...

Unter Hitlers Regie wurde Deutschland dafür gerüstet, den Nervenkrieg zu gewinnen – den einzigen Krieg, den er verstand und schätzte; es war nicht dafür gerüstet, Europa zu erobern...

Der Stand der deutschen Rüstung 1939 liefert den entscheidenden Beweis dafür, daß Hitler nicht an einen allgemeinen Krieg dachte und wahrscheinlich überhaupt keinen Krieg wollte.«

A. J. P. Taylor, Die Ursprünge des Zweiten Weltkrieges, Gütersloh 1962; S. 140, 279, 280

*

Der amerikanische Historiker *David Calleo* schrieb 1980:

»Sogar die Nazi-Episode kann man weniger als Folge eines angeborenen Fehlers der deutschen Kultur interpretieren oder als ein gewissermaßen eigengesetzlich zum Ausbruch kommendes nationales Geschwür, das sich nach einem eigenen inneren Rhythmus entwickelt, sondern als Folge des intensiven Drucks, der von außen her auf Deutschland lastete. Geographie und Geschichte hatten sich verschworen, Deutschland zu einem späten, raschen, anfechtbaren und umkämpften Aufstieg zu verhelfen. *Die übrige Welt reagierte darauf, indem sie den Emporkömmling zermalmte.*«

Calleo, Legende, aaO, S. 23

Teil IV
Auf dem Weg nach Potsdam
1945

1. Die Politik von Casablanca

a) »Unconditional Surrender«

Auf der Konferenz von Casablanca im Januar 1943 verkündeten die Alliierten zum erstenmal die Forderung nach ›bedingungsloser Kapitulation‹ der Achsenmächte, die deutscherseits mit der Proklamation des ›totalen Krieges‹ im Februar 1943 im Berliner Sportpalast beantwortet wurde. Nach der Konferenz von Casablanca wurde den meisten Deutschen, auch Hitler-Gegnern, klar, daß dieser Krieg nicht nur ein Krieg gegen das System des Nationalsozialismus war, sondern wesentlich auch ein Krieg gegen das deutsche Volk.

Der britische Informationsminister *Duff Cooper* erklärte am 25. 4. 1940:
»Der kommende Friedensvertrag muß weit härter und mitleidloser werden als Versailles. Wir dürfen *keinen Unterschied machen zwischen Hitler und dem deutschen Volk.* Wir dürfen uns nach dem Sieg nicht wieder durch das Betteln der Deutschen beeinflussen lassen, daß nur wenige, daß nur die Hitler-Regierung die Verbrechen begangen habe. Wir müssen Hitler beim Wort nehmen, daß er das deutsche Volk sei.«

E. J. Reichenberger, Wider Willkür und Machtrausch, Göttingen 1955; S. 114f.

✳

Lord Vansittard, diplomatischer Chefberater der britischen Regierung und Chef des Military Intelligence Service, sagte 1941:
»Hitler ist kein Zufall. Er ist das natürliche Produkt einer Rasse, die von den frühesten Tagen der Geschichte an räuberisch und kriegslüstern war.
. . .
Durch die Gnade Gottes und zur Rettung der Menschheit *werden wir die Erde von Deutschland befreien und Deutschland von sich selbst.*«

Robert Vansittard, Black Record, London 1941; S. 14f.

Aus der Botschaft Präsident *Roosevelts* vor dem US-Kongreß am 6. 1. 1942:

»Die Militaristen in Berlin und Tokio haben diesen Krieg begonnen, aber die geballten und erzürnten Kräfte der ganzen Menschheit werden ihn beenden. Unsere Ziele sind klar: den Militarismus zu vernichten, den Diktatoren ihren versklavten Völkern aufgezwungen haben; die unterworfenen Völker zu befreien und überall in der Welt die Freiheit der Rede und der Religion wiederherzustellen und die Freiheit von Not und Angst zu sichern. Wir werden nicht innehalten, bevor diese Ziele erreicht sind, und uns nicht damit zufriedengeben, sie erreicht zu haben, und dann die Hände in den Schoß legen. Ich weiß, daß ich für das ganze amerikanische Volk spreche. Ich habe guten Grund, zu glauben, daß ich auch für alle anderen Völker, die an unserer Seite kämpfen, spreche, wenn ich hier erkläre, daß wir diesmal entschlossen sind, nicht nur den Krieg zu gewinnen, sondern auch den Frieden, der dann folgen wird, zu sichern und aufrechtzuerhalten...

Manche Leute fragen: ›*Wann wird dieser Krieg enden?*‹ *Darauf gibt es nur eine Antwort: Er wird zu Ende sein, sobald wir ihn beenden,* und zwar durch unsere vereinten Anstrengungen, durch unsere vereinte Kraft, unsere vereinte Entschlossenheit, bis zum Ende zu kämpfen und zu arbeiten – *bis zum Ende des Militarismus in Deutschland, Italien und Japan.* Wir werden uns ganz gewiß nicht mit Geringerem begnügen...

Wir kämpfen heute für Sicherheit, Fortschritt und Frieden, nicht nur für uns, sondern für alle Menschen. Nicht nur für eine Generation, sondern für alle Generationen. Wir kämpfen, um die Welt von althergebrachtem Bösen, von althergebrachten Übeln zu reinigen... Unsere Feinde werden zu ihren Taten von brutalem Zynismus, von teuflischer Verachtung für die menschliche Rasse angetrieben. Wir aber sind inspiriert von jenem Glauben, der über all die Zeiten zurückreicht bis zu dem ersten Kapitel des Buches Genesis: Gott erschuf den Menschen nach seinem Bilde...

Dies ist der Konflikt, der unser Leben nun Tag und Nacht erfüllen wird. Kein Kompromiß kann diesen Krieg beenden. Es gab niemals ein erfolgreiches Kompromiß zwischen Gut und Böse und kann niemals eines geben. *Nur totaler Sieg kann der Lohn für die Vorkämpfer der Toleranz, des Anstandes und des Glaubens sein.*«

Anne Armstrong, Bedingungslose Kapitulation. Die teuerste Fehlentscheidung der Neuzeit, Wien–München 1965; S. 25 f.

✳

Roosevelt sagte am 12. 10. 1942 in einer Radioansprache:

»Die Vereinten Nationen haben beschlossen, jene Naziführer auszuforschen, die für die ungezählten Akte der Grausamkeit verantwortlich sind. Sobald solche kriminelle Taten begangen worden sind, setzt auch schon eine sorgfältige Untersuchung ein. Die Beweise werden unermüdlich gesammelt, um damit künftig der Gerechtigkeit zu dienen. Wir haben keinen Zweifel daran gelassen, daß die Vereinten Nationen keine Massenrepressalien gegen die Völker Deutschlands, Italiens oder Japans wünschen. Aber die Hauptverbrecher und ihre brutalen Henkersknechte müssen ausgeforscht, festgenommen und entsprechend den Vorschriften der Strafprozeßordnung vor Gericht gestellt werden. *Wir sind einig in dem Wunsch, einen Sieg zu erkämpfen, der die Gewähr dafür gibt, daß unsere Enkelkinder frei von der ständigen Bedrohung der Invasion, der Zerstörung, der Sklaverei und eines gewaltsamen Todes aufwachsen und mit Gottes Hilfe ihr Leben leben können. ...*

Wenn wir den Raubtieren dieser Welt nicht die Fangzähne reißen, vermehren sie sich und nehmen an Kraft zu. In knapp einer Generation werden sie uns wieder an die Kehle springen. Diese Erfahrung haben wir schon gemacht. Behalten Deutschland, Italien und Japan – oder eines dieser Länder – am Ende dieses Krieges ihre Waffen, oder wird ihnen gestattet, sich wiederzubewaffnen, so werden sie von neuem und unausbleiblich den Marsch des Ehrgeizes zur Welteroberung antreten. Sie müssen entwaffnet werden und waffenlos bleiben. Sie müssen aber auch jene Weltanschauung aufgeben, die soviel Leid über die Menschheit gebracht hat...

..., *diesen Krieg bis zum Ende durchzukämpfen, bis zu dem Tag, an dem die Streitkräfte der Vereinten Nationen im Triumph durch die Straßen Berlins, Roms und Tokios marschieren...*

Armstrong, Bedingungslose Kapitulation, aaO, S. 26 f.

Während der Konferenz von Casablanca (14. 1.–24. 1. 1943) wurde von alliierter Seite die Forderung nach »Bedingungsloser Kapitulation« zum erstenmal offiziell verkündet. US-Präsident *Roosevelt* sagte auf der Pressekonferenz am 24. 1. 1943:

»Der Präsident und der Premierminister sind nach einem vollständigen Überblick über die Kriegslage mehr denn je überzeugt, daß die Welt nur durch eine völlige Ausschaltung der deutschen und japanischen Kriegsmacht den Frieden erhalten kann. Dies bedeutet in einfachen Worten, daß das Ziel dieses Krieges *in der Form einer bedingungslosen Kapitulation* Deutschlands, Italiens und Japans auszudrücken ist. Die bedingungslose Kapitulation dieser Staaten bedeutet eine vernünftige Sicherung des Weltfriedens für Generationen. Bedingungslose Kapitulation bedeutet nicht die Vernichtung der deutschen Bevölkerung oder der italienischen und japanischen Bevölkerung, sondern die Vernichtung einer Weltanschauung in Deutschland, Italien und Japan, die auf der Eroberung und Unterjochung anderer Völker beruht.«

Die deutschen Ostgebiete, Band III (Handbuch Ostgebiete III): Quellen zur Entstehung der Oder-Neiße-Linie, gesammelt und herausgegeben von Gotthold Rhode und Wolfgang Wagner, Stuttgart 1956; S. 50

*

Im Appell *Stalins* an die deutsche Wehrmacht am 6. 11. 1943 hieß es:

»Es ist nicht unser Ziel, Deutschland zu zerstören, denn es ist unmöglich, Deutschland zu zerstören, aber der Hitler-Staat kann und soll zerstört werden. Es ist nicht unser Ziel, die gesamten organisierten Streitkräfte Deutschlands zu vernichten, denn jeder gebildete Mensch wird verstehen, daß dies nicht nur in bezug auf Deutschland unmöglich ist, wie auch im Hinblick auf Rußland, sondern daß es auch vom Standpunkt des Siegers nicht zulässig wäre.«

Armstrong, Bedingungslose Kapitulation, aaO, S. 68

*

Am 14. 1. 1944 schrieb der britische Premierminister *Sir Winston Churchill* in einem Memorandum:

»Unter ›bedingungsloser Kapitulation‹ verstehe ich, daß die Deutschen kein *Recht* auf irgendeine bestimmte Behandlung beanspruchen können.«

Churchill, Zweiter Weltkrieg IV, 2, aaO, S. 316

✳

Am 22. 2. 1944 führte *Churchill* vor dem britischen Unterhaus aus:

»Die Formulierung ›bedingungslose Kapitulation‹ bedeutet nicht, daß das deutsche Volk vernichtet oder versklavt wird. Sie bedeutet vielmehr, daß kein Vertrag und keine Verpflichtung die Alliierten im Moment der Kapitulation binden werden. So kommt es beispielsweise nicht in Frage, die Atlantik-Charta auf Deutschland im Sinne einer Rechtsgrundlage anzuwenden oder territoriale Veränderungen und Grenzberichtigungen bei feindlichen Ländern auszuschließen. Wir werden keinerlei Argumente gelten lassen, wie sie Deutschland nach dem letzten Kriege mit der Behauptung, auf Grund der ›Vierzehn Punkte‹ Wilsons kapituliert zu haben, vorgebracht hat. *›Bedingungslose Kapitulation‹ bedeutet, daß die Sieger freie Hand haben.* Aber sie bedeutet nicht, daß sie zu barbarischen Akten berechtigt sind oder daß sie beabsichtigen, Deutschland aus der europäischen Völkerfamilie zu tilgen. Aber wir erkennen keine aus anderen Gründen als allgemeinen Erwägungen der Zivilisation entspringende Verpflichtungen an. *Den Deutschen gegenüber bindet uns keine Vereinbarung irgendwelcher Art. Das ist der genaue Sinn der ›bedingungslosen Kapitulation‹.*«

Churchill, Zweiter Weltkrieg IV, 2, aaO, S. 318

✳

US-Präsident *Roosevelt* erklärte im März 1944:

»Wir müssen trachten, *das Wort ›Reich‹ zum Verschwinden* zu *bringen* und mit ihm alles, was unter diesem Begriff bis heute verstanden wird.«

Armstrong, Bedingungslose Kapitulation, aaO, S. 105

...und am 6. 1. 1945 vor dem amerikanischen Kongreß:

»Alles, was wir sind und haben, steht auf dem Spiel, alles, was wir sind und haben, wird eingesetzt werden. Wir fragen nicht nach den Kosten. Unsere Verluste werden schwer sein. Wir und unsere Verbündeten *werden bis zum endgültigen, totalen Sieg weiterkämpfen.*«

Armstrong, Bedingungslose Kapitulation, aaO, S. 91f.

✳

In der US-amerikanischen *Besatzungsdirektive JCS/1067* hieß es:

»*Deutschland wird nicht besetzt, um befreit zu werden,* sondern als eine besiegte Feindnation... Es ist das Hauptziel der Alliierten, zu verhindern, daß Deutschland jemals wieder eine Gefahr für den Frieden der Welt werden kann.«

Armstrong, Bedingungslose Kapitulation, aaO, S. 96

✳

Churchill erklärte 1949 vor dem Londoner Unterhaus über das Zustandekommen der Forderung nach »Bedingungsloser Kapitulation«:

»Die Erklärung wurde von Präsident Roosevelt verkündet, ohne daß er mich konsultiert hätte. Doch war ich dabei und hatte sehr rasch zu überlegen, ob unsere Position in der Welt so geartet war, daß ich gerechtfertigterweise meine Unterstützung verweigern konnte. Ich habe dann zugestimmt, aber es war nicht eine Idee, die ich selbst formulierte. Was die Regierung in der Heimat anlangte, so zweifle ich nicht im geringsten daran, daß sich das britische Kabinett bei einer Beratung über die Formulierung gewiß gegen sie ausgesprochen hätte. Da wir aber mit großen, loyalen und mächtigen Freunden von jenseits des Ozeans zusammenarbeiten mußten, *hatten wir uns anzupassen.*«

Armstrong, Bedingungslose Kapitulation, aaO, S. 54f.

b) ... und die Folgen: Deutsche Stimmen

Übereinstimmend erklärten nach dem Kriege führende Offiziere der Wehrmacht, daß die alliierte Forderung nach bedingungsloser Kapitulation wie ein »Aufputschmittel« auf die deutschen Soldaten gewirkt habe.

Generalfeldmarschall *Erich v. Manstein* schrieb in einem Brief an Anne Armstrong:

»... verlängerte natürlich den Krieg. Es war dies das sicherste Mittel, um die Deutschen mit dem Hitler-Regime zusammenzuschweißen.«

Armstrong, Bedingungslose Kapitulation, aaO, S. 155

❊

In einem Brief vom 1. 3. 1950 an Anne Armstrong schrieb Generaloberst *Heinz Guderian:*

»Die Forderung nach bedingungsloser Kapitulation trug in Deutschland gewiß zur Zerstörung aller Hoffnung auf einen vernünftigen Frieden bei. Dies galt nicht nur für die Wehrmacht und für die Generale, sondern auch für das ganze Volk.«

... und in seinen »Erinnerungen eines Soldaten«:

»Die Auswirkungen dieser totalen Formel auf das deutsche Volk und vor allem auf die Armee war groß. Zumindest die Soldaten waren nun überzeugt, daß unsere Feinde zur völligen Zerstörung Deutschlands entschlossen waren, daß sie nicht länger – wie es die alliierte Propaganda damals behauptete – gegen Hitler und den sogenannten Nazismus kämpften, sondern gegen ihre fähigen und daher gefährlichen Rivalen um den Welthandel.«

Armstrong, Bedingungslose Kapitulation, aaO, S. 158 f.

❊

In einem Brief vom 12. 3. 1950 schrieb General *Hasso von Manteuffel:*

»Die Androhung einer unmenschlichen Bestrafung entzündete in diesen Menschen neuen Eifer. Die Forderung nach bedingungsloser Kapitulation schweißte Arbeiter und Soldaten in einer für mich erstaunlichen Weise zusammen.«

Armstrong, Bedingungslose Kapitulation, aaO, S. 162

*

In einem Brief vom 22. 3. 1950 schrieb der Chef des Generalstabes des Heeres Generaloberst *Franz Halder* an Anne Armstrong:
»Das gleiche schreckliche Geschick erwartete uns mit oder ohne Hitler. Alles, was man tun konnte, war, bis zum Ende auszuhalten. ...
Die bedingungslose Kapitulation gab ihnen (den NS-Machthabern) eine machtvolle Propagandawaffe für die Forderung, auszuhalten.«

Armstrong, Bedingungslose Kapitulation, aaO, S. 159

*

General *Siegfried Westphal* sagte über die Deklaration von Casablanca:
»Dies machte es ihnen nicht leicht, ihre Pflicht zu erfüllen, aber als Soldaten hatten sie keine andere Wahl als die der Pflichterfüllung. Nach der Deklaration von Casablanca, in der es hieß, die alliierten Regierungen würden von Deutschland nur bedingungslose Kapitulation akzeptieren, sahen auch jene, die die wahre Lage kannten, keine andere Alternative, als bis zum bitteren Ende zu kämpfen.«

Armstrong, Bedingungslose Kapitulation, aaO, S. 164

*

Der letzte Reichspräsident des Deutschen Reiches, Großadmiral *Karl Dönitz*, schrieb in seinen Memoiren »Zehn Jahre und zwanzig Tage«:
»..., daß wir im Fall unserer Unterwerfung keinerlei Rechte haben würden, sondern völlig der Gnade unserer Feinde ausgeliefert wären. Man kann dies etwa aus Stalins Forderung bei der Teheran-Konferenz sehen, wonach vier Millionen Deutsche als Zwangsarbeiter in der UdSSR dienen sollten.«

Armstrong, Bedingungslose Kapitulation, aaO, S. 165

c) ... und die Folgen: Alliierte Stimmen

Bereits während des Krieges gab es Stimmen unter den westlichen Alliierten, die erkannten, daß die Politik von Casablanca die deutsche Abwehrentschlossenheit stärken würde und man Hitler damit direkt in die Hände arbeiten würde.

Der britische Militärschriftsteller Captain *Liddell Hart* schrieb am 31. 7. 1943 in seinem Memorandum »The Background to Unconditional Surrender«:

»Ein gutes Schlagwort ... ist nicht notwendigerweise identisch mit guter Strategie und guter Politik. Sobald der Gegner in einem Krieg Schwächezeichen gibt, muß eine harte Forderung nach bedingungsloser Kapitulation naturgemäß dazu beitragen, seinen Widerstandswillen zu stärken, ja kann sogar einen enstehenden Sprung wieder zementieren. Diese elementare Wahrheit ist schon in dem ersten klassischen Werk über die Kriegskunst des chinesischen Meisterstrategen Sun Tsu 500 vor Christo zu finden.«

Armstrong, Bedingungslose Kapitulation, aaO, S. 174

*

General *Dwight D. Eisenhower,* Oberbefehlshaber der Alliierten in Europa, sagte im Februar 1945:

»Wenn man die Wahl zwischen zwei Möglichkeiten hat – die eine, das Schafott zu besteigen, und die andere, gegen zwanzig Bajonette anzurennen –, so kann man sich sehr wohl für den Angriff auf die zwanzig Bajonette entscheiden.«

Armstrong, Bedingungslose Kapitulation, aaO, S. 168

*

Der US-Kriegsminister im Zweiten Weltkrieg, *James Forrestal,* schrieb in seinem Tagebuch am 25. 4. 1947:

»Die gefährliche Entwicklung in Europa mußte jedem denkenden Menschen zeigen, wie unglücklich die Ergebnisse der bedingungslosen Kapitulation waren.«

Armstrong, Bedingungslose Kapitulation, aaO, S. 276

✻

US-General *Albert C. Wedemeyer* schrieb in seinen »Wedemeyer-Reports«:
»Wir zwangen alle Deutschen, unter einem Regime, das die meisten haßten, bis zum letzten zu kämpfen. Sie hatten keine Alternative.«

Armstrong, Bedingungslose Kapitulation, aaO, S. 169

✻

Die amerikanischen Kriegshistoriker *Ernest R. Dupuy* und *Trevor N. Dupuy* schrieben in ihrem Werk »Military Heritage of America«:
»Während der letzten Monate des Feldzuges wurden die Konsequenzen unserer Politik der bedingungslosen Kapitulation bestürzend klar. Ein Verhandlungsfrieden zu irgendeinem Zeitpunkt nach dem Januar 1944 hätte keineswegs den Wert der Lektion der konkreten und totalen Niederlage verringert. Tausende Menschenleben auf beiden Seiten hätten aber gespart werden können. Die Kontinuität der Regierung, gebildet aus jenen verantwortungsbewußten deutschen Elementen, die sich schon in geheimer Opposition gegen Hitler befanden, hätte sehr wohl den Russen jede Möglichkeit nehmen können, eine separate ostdeutsche Regierung einzusetzen. Zum Glück verstanden wir diese Lehre im Falle Japans und vermieden das Übel der bedingungslosen Kapitulation...
Obwohl sie (die Formel) als Parole unbegrenzten Kampfwillens gut klang, schloß sie doch die Türe zu einem Verhandlungsfrieden. Bei den Deutschen erzeugte sie daher die *verzweifelte Wut einer in die Enge getriebenen Ratte.*«

Armstrong, Bedingungslose Kapitulation, aaO, S. 170f.

✻

Der australische Schriftsteller und ehemalige BBC-Kriegskorrespondent *Chester Wilmot* schrieb in seinem Buch »The Struggle for Europe«:

»... sich selbst jeder Freiheit des diplomatischen Manövrierens beraubten und dem deutschen Volk jeden Fluchtweg vor Hitler versperrten ... Nach Casablanca *wurde Goebbels eine Propagandawaffe von unschätzbarem Wert in die Hand gegeben.* Die Nationalsozialisten waren imstande, überzeugend zu wirken, wenn sie dem Volk erklärten: sie wollen euch ebenso wie uns vernichten.«

Armstrong, Bedingungslose Kapitulation, aaO, S. 171

d) Die Auswirkungen auf den deutschen Widerstand

Katastrophal sollte sich die alliierte Forderung nach »bedingungsloser Kapitulation« für die Angehörigen des Hitler-Widerstandes auswirken, da den meisten unter ihnen nun klar wurde, daß der Krieg nicht allein dadurch schon ein Bewenden haben würde, daß man Hitler und sein System stürzte. Dieses Wissen um den antideutschen Charakter dieses Weltkrieges stürzte die Vertreter des »anderen Deutschland« in große Gewissenskonflikte.

Fabian v. Schlabrendorff, Angehöriger des Widerstandes, beschrieb die Wirkung der Formel »Bedingungslose Kapitulation« auf den Widerstand gegen Hitler:

»1. Für die Nationalsozialisten war die Ankündigung ein Stimulans: Nach Casablanca wußten sie, daß es für sie keinen Pardon gab, daß sie um ihre Existenz kämpften. Daher kämpften sie mit verdoppelter Anstrengung.

2. *Für die Gruppe der Gegner des Nationalsozialismus war die Parole sehr schmerzhaft.* Es schwächte zwar nicht ihre politische Opposition gegen Hitler und dessen Regime, aber es überzeugte manchen, daß angesichts der alliierten Entschlossenheit, Deutschland zu vernichten, jeder aktive Widerstand sinnlos und der einzige gangbare Weg der passive Widerstand

war. Sie wollten so lange warten, bis die Regierung Hitlers zusammengebrochen war.

3. Die große Masse der Bevölkerung war weder für noch gegen die Nationalsozialisten. Zunächst betrachteten sie den Krieg als eine Angelegenheit Hitlers und machten Unterschiede zwischen der Sache des Nationalsozialismus und jener Deutschlands. Mit der Forderung nach bedingungsloser Kapitulation aber war das zu Ende, denn *die Alliierten weigerten sich, zwischen Nationalsozialismus und Deutschland zu unterscheiden.*«

Armstrong, Bedingungslose Kapitulation, aaO, S. 166

∗

Louis P. Lochner, früherer Chef des Berliner Büros der Associated Press und späterer Kriegskorrespondent der Alliierten in Paris, schreibt in seinem Buch »Always the Unexpected« über in der amerikanischen Presse unterdrückten Meldungen über den deutschen Widerstand:

»Berichte über die Widerstandsbewegung *paßten nicht in das Konzept der bedingungslosen Kapitulation.* Schon im Sommer 1942 hatte meine Annahme Bestätigung gefunden, daß Präsident Roosevelt entschlossen war, die Schuld des gesamten deutschen Volkes und nicht nur des Naziregimes für den Ausbruch des Zweiten Weltkrieges festzulegen.«

Armstrong, Bedingungslose Kapitulation, aaO, S. 223

∗

Der britische Militärschriftsteller Captain *Liddell Hart* schrieb am 3. 7. 1943 in seinem Memorandum »The Background to Unconditional Surrender«:

»... durch die kompromißlose Forderung nach bedingungsloser Kapitulation dazu keinerlei Anregung gegeben werde. Jene, die in der Lage sind, einen solchen Staatsstreich durchzuführen, werden sich vergegenwärtigen, daß er im Augenblick die Widerstandskraft ihres Landes, eine Invasion abzuwehren, schwächen müßte, und werden daher ganz bestimmte Zusicherungen hinsichtlich der Friedensbedingungen verlangen, bevor sie einen Versuch unternehmen. *Das Beharren auf bedingungs-loser Kapitulation hilft daher dem feindlichen Regime*, die Kontrolle über sein Volk zu behalten, denn es kann die Bevölkerung davon überzeugen, sie habe keine andere Alternative, als mit dem Regime zu schwimmen oder unterzugehen. Die Auswirkung wird dem Verhalten einer geängstig-ten Menschenmenge bei einer Panik gleichen, wenn sich diese Menge in einer engen Straße auf ein verschlossenes Tor zu bewegt. Viel eher werden die ersten Reihen der Menschen niedergetrampelt und erstickt, als daß das Tor aufgebrochen würde. Es erhebt sich auch die Frage, ob Menschen, die sich als das Objekt eines unbegrenzten Angriffs mit unbegrenztem Ziel sehen – das heißt, einer bedingungslosen Kapitulation, die keinerlei Sicherheit gegen Unterdrückung bietet, nachdem Waffenstreckung sie völlig hilflos gemacht hat –, nicht eher dazu neigen werden, das Regime, das, möge es auch tyrannisch sein, wenigstens ihre Verteidigung organisiert, zu unterstützen. In eine solche Sackgasse geraten, mag der Fehler, die Begrenzung des Zieles nicht klargemacht zu haben, sehr wohl die Schneide der Waffe stumpf machen.«

Armstrong, Bedingungslose Kapitulation, aaO, S. 174f.

✻

Der britische Historiker und General *J. F. C. Fuller* schrieb in seinem Buch »The Second World War«:
»Von da an hingen diese Worte (Unconditional Surrender) Amerika und England in der Tat wie ein Mühlstein um den Hals.
Was bedeuten diese beiden Worte? Erstens, daß der Krieg bis zur totalen Vernichtung fortgesetzt werden mußte, weil keine Großmacht mit Achtung vor sich selbst, vor ihrem Volk, ihrer Geschichte und der Nachwelt auf sie eingehen konnte. Daher erhielten sie einen geradezu religiösen Charakter und mußten alle Schrecken eines Religionskrieges mit sich bringen. Für Deutschland wurden sie zur Frage: Erlösung oder Verdammung. Zweitens, daß das Gleichgewicht der Mächte in Europa und zwischen den europäischen Völkern nach Erringung des Sieges unwiderruflich zerstört sein werde. Rußland mußte zur größten Militär-macht in Europa werden und daher Europa beherrschen. Infolgedessen

war der Friede, den diese Worte ankündigten, nichts als die Ablösung der nationalsozialistischen Tyrannei durch einen noch barbarischeren Despotismus. ...

Daher *verstümmelte diese Forderung die Opposition gegen Hitler* in Deutschland und gab, wie eine Bluttransfusion, dem Krieg zwei weitere Lebensjahre.«

Armstrong, Bedingungslose Kapitulation, aaO, S. 172 f.

2. Preußen, »Herd der Pest«

Durch Kontrollratsbeschluß wurde 1947 das Land Preußen verboten. Es war das erste Mal in der Geschichte der Nach-Antike, daß der Name eines Landes in Europa ausgelöscht, »verboten« wurde. Mit Preußen sollte nach dem Willen der Siegermächte zugleich das Werk Bismarcks, das Deutsche Reich, zu Tode gestoßen werden: Man sagte Preußen, meinte aber Deutschland.

In seinen Memoiren berichtete *Churchill* über sein Gespräch mit amerikanischen Ministern am 22. 5. 1943:

»Ich sagte, *Preußen sähe ich gerne vom übrigen Deutschland abgetrennt;* vierzig Millionen Preußen seien eine brauchbare europäische Einheit. Viele Leute wünschten, den Prozeß der Teilung weiter fortzusetzen und auch Preußen in verschiedene Komponenten aufzuteilen, aber in dieser Beziehung behielte ich mir noch mein Urteil vor.«

Handbuch Ostgebiete III, aaO, S. 54

*

Roosevelt sagte am 17. 9. 1943 in seiner Botschaft an den amerikanischen Kongreß:

»Dies eine wünsche ich vollkommen klarzustellen: Wenn Hitler und die Nazis gehen, so muß zugleich mit ihnen auch *die preußische Militaristenclique* abtreten. Die kriegslüsternen Banden von Militaristen in Deutschland müssen ausgerottet werden, wenn wir irgendeine echte Garantie für einen zukünftigen Frieden haben wollen.«

Armstrong, Bedingungslose Kapitulation, aaO, S. 29

*

Churchill sagte am 21. 9. 1943 vor dem Unterhaus:

»Der Fall liegt anders. Zweimal in unserer Generation und dreimal, wenn wir die Lebenszeit unserer Väter hinzurechnen, haben sie die Welt in ihre Expansions- und Aggressionskriege gestürzt. Sie vereinigen in sich in der allertödlichsten Weise die Charakteristika des Kriegers und des Sklaven. Sie selbst schätzen die Freiheit nicht, und ihr Anblick bei anderen ist ihnen hassenswert. Wann immer sie stark werden, werden sie nach Beute suchen und werden mit ihrer eisernen Disziplin jedem folgen, der sie zum Beutemachen führt. *Der Kern Deutschlands ist Preußen. Dort liegt der Herd der Pest.* Dennoch führen wir nicht Krieg mit Völkern als solchen. Wir kämpfen gegen die Tyrannei und suchen uns selbst vor der Vernichtung zu schützen. Ich bin überzeugt, daß die Völker Großbritanniens, Amerikas und Rußlands, die zweimal in einem Vierteljahrhundert durch den teutonischen Drang nach Weltherrschaft so unermeßliche Verluste, Gefahren und Blutvergießen erlitten haben, diesmal Schritte unternehmen werden, um Preußen und ganz Deutschland jede Macht zu nehmen, sie noch einmal aus aufgespeicherten Haßgefühlen und nach langgehegten Plänen anzugreifen. Die nationalsozialistische Tyrannei und der *preußische Militarismus* sind jene beiden Elemente im Wesen Deutschlands, die *unbedingt ausgetilgt* werden müssen. *Sie müssen mit der Wurzel ausgerottet werden,* soll Europa und der Welt ein dritter und noch schrecklicherer Weltkrieg erspart bleiben.«

Armstrong, Bedingungslose Kapitulation, aaO, S. 57

✳

Im *Kontrollratsgesetz Nr. 46* vom 25. 2. 1947 verfügten die Besatzungsmächte die Auflösung des Landes Preußen:

»*Der Staat Preußen, der seit jeher Träger des Militarismus und der Reaktion in Deutschland gewesen ist, hat in Wirklichkeit zu bestehen aufgehört.* Geleitet von dem Interesse an der Aufrechterhaltung des Friedens und der Sicherheit der Völker und erfüllt von dem Wunsche, die weitere Wiederherstellung des politischen Lebens in Deutschland auf demokratischer Grundlage zu sichern, erläßt der Kontrollrat das folgende Gesetz:

Art. 1: Der Staat Preußen, seine Zentralregierung und alle nachgeordneten Behörden werden hiermit aufgelöst.

Art. 2: Die Gebiete, die ein Teil des Staates Preußen waren und die gegenwärtig der Oberhoheit des Kontrollrates unterstehen, sollen die Rechtsstellung von Ländern erhalten oder Ländern einverleibt werden. Die Bestimmungen dieses Artikels unterliegen jeder Abänderung und anderen Anordnungen, welche die Alliierte Kontrollbehörde verfügen oder die zukünftige Verfassung Deutschlands festsetzen sollte.

Art. 3 : Staats- und Verwaltungsfunktionen sowie Vermögen und Verbindlichkeiten des früheren Staates Preußen sollen auf die beteiligten Länder übertragen werden, vorbehaltlich etwaiger Abkommen, die sich als notwendig herausstellen sollten und von der Alliierten Kontrollbehörde getroffen werden.

Art. 4 : Dieses Gesetz tritt mit dem Tage seiner Unterzeichnung in Kraft.«

Vertrags-Ploetz II, 4, aaO, S. 628 f.

3. Terror gegen Deutsche

a) Das Gesinnungsverbrechen

Am Plan einer Zwangssterilisierung der Deutschen des Amerikaners Theodor Nathan Kaufman in seinem im Mai 1941 erschienenen und frei verkäuflichen Buches »Germany must perish« (Deutschland muß untergehen) konnte man sehen, wie sehr dieser unter religiösen Vorzeichen in den USA gesehene Zweite Weltkrieg die niedrigsten Instinkte des Menschen hervorkehren konnte.

Im Sommer 1941 veröffentlichte der Präsident der »American Federation of Peace«, *Theodor Nathan Kaufman,* seine berüchtigte Schrift »Germany must perish« (Newark 1941). Darin heißt es:
»Man kann einen Tiger aus seiner gewöhnlichen Umgebung, seinem Lager im Dschungel, entfernen; mit Geduld kann man ihn vielleicht soweit zähmen, daß er sich streicheln läßt, aus der Hand frißt und tut, was man ihm befiehlt. Je mehr er äußerlich diesen Anforderungen entspricht, um so tiefer irren wir uns aber, wenn wir glauben, er habe seine Dschungelzeit vergessen. Dies wäre ein verhängnisvoller Irrtum. Denn es kommt unfehlbar die Zeit, wo die Tigerseele erneut den Tiger dazu treibt, seine Zähne und Klauen zu gebrauchen. Durch diese unausweichliche Reaktion auf den Naturtrieb kehrt der Tiger wieder zum Gesetz des Dschungels zurück. Er wird wieder ein Würger.
Genau so ist es mit dem deutschen Volk. Es mag zwar vorübergehend auf zivilisierende Einflüsse reagieren; es mag scheinbar die oberflächlichen Gepflogenheiten und das äußere Benehmen gesitteter Völker annehmen; *in seinem Inneren lebt jedoch jene Kriegsseele weiter,* die es immer wieder, wie den Tiger, zum Morden anstachelt. Und keine Besserung der Lebensverhältnisse, keine Vernunft oder Zivilisierung wird je imstande sein, diesen Grundzug seines Wesens zu ändern. Denn wenn diese Kriegspsyche in über zwei Jahrtausenden nicht ausgemerzt werden

konnte, wer könnte da erwarten, daß dieses Wunder plötzlich über Nacht eintreten würde? ...

Selbst wenn ein so ausgedehntes Unternehmen durchführbar wäre, so würde das Leben selbst dies vereiteln. Genau wie der Krieg den Krieg erzeugt, erzeugt Unterdrückung Aufstand. Unerhörte Schrecknisse würden daraus folgen.

Wir sehen also, daß es keinen Mittelweg gibt; daß kein Ausgleich, *kein Kompromiß möglich* ist, daß keine politische oder wirtschaftliche Teilung in Erwägung gezogen werden kann. Es gibt letzten Endes keine andere Lösung als diese: *Deutschland muß sterben und für immer vom Erdboden verschwinden!* Und glücklicherweise, wie wir gleich sehen werden, ist diese Lösung nicht mehr undurchführbar...

Die Bevölkerung Deutschlands ohne die eroberten und einverleibten Gebiete beträgt etwa 80 Millionen, die sich auf die beiden Geschlechter nahezu gleichmäßig verteilen. *Um die Auslöschung der Deutschen zu erzielen, braucht man nur etwa 48 Millionen Menschen zu sterilisieren,* denn die Männer über 60 und die Frauen über 45 sind in dieser Zahl nicht einbegriffen, da sie nur in beschränktem Maße fortpflanzungsfähig sind.

Zur Sterilisierung der Männer wäre die Behandlung in den Heeresgruppen als organisierten Einheiten am leichtesten und am schnellsten durchzuführen. Angenommen, daß etwa 20000 Ärzte dazu eingesetzt würden und jeder von ihnen pro Tag mindestens 25 Operationen vornähme, so würde es höchstens einen Monat dauern, bis die Sterilisierung in den Heeresgruppen durchgeführt wäre. Wenn man natürlich über eine größere Anzahl von Ärzten verfügte – und es stehen, zieht man die vielen beteiligten Völker in Betracht, weit mehr als die erwähnten 20000 zur Verfügung – so wäre noch weniger Zeit erforderlich. Die Bilanz der männlichen Zivilbevölkerung könnte innerhalb von drei Monaten abgeschlossen werden. Da die Sterilisierung der Frauen und der Kinder etwas mehr Zeit beansprucht, kann man für die Sterilisierung der ganzen weiblichen Bevölkerung Deutschlands einschließlich der Kinder eine höchstens dreijährige Frist anberaumen. ... Nach vollständiger Sterilisierung wird der Bevölkerungszuwachs durch Geburten in Deutschland aufhören. Auf Grund der normalen Sterblichkeitsziffer von 2 Prozent jährlich wird das deutsche Leben jährlich um 1 500 000 Seelen schwinden.

So wird innerhalb von zwei Geschlechtern dasjenige zur vollendeten Tatsache werden, was sonst Millionen Menschenleben und jahrhundertelange Anstrengung gekostet hätte, nämlich die Auslöschung des Deutschtums und seiner Träger. Mangels der Möglichkeit sich weiter fortzupflanzen, wird der deutsche Wille durch Abschrumpfung sterben und Deutschlands Macht zu einer ›quantité négligeable‹ herabsinken.«

Helmut Sündermann, Potsdam 1945, Leoni 1962; S. 27f.

✱

Über die Nachkriegsabsichten *Stalins* äußerte Churchill in seinem Memorandum am 14. 1. 1944:
»Ministerpräsident Stalin äußerte in Teheran, er werde bestimmt auf viele Jahre hinaus mindestens vier Millionen Deutsche brauchen, um die in Rußland angerichteten Schäden zu beheben.«

Churchill, Zweiter Weltkrieg IV, 2, aaO, S. 317

✱

In der amtlichen Dokumentation »The Conferences at Malta and Yalta« heißt es über die *Unterredung Roosevelts mit Stalin* am Nachmittag des 4. 2. 1945 in Jalta:
»Der Präsident (Roosevelt) sagte, er sei erschrocken über das Ausmaß der deutschen Zerstörungen auf der Krim, und er sei daher *noch blutrünstiger gegenüber den Deutschen als vor einem Jahr.* Er hoffe, daß Marschall Stalin seinen *Toast auf die Hinrichtung von 50000 Offizieren* der deutschen Armee wiederholen werde.«

Handbuch Ostgebiete III, aaO, S. 173

b) Die Tat

War der Erste Weltkrieg noch ein Krieg, in dem die Zivilbevölkerung mit Ausnahme der Aushungerungspolitik durch Blockaden noch weitgehend verschont wurde, so stand der Zweite Weltkrieg immer mehr im Zeichen eines Krieges auch und gerade gegen die Zivilbevölkerung. Durch die alliierte Politik der Flächenbombardements auf die deutschen Städte, der Millionen Menschen zum Opfer fielen, sollte die Moral des Feindes hinter den Linien empfindlich getroffen werden. Dresden und Hiroshima sollten schließlich zu traurigen Symbolen einer Kriegspolitik werden, für die der Terror gegen den »Nicht-Soldaten« hinter der Front zum Selbstzweck geworden war.

Der britische Militärschriftsteller *Cyril Falls* schrieb am 16. 3. 1943 in einem Artikel der »Illustrated London News«:

»Der totale Krieg erweitert die Ziele außerordentlich, die der Gegner nützlich findet anzugreifen. Unter diesen Umständen *verliert das Wort Zivilist seine Bedeutung*. Wenn der gesamte politische Körper im Krieg ist, muß jeder Schlag zählen – auf welchen anatomischen Teil immer er treffen mag. Dies hängt bis zu einem gewissen Grad mit der Natur des totalen Krieges zusammen. Zuerst wurde erklärt, Munitionsfabriken seien ein legitimes Ziel; der nächste Schritt war, daß alle Fabriken als Ziel erklärt wurden; dann wurde entschieden, daß durch die Zerstörung der Wohnhäuser in der Nähe der Fabriken eine weitere Unterbrechung der Arbeit gesichert würde. Wir können annehmen, daß hierauf irgend jemand die Vernichtung von Kinderheimen, Schulen und Mütterheimen verlangen wird, weil hierdurch die Leistung der Arbeiter weiter zurückgehen werde.«

Wirsing, Zeitalter, aaO, S. 110f.

*

Am 11. 4. 1943 schrieb US-Präsident *Roosevelt* an Churchill einen Brief, in dem es u. a. hieß:

»Ich war sehr zufrieden mit den kürzlich erfolgreichen Bombenangriffen auf Deutschland, und wir müssen ihnen eine ständig zunehmende Portion davon verabreichen... Ich glaube nicht, daß die Deutschen diese Arznei lieben.«

Roosevelt and Churchill. Their Wartime Correspondence, 1975; S. 324

*

In der offiziellen Verlautbarung der Konferenz von Teheran, unterzeichnet von Roosevelt, Stalin und Churchill, am 1. 12. 1943 heißt es:
»Keine Macht der Erde kann uns daran hindern, die deutschen Armeen zu Lande, ihre U-Boote auf See und ihre Kriegsindustrie aus der Luft zu zerstören. *Unsere Angriffe werden rücksichtslos sein und immer stärker werden*...
Wir kamen hierher voll Hoffnung und Entschlossenheit. Wir gehen fort von hier als Freunde in der Tat, im Geist und in den Zielen.«

Vertrags-Ploetz II, 4, aaO, S. 219

4. Auf dem Weg zu Rumpfdeutschland

a) »Unschädlich machen«

Nach dem Zweiten Weltkrieg haben die Siegermächte das nachgeholt, was sie mit dem Deutschen Reich nach dem Ersten Weltkrieg nicht durchführen konnten: Die Teilung Deutschlands.

Der britische Außenminister *Anthony Eden* berichtete über die Vorstellungen *Stalins* während seiner Besprechungen in Moskau im Dezember 1941:

»In meiner ersten Unterredung mit Stalin und Molotow am 16. Dezember ließ sich Stalin mit einiger Ausführlichkeit über die von ihm für richtig erachteten Nachkriegsgrenzen in Europa und besonders über die Behandlung aus, die Deutschland widerfahren solle. Er schlägt die *Wiederherstellung Österreichs* als unabhängigen Staat vor, die *Loslösung des Rheinlandes* von Preußen als unabhängigen Staat oder als Protektorat und eventuell die Bildung eines *selbständigen Bayern. Ostpreußen soll an Polen abgetreten und das Sudetenland an die Tschechoslowakei zurückgegeben werden.*«

Handbuch Ostgebiete III, aaO, S. 29

✣

Der amerikanische Außenminister *Cordell Hull* berichtete über sein Gespräch mit dem britischen Außenminister *Anthony Eden* am 21. 8. 1943 in Quebec:

»Die Aussprache ließ erkennen, daß auch die Briten sich bereits viele Gedanken über die Möglichkeit gemacht hatten, eine *Aufteilung Deutschlands in verschiedene Länder* auf natürlichem Wege zustandezubringen, insbesondere unter Verwendung von Häfen an der Adria als Zugang zur See für Süddeutschland.«

Handbuch Ostgebiete III, aaO, S. 56

Der amerikanische Außenminister *Cordell Hull* schrieb über die Moskauer Außenministerkonferenz im Oktober 1943:
»In der Sitzung am 25. *Oktober sagte Eden, seine Regierung sähe den Fortbestand eines geeinten Deutschlands nicht gerne, sondern zöge seine Aufteilung in verschiedene getrennte Staaten vor,* insbesondere ein abgetrenntes Preußen. Er sagte, sie werde deshalb jede separatistische Strömung in Deutschland unterstützen; die Ansichten in der Regierung gingen aber darüber auseinander, ob es wünschenswert sei zu versuchen, die Zerstückelung Deutschlands gewaltsam durchzusetzen.

Molotow erklärte, die Sowjetunion gebe allen Maßnahmen ihre volle Zustimmung, die Deutschland für die Zukunft unschädlich machten.

Ich bemerkte, daß meine Regierung über die völlig auseinandergehenden Ansichten der alliierten Regierungen in der Frage der Teilung Deutschlands verwundert gewesen sei. In hohen Kreisen der *Vereinigten Staaten,* fügte ich hinzu, habe im allgemeinen, als man an dieses Problem heranging, die Neigung bestanden, Deutschland aufzuteilen. Aber als die Erörterungen weiter fortgeschritten und einander widersprechende und häufig überzeugende Argumente dafür oder dagegen vorgebracht worden seien, sei die Neigung gewachsen, *sich nicht festzulegen* und die Frage gründlicher zu erforschen, bevor wir über unsere endgültige Einstellung eine Entscheidung träfen – obwohl die Aufteilung immer noch bevorzugt würde.

Ich selbst war von Anfang an gegen die Zerstückelung.

Molotow fügte hinzu, seine Regierung sei bei der Prüfung der Frage der Behandlung Deutschlands nach dem Kriege etwas im Rückstand, da sie noch zu sehr mit den Fragen der Kriegführung beschäftigt sei. Er sagte, den Vereinigten Staaten und insbesondere mir komme die Ehre zu, zum erstenmal eine deutliche Stellungnahme zur Haltung gegenüber Deutschland vorgebracht zu haben. Der Plan, den wir vorbereitet hätten, entspreche den Ideen der Sowjetregierung, aber er sollte als Minimal- und nicht als Maximalvorschlag angesehen werden.

Wir alle stimmten darin überein, daß Deutschland alle seine Eroberungen aufgeben und zu seinen Grenzen von 1938 zurückkehren solle; Ostpreußen sollte von Deutschland abgetrennt werden.

Wir beschlossen später, den Plan zu einer ins einzelne gehenden Prüfung an die von uns gerade ins Leben gerufene Beratende Kommission für Europa in London zu verweisen.«

Handbuch Ostgebiete III, aaO, S. 59 f.

✱

Der amerikanische Außenminister Hull schreibt in seinen Memoiren über sein Gespräch mit US-Präsident *Roosevelt* am 5. 10. 1943. Er gibt die Ansichten des Präsidenten wieder:

»In bezug auf Deutschland sprach sich *der Präsident entschieden für eine Aufteilung* in drei oder mehr staatsrechtlich völlig unabhängige Staaten aus, die aber durch gemeinsame Regelungen auf den Gebieten der Post, des Verkehrs, der Eisenbahn und des Zollwesens sowie vielleicht der Energiewirtschaft verbunden sein sollten, obwohl er der Ansicht war, daß Energieabkommen auf kontinentaler Ebene getroffen werden sollten. Den neuen deutschen Staaten, fuhr er fort, sollten jede militärische Betätigung, einschließlich der Ausbildung von Soldaten, und jegliche Rüstungsindustrie verboten werden.«

Handbuch Ostgebiete III, aaO, S. 58

✱

Am 14. 1. 1944 berichtete Premierminister *Churchill* dem britischen Kabinett:

»Viertens haben sich nach meiner Ansicht die britische, amerikanische und russische Regierung *geeinigt, Deutschland endgültig in eine Anzahl verschiedener Staaten aufzuteilen. Ostpreußen und die deutschen Gebiete östlich der Oder sollen ein für allemal abgetrennt und die Bevölkerung umgesiedelt werden.* Preußen wird beschnitten und zerschlagen werden. Das Ruhrgebiet und die anderen Schwerpunkte der Kohlen- und Stahlproduktion sind dem Herrschaftsbereich Preußens zu entziehen.«

Handbuch Ostgebiete III, aaO, S. 135

✱

In dem von Roosevelt und Churchill im August 1944 auf der Konferenz von Quebec unterzeichneten *Morgenthau-Plan*, der später allerdings widerrufen wurde, hieß es:

»2. Neue Grenzen Deutschlands

a) Polen soll den Teil Ostpreußens, der nicht an die Sowjetunion fällt, und den südlichen Teil Schlesiens erhalten.

b) Frankreich soll die Saar und die angrenzenden Gebiete erhalten, die durch den Rhein und die Mosel begrenzt sind.

c) Wie unten in Punkt 4 dargelegt wird, soll eine Internationale Zone geschaffen werden, die die Ruhr und die umgebenden Industriegebiete umfaßt.

3. Teilung des neuen Deutschland

Der verbleibende Teil Deutschlands soll in zwei autonome, unabhängige Staaten geteilt werden,

1) einen süddeutschen Staat, der Bayern, Württemberg, Baden und einige kleinere Gebiete umfaßt, und

2) einen norddeutschen Staat, der einen großen Teil des alten Staates Preußen, ferner Sachsen, Thüringen und verschiedene kleinere Gebiete umfaßt.

Zwischen dem süddeutschen Staat und Österreich, das in seinen Grenzen aus der Zeit vor 1938 wiederhergestellt wird, soll eine Zollunion geschaffen werden.«

Handbuch Ostgebiete III, aaO, S. 157f.

b) Die Entstehung der Oder-Neiße-Grenze

Glaubte man in London und Washington zu Beginn der Kriegskoalition mit der Sowjetunion gegen Hitler noch, bei der Neugestaltung des mittel- und osteuropäischen Raumes nach dem Krieg die entscheidende Rolle spielen zu können, so sollte sich als eigentlicher Sieger des Zweiten Weltkrieges Josef Stalin herausstellen. Je mehr sich die Rote Armee in Mitteleuropa näherte, desto stärker wurde die Position der Sowjetunion. Schließlich konnten ein über Jahre hinweg vertrauensseliges England und

Amerika von »Uncle Joe«, wie Stalin rührend von Roosevelt genannt wurde, in Potsdam 1945 nur noch die von den Sowjets geschaffenen »Realitäten« der Vertreibung der Deutschen aus Mittel- und Osteuropa und der Westverschiebung Polens zur Kenntnis nehmen.

Dennoch kann der spezielle Anteil der Westalliierten an der Entstehung der Oder-Neiße-Linie nicht geleugnet werden. Schon sehr früh erklärten sie sich mit einer Abtretung Ostpreußens an die Sowjetunion und Polen und Teilen Pommerns und Schlesiens an Polen einverstanden.

In der von Roosevelt und Churchill am 14. 8. 1941 vereinbarten »Atlantik-Charta« hieß es noch:

2. Sie wünschen, daß keine territorialen Veränderungen zustande kommen, die nicht mit den frei geäußerten Wünschen der betroffenen Völker übereinstimmen.

Vertrags-Ploetz II, 4, aaO, S. 200

✳

Churchill schrieb am 6. 10. 1943 an Außenminister Eden:

»Ich glaube, wir sollten alles in unserer Macht Stehende tun, um die Polen zu überreden, sich mit den Russen über ihre Ostgrenze zu einigen, im Austausch gegen Gewinne in Ostpreußen und Schlesien. Wir könnten sicherlich versprechen, unseren Einfluß in dieser Hinsicht geltend zu machen.«

Handbuch Ostgebiete III, aaO, S. 43

✳

Über die Unterredung der »Großen Drei« auf der Teheraner Konferenz am 1. 12. 1943 schreibt *Churchill* in seinen Memoiren:

»Ich lenkte die Diskussion wieder auf Polen zurück. Es sei nicht meine Absicht, führte ich aus, irgendein Abkommen zu erzielen, auch sei ich in der Sache selbst nicht zu festen Entschlüssen gelangt; aber ich hätte doch gern etwas zu Papier gebracht. Ich schlug dann folgende Formel vor: ›Es ist grundsätzlich anzunehmen, daß die Heimstätte des polnischen Staates

233

und der polnischen Nation zwischen der sogenannten Curzon-Linie und der Linie der Oder liegen und Ostpreußen (wie definiert) sowie Oppeln umschließen sollte; die endgültige Grenzziehung erfordert aber ein eingehendes Studium und möglicherweise an einigen Stellen einen Bevölkerungsaustausch.‹ Warum sollte man nicht eine Formel finden, die ich den Polen vorlegen könnte, um ihnen ungefähr folgendes zu sagen: ›Ich weiß nicht, ob die Russen damit einverstanden sein werden, aber ich glaube, ich könnte das für euch zustande bringen; ihr seht, daß eure Interessen sorgfältig gewahrt werden.‹ Ich fügte hinzu, es werde freilich unmöglich sein, die Polen so weit zu bringen, daß sie sich als befriedigt erklärten. Es gebe überhaupt nichts, was die Polen zufriedenstellen könnte.

Stalin erklärte nunmehr, die Russen brauchten den eisfreien Hafen Königsberg, und er zeichnete auf der Karte eine Grenzlinie ein. Dann säße Rußland im Nacken Deutschlands. Stalin erklärte, wenn er das zustande bringe, sei er durchaus bereit, meine Formel über Polen anzunehmen. Ich fragte, wie es mit Lemberg stehe. Stalin sagte, er würde die Curzon-Linie akzeptieren.«

Handbuch Ostgebiete III, aaO, S. 69 f.

٭

In dem am 1. 2. 1944 in Moskau eingegangenen Brief an Stalin schrieb *Churchill:*

»1. Bevollmächtigt durch das Kriegskabinett, empfing ich am vergangenen Donnerstag im Beisein des Außenministers Vertreter der polnischen Regierung in London...

Ich habe gesagt, daß wir dies, obwohl wir Polens wegen in den Krieg eingetreten seien, nicht wegen einer bestimmten Grenzlinie getan hätten, sondern für die Existenz eines starken, freien, unabhängigen Polens, das Marschall Stalin, wie er selbst erklärt hat, unterstützen werde. Außerdem vollziehe sich, obwohl Großbritannien auf jeden Fall noch jahrelang kämpfen würde, bis mit Deutschland etwas geschieht, die Befreiung Polens aus den Klauen Deutschlands hauptsächlich unter den gewaltigen Opfern der russischen Armeen. Deshalb hätten die Alliierten das Recht, von Polen zu verlangen, daß es sich hinsichtlich der künftigen Grenzen weitgehend ihrer Meinung anschließt.

2. Ich sagte dann, daß ich auf Grund der Teheraner Ereignisse glaube, die Sowjetunion würde bereit sein, in die Ostgrenzen Polens entsprechend der Curzon-Linie unter Berücksichtigung ethnographischer Erwägungen einzuwilligen, und ich riet ihnen, die Curzon-Linie als Diskussionsgrundlage zu akzeptieren. Ich sprach von den Entschädigungen, die Polen im Norden und Westen erhalten würde. Im Norden wäre es Ostpreußen, aber die Frage Königsberg erwähnte ich nicht. Im Westen wären sie in Sicherheit und *würden unterstützt, Deutschland bis zur Oderlinie zu besetzen.*«

Briefwechsel Stalins, aaO, S. 241 f.

✳

Am 24. 5. 1944 sagte *Churchill* im Unterhaus:
»Ich muß wiederholen, daß das Wesentliche jedes Übereinkommens die Regulierung der polnischen Ostgrenze ist, und daß *Polen* für jeden Rückzug aus diesem Gebiet *auf Kosten Deutschlands entschädigt werden soll,* von dem es eine ausgedehnte Küste und ein gutes, angemessenes und zureichendes Binnenland erhalten wird, in dem das polnische Volk sicher wohnen kann.«

Handbuch Ostgebiete III, aaO, S. 92

✳

Der Ministerpräsident der polnischen Exilregierung in London, *Arciszewski,* damals bereits zugunsten des prorussischen und prokommunistischen »Lubliner Kommitees« sowohl von Moskau als auch von London ausgebootet, erklärte im Dezember 1944:
»Die Debatte im Parlament hat jedoch nicht nur das Problem unserer Ostgrenze, sondern auch das unserer Westgrenze mit Deutschland aufgeworfen, und hier möchte ich erklären, daß wir keine großen Expansionsideen haben. Wir versuchen lediglich, die Einheit und Unversehrtheit des polnischen Staates zu bewahren. Wir haben unsere

Forderungen gegen Deutschland gestellt, wir haben die Eingliederung Ostpreußens, Oberschlesiens und von Teilen Pommerns in Polen verlangt, und wir begrüßen die positive Haltung der Alliierten, einschließlich Sowjetrußlands, das uns in dieser Angelegenheit seine Hilfe versprochen hat. Aber wir wollen unsere Grenze im Westen nicht so weit ausdehnen, daß sie acht bis zehn Millionen Deutsche umschließt. *Wir wollen weder Breslau noch Stettin.* Wir fordern nur unsere ethnisch und historisch polnischen Gebiete, die unter deutscher Herrschaft stehen.«

Handbuch Ostgebiete III, aaO, S. 132

*

Der Außenminister der französischen Provisorischen Beratenden Versammlung, *Georges Bidault,* sagte am 21. 12. 1944:
»Wir haben keine Einwendungen gegen die Grenzziehung erhoben, welche die sowjetische Regierung im Osten beabsichtigt; wir haben uns deshalb *mit der Abtretung Ostpreußens, Pommerns und Schlesiens an Polen einverstanden* erklärt; diese Übertragung soll unserer Ansicht nach eine Entschädigung für den Verzicht Polens auf seine Ostprovinzen darstellen und gleichzeitig Deutschland einerseits die Gebiete, aus denen der preußische Militarismus hervorgegangen ist, und andererseits das gesamte schlesische Industriegebiet entziehen.«

Handbuch Ostgebiete III, aaO, S. 161

*

In den Beschlüssen der *Konferenz zu Jalta* (1. 2.–11. 2. 1945) heißt es:
»Die drei Regierungschefs sind der Ansicht, daß die östliche Grenze Polens der Curzon-Linie folgen sollte, mit Abweichungen von fünf bis acht Kilometern in gewissen Gebieten zugunsten Polens. Sie anerkennen, daß *Polen beträchtlichen Gebietszuwachs im Norden und Westen erhalten muß.* Sie sind der Meinung, daß die Ansicht der neuen Polnischen Provisorischen Regierung der Nationalen Einheit über den Umfang

dieses Zuwachses zu gegebener Zeit einzuholen ist und daß die endgültige Festlegung der Westgrenze Polens danach bis zur Friedenskonferenz zurückzustellen ist.«

Handbuch Ostgebiete III, aaO, S. 196

*

Aus der Übereinkunft von Stalin, Truman, Attlee über die *Potsdamer Konferenz* vom 2. 8. 1945 (Potsdamer Abkommen):
»VI Stadt Königsberg und das anliegende Gebiet
Die Konferenz prüfte einen Vorschlag der Sowjetregierung, daß vorbehaltlich der endgültigen Bestimmungen der territorialen Fragen bei der Friedensregelung derjenige Abschnitt der Westgrenze der Union der Sozialistischen Sowjetrepubliken, der an die Ostsee grenzt, von einem Punkt an der östlichen Küste der Danziger Bucht in östlicher Richtung nördlich von Braunsberg-Goldap und von da zu dem Schnittpunkt der Grenzen Litauens, der Polnischen Republik und Ostpreußens verlaufen soll.
Die *Konferenz hat grundsätzlich dem Vorschlag der Sowjetregierung hinsichtlich der endgültigen Übergabe der Stadt Königsberg und des anliegenden Gebietes an die Sowjetunion* gemäß der obigen Beschreibung *zugestimmt*, wobei der genaue Grenzverlauf einer sachverständigen Prüfung vorbehalten bleibt.
Der Präsident der USA und der britische Premierminister haben erklärt, daß sie *den Vorschlag der Konferenz bei der bevorstehenden Friedensregelung unterstützen werden.*
...
IX Polen
...

b) Bezüglich der Westgrenze Polens wurde folgendes Abkommen erzielt:
In Übereinstimmung mit dem bei der Krim-Konferenz erzielten Abkommen haben die Häupter der drei Regierungen die Meinung der Polnischen Regierung der Nationalen Einheit hinsichtlich des Territoriums im Norden und Westen geprüft, das Polen erhalten soll. Der Präsident des Nationalrates Polens und die Mitglieder der Polnischen Provisorischen

Regierung der Nationalen Einheit sind auf der Konferenz empfangen worden und haben ihre Auffassungen in vollem Umfange dargelegt. Die Häupter der drei Regierungen bekräftigen ihre Auffassung, daß *die endgültige Festlegung der Westgrenze Polens bis zu der Friedenskonferenz zurückgestellt werden soll.*

Die Häupter der drei Regierungen stimmen darin überein, daß bis zur endgültigen Festlegung der Westgrenze Polens die früher deutschen Gebiete östlich der Linie, die von der Ostsee unmittelbar westlich von Swinemünde und von dort die Oder entlang bis zur Einmündung der westlichen Neiße und die westliche Neiße entlang bis zur tschechoslowakischen Grenze verläuft, einschließlich des Teiles Ostpreußens, der nicht unter die Verwaltung der Union der Sozialistischen Sowjetrepubliken in Übereinstimmung mit den auf dieser Konferenz erzielten Vereinbarungen gestellt wird, und einschließlich des Gebietes der früheren Freien Stadt Danzig unter die Verwaltung des polnischen Staates kommen und in dieser Hinsicht nicht als Teil der sowjetischen Besatzungszone in Deutschland betrachtet werden sollen.«

Handbuch Ostgebiete III, aaO, S. 263 f.

c) Die Vertreibung

Die Vertreibung von 15 Millionen Deutschen aus ihren seit Jahrhunderten angestammten Siedlungsgebieten in Mittel- und Osteuropa ist ein singuläres Verbrechen in der europäischen Geschichte, für das es keine geschichtlichen Parallelen gibt, sieht man einmal von den Massenumsiedlungen im Neuassyrischen Reich im 1. Jahrtausend v. Chr. und der Zurückdrängung der nordamerikanischen Indianer in »Reservaten« ab.

Wurde die Vertreibung auch von den Marionetten Stalins und aufgeputschtem tschechischem und polnischem Straßenmob vollzogen, so darf doch die spezielle Mitverantwortung der Anglo-Amerikaner für dieses Verbrechen nicht tabuisiert werden. Die Sprache eines Roosevelt oder Churchill zu diesem Vorhaben Jahre vor dem tatsächlichen Geschehen braucht an kaltem Zynismus keinen Vergleich mit Hitler oder Stalin zu scheuen.

Der persönliche Berater Roosevelts, *Harry Hopkins*, berichtete über ein Gespräch *Roosevelts* mit dem britischen Außenminister *Eden* am 14. 3. 1943:

»Polen wünscht Ostpreußen, und sowohl der Präsident wie Eden sind darüber einig, daß Polen es haben solle ...

Der Präsident sagte, er glaube, wir sollten Vorkehrungen treffen, die Preußen *in derselben Weise aus Ostpreußen wegzubringen,* wie die Griechen nach dem letzten Kriege aus der Türkei weggebracht worden seien; dies sei zwar ein hartes Verfahren, aber der einzige Weg, den Frieden zu erhalten, und den Preußen könne man unter keinen Umständen trauen.«

Handbuch Ostgebiete III, aaO, S. 51

✳

Der amerikanische Außenminister *Cordell Hull* schreibt in seinen Memoiren über eine Besprechung mit Präsident *Roosevelt* am 5. 10. 1943. Er gibt die Ansicht des Präsidenten wieder:

»Ostpreußen sollte von Deutschland abgetrennt und alle gefährlichen Elemente der Bevölkerung sollten *zwangsweise ausgesiedelt werden.*«

Handbuch Ostgebiete III, aaO, S. 58

✳

In der außenpolitischen Resolution des Kongresses der britischen *Labour-Partei* Pfingsten 1944 hieß es:

»3. ... Aber ›nationale Minderheiten‹ in Zentraleuropa, die außerhalb der Grenzen ihrer eigenen Nation zurückbleiben, sollten dazu ermutigt werden, sich ihr wieder anzuschließen. Im besonderen sollten *alle Deutschen, die außerhalb der deutschen Nachkriegsgrenzen zurückgelassen wurden, nach Deutschland zurückkehren,* außer wenn sie dazu bereit sind, ohne spezielle Privilegien zu fordern, loyale Untertanen des Staates zu werden, in dem sie sich befinden ...

Jedenfalls wird es in Europa ein ungeheures Problem von Repatriierung und Umsiedlung geben, wenn Millionen von Flüchtlingen, Sklavenarbeitern und Kriegsgefangenen zur Freiheit und zu ihren Heimen zurückkehren. Damit verglichen ist der Transfer von selbst wesentlichen nationalen Minderheiten, deutschen und anderen, nach der richtigen Seite der Nachkriegsgrenzen, eine geringfügige Sache. *Immerhin, gerade wenn so vieles im Fluß ist, haben wir eine einzigartige, nie wiederkehrende Gelegenheit, dieses verwickelte Problem ein für allemal zu lösen. So können wir hoffen, eine der eiternden Wunden am Körper Europas zu heilen.*«

Jaksch, Potsdam, aaO, S. 402 f.

✳

Am 30. 8. 1944 verkündete die *polnische Exilregierung* in London in ihrem »Neuen Plan« für die Nachkriegszeit:

»Alle Deutschen werden in polnisch-sowjetischer Zusammenarbeit aus den Gebieten entfernt werden, die im Norden und Westen dem polnischen Staat einverleibt werden.«

Handbuch Ostgebiete III, aaO, S. 106

✳

In seiner vielbeachteten Rede am 15. 12. 1944 sagte der britische Premierminister *Churchill* im Unterhaus:

»Es steht den Polen frei, was Rußland und Großbritannien betrifft, ihr Gebiet nach Westen auf Kosten Deutschlands auszudehnen. Ich möchte nicht auf nähere Details eingehen, aber den Gebietserweiterungen, die von Großbritannien und Rußland, beide durch den zwanzigjährigen Bündnisvertrag verbunden, unterstützt werden, kommt größte Bedeutung zu. *So ist der Gebietszuwachs im Westen und Norden viel wertvoller, und er umfaßt auch viel höher entwickelte Gebiete als der Verlust im Osten.* Wir hören, ein Drittel Polens müsse aufgegeben werden, aber da muß ich erwähnen, daß zu diesem Drittel die weite Fläche der Pripjetsümpfe gehört, ein ganz ödes Gebiet, das zwar den Umfang aufbläht, aber dem Reichtum seiner Besitzer nichts hinzuzufügen hat. Damit habe ich dem Hause in großen Zügen das Angebot dargelegt, das die Russen, auf die noch immer die Hauptlast der Befreiung fällt, dem polnischen Volke machen. Ich kann nicht glauben, daß ein derartiges Angebot von Polen verworfen werden wird. *Natürlich würde ein Bevölkerungsaustausch im Osten und Norden die Folge sein.* Die Umsiedlung von mehreren Millionen Menschen müßte vom Osten nach dem Westen oder Norden durchgeführt werden, ebenso die Vertreibung der Deutschen – denn das wurde vorgeschlagen: völlige Vertreibung der Deutschen – aus den Gebieten, die Polen im Westen und Norden gewinnt. *Denn die Vertreibung ist,* soweit wir in der Lage sind es zu überschauen, *das befriedigendste und dauerhafteste Mittel.* Es wird keine Mischung der Bevölkerung geben, wodurch endlose Unannehmlichkeiten entstehen, wie zum Beispiel im Fall Elsaß-Lothringen. *Reiner Tisch wird gemacht werden. Mich beunruhigt die Aussicht des Bevölkerungsaustausches ebensowenig wie die großen Umsiedlungen, die unter modernen Bedingungen viel leichter möglich sind als je zuvor.«*

Handbuch Ostgebiete III, aaO, S. 123 f.

✳

Der amerikanische Außenminister *E. R. Stettinius* sagte am 18. 12. 1944 zur amerikanischen Polen-Politik:

»Falls die polnische Regierung und das polnische Volk im Ergebnis eines solchen Abkommens entscheiden, daß es im Interesse des polnischen Staates läge, Volksgruppen umzusiedeln, wird die Regierung der *Vereinigten Staaten* in Zusammenarbeit mit anderen Regierungen, soweit durchführbar, *Polen bei einer solchen Umsiedlung Beistand leisten.* Die Regierung der Vereinigten Staaten hält an ihrer traditionellen Politik fest, keine Garantien für bestimmte Grenzen zu geben.«

Handbuch Ostgebiete III, aaO, S. 133 f.

✳

In der Übereinkunft von Stalin, Truman und Attlee über die *Potsdamer Konferenz* vom 2. 8. 1945 heißt es:

»XIII Ordnungsgemäße Überführung deutscher Bevölkerungsteile

Die Konferenz erzielte folgendes Abkommen über die Ausweisung Deutscher aus Polen, der Tschechoslowakei und Ungarn:
Die drei Regierungen haben die Frage unter allen Gesichtspunkten beraten und erkennen an, daß die Überführung der deutschen Bevölkerung oder Bestandteile derselben, die in Polen, der Tschechoslowakei und Ungarn zurückgeblieben sind, nach Deutschland durchgeführt werden muß. Sie stimmen darin überein, daß jede derartige *Überführung*, die stattfinden wird, *in ordnungsgemäßer und humaner Weise* erfolgen soll. Da der Zustrom einer großen Zahl Deutscher nach Deutschland die Lasten vergrößern würde, die bereits auf den Besatzungsbehörden ruhen, halten sie es für wünschenswert, daß der Alliierte Kontrollrat in Deutschland zunächst das Problem unter besonderer Berücksichtigung der Frage einer gerechten Verteilung dieser Deutschen auf die einzelnen Besatzungszonen prüfen soll. Sie beauftragen demgemäß ihre jeweiligen Vertreter beim Kontrollrat, ihren Regierungen so bald wie möglich über den Umfang zu berichten, in dem derartige Personen schon aus Polen, der Tschechoslowakei und Ungarn nach Deutschland gekommen sind, und eine Schätzung über Zeitpunkt und Ausmaß vorzulegen, zu dem die weiteren Überführungen durchgeführt werden können, wobei die gegenwärtige Lage in Deutschland zu berücksichtigen ist. Die tschechoslowakische Regierung, die Polnische Provisorsche Regierung und der Alliierte Kontrollrat in Ungarn werden gleichzeitig von Obigem in Kenntnis gesetzt und ersucht werden, inzwischen weitere Ausweisungen der deutschen Bevölkerung einzustellen, bis die betroffenen Regierungen die Berichte ihrer Vertreter an den Kontrollrat geprüft haben.«

Handbuch Ostgebiete III, aaO, S. 263 f.

*

Churchill sagte am 5. 10. 1945 in der »Review of World Affairs«:
»Machen Sie sich keine Sorge über die fünf oder mehr Millionen Deutscher. ... Stalin wird sich darum kümmern. Sie werden mit ihnen keine Schwierigkeiten haben: *Sie werden zu existieren aufhören!*«

Reichenberger, Willkür, aaO, S. 400

Der tschechoslowakische Präsident *Dr. Eduard Benesch* in seiner Weihnachtsbotschaft 1945:

»Wir lösen gerade jetzt unsere politischen Probleme. Die Ausweisung der Deutschen ist ein großes, revolutionäres und für uns ein freudiges und *zufriedenstellendes Ereignis.* Konnten wir diese Ergebnisse im Jahre 1938 erwarten?«

Jaksch, Potsdam, aaO, S. 434

5. Vom Saulus zum Paulus – Stimmen alliierter Politiker nach 1945

Auch nach dem Zweiten Weltkrieg wandelten sich wie schon nach dem Ersten Weltkrieg einige alliierte Politiker vom »Saulus zum Paulus«. Churchill bekannte in den 50er Jahren, »das falsche Schwein« geschlachtet zu haben, freilich kam seine Erkenntnis um 10 Jahre zu spät. So sollten die Worte des Viscount Morley im August 1914 nach 1945 eine traurige Realität erfahren. Der britische Minister Morley reichte nach Kriegseintritt Englands gegen das deutsche Kaiserreich seine Demission ein, mit einem hellseherischen Hinweis auf die Zukunft: Nicht England oder Frankreich würden nach Deutschlands Niederlage die Rolle in Europa spielen: »...es wird Rußland sein ... und die Leute werden sich die Augen reiben, wenn sie erkennen, daß die Kosaken ihre siegreichen Mitstreiter sind für Freiheit, Gerechtigkeit, Gleichheit der Menschen und Heiligkeit der Verträge«.

Das Kapitel über die Teheraner Konferenz beendet *Churchill* in seinen Memoiren:
»Wir alle waren von Furcht vor der Macht eines geeinten Deutschlands erfüllt. Preußen hatte eine eigene große Geschichte. Es müßte möglich sein, so meinte ich, mit ihm einen harten, aber ehrenvollen Frieden abzuschließen und gleichzeitig in modernen Formen das wiederum ins Leben zu rufen, was ungefähr das Österreich-Ungarische Reich gewesen war, von dem gesagt worden ist: ›Man müßte es erfinden, wenn es nicht existierte.‹«
Hier handelte es sich um einen großen Raum, in dem nicht nur Friede, sondern sogar Freundschaft herrschen konnte, weit früher als bei irgendeiner anderen Lösung. So könnte ein vereinigtes Europa geschaffen werden, in dem alle, Sieger und Besiegte, eine sichere Grundlage für Leben und Freiheit ihrer vielgeprüften Millionen fänden.
Ich bin mir keines Bruchs in der Entwicklung meiner Gedanken auf diesem unermeßlichen Gebiete bewußt. Aber im Bereich der Tatsachen

sind unabsehbare und verhängnisvolle Änderungen eingetreten. Die Grenzen Polens existieren nur dem Namen nach – Polen zittert unter der Wucht der russisch-kommunistischen Vergewaltigung. Deutschland ist allerdings aufgeteilt, aber nur durch eine abscheuliche Scheidung in militärische Besatzungszonen. *Von dieser Tragödie kann man nur das eine sagen: ›Sie kann keinen Bestand haben.‹«*

Handbuch Ostgebiete III, aaO, S. 71

٭

Am 16. 8. 1945 erklärte der Oppositionsführer *Churchill* vor dem Unterhaus:

»Ich muß meine persönliche Meinung zu Protokoll geben, daß *die Polen zugestandene provisorische Westgrenze,* die von Stettin an der Ostsee längs der Oder und ihrem Nebenfluß, der westlichen Neiße, verläuft und ein Viertel des Ackerlandes ganz Deutschlands umschließt, *kein gutes Vorzeichen für die künftige Karte Europas ist.* In der Koalitionsregierung wünschten wir stets, Polen möge im Westen reichlich für das Gebiet entschädigt werden, das es östlich der Curzon-Linie an Rußland abtrat. Hier aber, glaube ich, wurde ein Fehler begangen, an dem die provisorische Regierung stark beteiligt ist, indem sie weit über das hinausging, was die Notwendigkeit und die Billigkeit erforderten. Es gibt nur wenige Tugenden, welche die Polen nicht besitzen, – und es gibt nur wenige Irrtümer, die sie jemals vermieden haben.«

Handbuch Ostgebiete III, aaO, S. 274

٭

Am 10. 10. 1945 erklärte der konservative britische Unterhausabgeordnete *Robert Boothsby* im Londoner Unterhaus:

»Hätten wir vor einem Jahr geglaubt, daß wir diesen Krieg führen, um Zentral- und Osteuropa in eine Wüste zu verwandeln und seine Bevölkerung zu dezimieren?«

Jaksch, Potsdam, aaO, S. 411

Am 5. 1. 1946 schrieb US-Präsident *Harry S. Truman* an seinen Außenminister Byrnes:

»In Potsdam wurden wir vor eine vollendete Tatsache gestellt und waren durch die Umstände geradezu gezwungen, der russischen Besetzung Ostpolens und der polnischen Besetzung des östlich der Oder gelegenen Teils Deutschlands zuzustimmen. *Es war ein willkürlicher Gewaltakt.*«

Handbuch Ostgebiete III, aaO, S. 284

✻

1952 sagte US-Präsident *Dwight D. Eisenhower,* bis 1945 Oberbefehlshaber der alliierten Truppen in Westeuropa:

»Wir müssen uns einiger historischer Tatsachen erinnern, die für jene Männer, die heute die Politik der Sowjetunion formen, Gewicht und Bedeutung haben. Die letzten zweihundert Jahre erzählen eine einfache, aber sensationelle Geschichte über das Verhältnis Rußlands zu Europa. Es gibt ein sehr einfaches Mittel, den jeweiligen Druck Rußlands auf den Kontinent zu messen: Man rufe sich ins Gedächtnis, wie weit zu den verschiedenen Zeiten die russische Grenze von der Mitte Europas, von Berlin, entfernt war. 1750 betrug die Distanz fast 2000 Kilometer, um 1800 noch 1200, im Jahre 1815 nur mehr 320 Kilometer. Seit damals ist die russische Grenze immer weiter nach Westen vorgerückt, bis sie schließlich heute westlich von Berlin verläuft. So ist *die alte russische Vision von einem Reich,* das zwei Kontinente umspannt – ›*von Aachen bis Wladiwostok*‹ – unter kommunistischer Führung ihrer Verwirklichung sehr nahegekommen.«

Armstrong, Bedingungslose Kapitulation, aaO, S. 263

Quellen- und Literaturverzeichnis*

I. Unveröffentlichte Quellen

Public Record Office, London

II. Akten- und Quellenveröffentlichungen

Akten zur Deutschen Auswärtigen Politik 1918–1945 (ADAP), Serie D 1937–1941, Band I–XIII, Baden-Baden/Göttingen 1950–1970

Blaubuch der Britischen Regierung über die deutsch-polnischen Beziehungen und den Ausbruch der Feindseligkeiten zwischen ·Großbritannien und Deutschland am 3. 9. 1939, Fasc. 1, Basel 1939

Brügel, Johann W.: Stalin und Hitler. Pakt gegen Europa. Dokumentensammlung vom 22. 8. 1939–22. 6. 1941, Wien 1973

Burckhardt, Carl J.: Meine Danziger Mission 1937–1939, München 1960

Der Prozeß gegen die Hauptkriegsverbrecher vor dem Internationalen Militärgerichtshof in Nürnberg vom 14. November 1945 bis 1. Oktober 1946 (IMT), Bd. I–XLII, Nürnberg 1948

Der Weltkrieg 1914–1918. Bearb. im Reichsarchiv. Die militärischen Operationen zu Lande, 2. Bd.: Die Befreiung Ostpreußens, Berlin 1925

Deutsches Weißbuch Nr. 2: Dokumente zur Vorgeschichte des Krieges, Berlin 1940

Deutsches Weißbuch Nr. 3: Polnische Dokumente zur Vorgeschichte des Krieges, Erste Folge, Berlin 1940

Deutschland schuldig? Deutsches Weißbuch über die Verantwortlichkeit der Urheber des Krieges, hrsg. mit Genehmigung des Auswärtigen Amtes, Berlin 1919

Die britischen amtlichen Dokumente über den Ursprung des Weltkrieges 1898–1914 (Britische Dokumente), Bd. I–XI, Berlin 1926–1933

Die deutschen Dokumente zum Kriegsausbruch 1914, hrsg. von K. Kautsky, Graf Montgelas und W. Schücking, Berlin 1920

Die deutschen Ostgebiete, Band III (Handbuch Ostgebiete III): Quellen zur Entstehung der Oder-Neiße-Linie, gesammelt und herausgegeben von Gotthold Rhode und Wolfgang Wagner, Stuttgart 1956

Die Große Politik der Europäischen Kabinette 1871–1914, Bd. I–XXXIX, Berlin 1922–1927

Die Internationalen Beziehungen im Zeitalter des Imperialismus. Dokumente aus den Archiven der Zarischen und Provisorischen Regierung (Russische Dokumente), Reihe I–III, Berlin 1931 f.

Documents on British Foreign Policy 1919–1939 (British Documents) Third Series, Vol. I–IX, London 1949–1955

Documents diplomatiques français (1871–1914), 1.–3. Série, Paris 1929 f.

Freund, Michael: Geschichte des Zweiten Weltkrieges in Dokumenten, Freiburg 1955

Freund, Michael: Weltgeschichte der Gegenwart in Dokumenten 1938–1939, Bd. I–III, Freiburg 1954–1956

Konferenzen und Verträge (Vertrags-Ploetz), Teil II, 3. Band: Neuere Zeit, 1492–1914, 2. Aufl., Würzburg 1958

Konferenzen und Verträge (Vertrags-Ploetz), Teil II, 4. Band: Neueste Zeit, 1914–1959, 2. Aufl., Würzburg 1959

Soviet Documents on Foreign Policy, hrsg. von J. Degras, London–New York–Toronto 1953

* Verzeichnet sind nur die im Buch zitierten Werke

III. Memoiren, Papiere, Briefe, Biographien, Tagebücher und Erinnerungen

Benesch, Eduard: Memoirs of Dr. Eduard Beneš – From Munich to New War and New Victory, London 1954
Bernhard, H.: Gustav Stresemann, Vermächtnis – Nachlaß, Bd. I–III, Berlin o. J.
Briefwechsel Stalins mit Churchill, Attlee, Roosevelt und Truman 1941–1945, Berlin (Ost) 1961
Burns, James: Roosevelt, the Lion and the Fox, New York 1956
Churchill, Winston: Der Zweite Weltkrieg, Buch I–VI, Hamburg 1949–1952
Churchill, Winston: Weltkrisis 1911–1914, Leipzig 1924
Coulondre, Robert: Von Moskau nach Berlin 1936–1939, Bonn 1950
Dahlerus, Birger: Der letzte Versuch. London–Berlin. Sommer 1939, München 1948
Davies, J. E.: Als USA-Botschafter in Moskau, Zürich 1943
Die Briefe des Botschafters Walter H. Page an Wilson, Berlin 1926
Feiling, Keith: The Life of Neville Chamberlain, London 1947
Grey, Sir Edward: 25 Jahre Politik 1892–1916, Memoiren von Edward Grey, Bd. I–II, München 1926
Halifax, Earl of: Fullness of days, London 1957
Henderson, Neville: Failure of a Mission, London 1940
Hoover, Herbert: Memoiren Bd. I–II, Mainz 1951
Huldermann, Bernard: Albert Ballin, Oldenburg 1922
Meißner, Otto: Staatssekretär unter Ebert, Hindenburg, Hitler, Hamburg 1950
Nevins, Ailan: Henry White, Thirty Years of American Diplomacy, New York 1930
Raczynski, Edward: In Allied London – The wartime diaries of the Polish Ambassador, London 1962
Roosevelt and Churchill. Their Wartime Correspondence, 1975
Sherwood, Robert E.: Roosevelt und Hopkins – Weltpolitik 1933–45 im Weißen Haus, Hamburg 1948
Stieve, Friedrich: Der diplomatische Schriftwechsel Iswolskis 1911–1914, Berlin 1926
Stieve, Friedrich: Iswolski im Weltkriege, Berlin 1926
Szembek, Graf J.: Journal 1933–1939, Paris 1952
The Forrestal Diaries, ed. by Walter Millis, New York 1951
Weizsäcker, Ernst v.: Erinnerungen, München–Leipzig–Freiburg 1950

IV. Literatur (allgemein)

Armstrong, Anne: Bedingungslose Kapitulation. Die teuerste Fehlentscheidung der Neuzeit, Wien–München 1965
Bainville, Jacques: Frankreichs Kriegsziel, Hamburg 1939/40
Bonnet, Georges: Vor der Katastrophe, Köln 1951
Braun, Otto: Von Weimar bis Hitler, Hamburg 1949
Brook-Shepherd, Gordon: Der Anschluß, Graz–Wien–Köln 1963
Calleo, David P.: Legende und Wirklichkeit der deutschen Gefahr. Neue Aspekte zur Rolle Deutschlands von Bismarck bis heute, Bonn 1980
Das Volk ohne Staat. Von der Babylonischen Gefangenschaft der Deutschen, Bad Neustadt 1981
Deutsche Verfassungen »Von Frankfurt nach Bonn«, Frankfurt–Berlin–Bonn 1958
Diwald, Hellmut: Geschichte der Deutschen, Frankfurt–Berlin–Wien 1978
Draeger, Hans: Anklage und Widerlegung, Taschenbuch zur Kriegsschuldfrage, Berlin o. J. (etwa 1928)
Fabry, Philipp W.: Die Sowjetunion und das Dritte Reich, Stuttgart 1971
Franz-Willing, Georg: Der Zweite Weltkrieg, Ursachen und Anlaß, Leoni 1979
Freund, Michael: Deutsche Geschichte, München 1979

Fuller, J. F. C.: Der Zweite Weltkrieg 1939–1945, Stuttgart–Wien 1950
Gebhardt, Bruno: Handbuch der Deutschen Geschichte, Bd. 1–4, 9. Aufl., Stuttgart 1970 f.
Glaser, Kurt: Der Zweite Weltkrieg und die Kriegsschuldfrage, Würzburg 1965
Halder, Franz: Hitler als Feldherr, München 1949
Handbuch der Deutschen Geschichte, von Brandt-Meyer-Just, Bd. I–V, Konstanz 1957 f.
Hedin, Sven: Amerika im Kampf der Kontinente, Leipzig 1942
Heuss, Theodor: Hitlers Weg, Berlin–Leipzig–Stuttgart 1932
Höltje, Christian: Die Weimarer Republik und das Ostlocarno-Problem 1919–1934, Würzburg 1958
Hölzle, Erwin: Die Selbstentmachtung Europas, Göttingen 1975
Jaksch, Wenzel: Europas Weg nach Potsdam, Stuttgart 1958
Jedrzejewisz, W.: Poland in the British Parliament 1939–1945, Londön 1946
Jong, Louis de: Die deutsche 5. Kolonne im Zweiten Weltkrieg, Stuttgart 1959
Kennan, George F.: Sowjetische Außenpolitik unter Lenin und Stalin, Stuttgart 1961
Lea, Homer: Die Stunde der Angelsachsen, Bern 1946
Lenin, W. J.: Über Krieg, Armee und Militärwissenschaft. Eine Auswahl aus Lenin-Schriften in zwei Bänden, Berlin (Ost) 1958
Link, Arthur S.: Wilson, The Struggle for Neutrality, Princeton 1960
Löwenstein, Hubertus Prinz zu: Deutsche Geschichte, Frankfurt 1950
Meissner, Boris: Die Sowjetunion, die baltischen Staaten und das Völkerrecht, Köln 1956
Miksche, F. O.: Unconditional Surrender, London 1952
Newman, Simon: March 1939: The British Guarantee to Poland, Oxford 1976
Nitti, Francesco: Europa am Abgrund, Frankfurt 1923
Nitti, Francesco: Die Tragödie Europas – und Amerika?, Frankfurt 1924
Paléologue, Maurice: Un grand tournant de la politique mondiale 1904–1906, Paris 1934
Ponsonby, Arthur: Absichtliche Lügen in Kriegszeiten, Seeheim 1967
Recke, Walther: Die polnische Frage als Problem der europäischen Politik, Berlin 1927
Reichenberger, E. J.: Wider Willkür und Machtrausch, Göttingen 1955
Rhode, Gotthold: Die Ostgebiete des Deutschen Reiches, Würzburg 1956
Rozek, Edward J.: Allied Wartime Diplomacy – A Pattern in Poland, New York 1958
Seraphim, H. G.: Die deutsch-russischen Beziehungen 1938–1941, Göttingen 1949
Seraphim, Maurach, Wolfrum: Ostwärts von Oder und Neiße, Hannover 1949
Sündermann, Helmut: Potsdam 1945, Leoni 1962
Tansill, Charles, Callan: Die Hintertür zum Kriege, Düsseldorf 1956
Taylor, A. J. P.: The Origins of the Second World War, London 1961
Taylor, A. J. P.: Die Ursprünge des Zweiten Weltkrieges, Gütersloh 1962
Vansittard, Robert: Black Record, London 1941
Viefhaus, Erwin: Die Minderheitenfrage und die Entstehung der Minderheitenschutzverträge auf der Pariser Friedenskonferenz 1919, Würzburg 1960
Wirsing, Giselher: Der maßlose Kontinent. Roosevelts Kampf um die Weltherrschaft, Jena 1943
Wirsing, Giselher: Das Zeitalter des Ikaros, Jena 1944
Worobiew und Krawzow: Der Große Vaterländische Krieg der Sowjetunion 1941 bis 1945, russ., Moskau 1961
Zentner K.: Illustrierte Geschichte des Dritten Reiches, München 1965
Zimmermann, Horst: Die Schweiz und Österreichs Anschluß an die Weimarer Republik, Bern 1967

V. Zeitschriften-Artikel

Kommunist Nr. 5/1958 (Moskau)

Namenverzeichnis

Alexander III., Zar 55
Anastasia, Großfürstin 59
Arciszewski, Tomasz 235
Armstrong, Anne 214
Asquith, Herbert 37
Attlee, Clement Richard 237, 241

Baginski, H. 111
Bainville, Jacques 97
Balfour, Arthur James, Earl of 31
Barthelémy, Joseph 128
Beck, Josef 108, 112 f., 115 f., 119, 154, 165, 176
Benesch, Eduard 127 ff., 177, 189, 243
Benckendorff, Graf, russ. Botschafter 36 f., 49, 57
Bertie, Francis Leveson 23
Bethmann-Hollweg, Theobald von 58
Beveridge, US-Senator 60
Bidault, Georges 236
Bienvenue-Martin 50, 68
Bismarck, Otto Fürst von 13, 19, 21, 23, 64 ff., 87, 221
Boleslaw Chobry, poln. König 107
Bonar Law, Andrew 41
Bonaparte, Napoleon 26, 151, 95
Bonnet, George 111, 116
Boothsby, Robert 245
Bourgeois, Léon 45
Brauer, Otto 99, 105
Bryan, William J. 61
Buchanan, George 35 ff., 67
Bullitt, William 174 ff.
Bülow, Bernhard von 45, 66
Burckhardt, Carl Jacob 106, 113 f., 124
Byrnes, James Francis 246

Calleo, David P. 64 f., 155, 202
Cambon, Jules 31 f., 46, 49, 68
Carlotti, ital. Botschafter 50
Cecil, Robert Lord of 75

Chamberlain, Sir Austen 38, 41 f., 76
Chamberlain, Neville 97, 129, 132 ff., 136, 154, 157 f., 160 ff., 175
Chodacki, poln. Minister 107
Churchill, Winston 19, 34, 43, 112, 130, 151, 153 f., 157 f., 164, 168 ff., 178 f., 182, 195, 211 f., 221, 226 ff., 231 ff., 238, 240, 242, 244 f.
Cooper, Duff 154, 165, 207
Cordell Hull, amerik. Außenminister 229 ff., 239
Coulondre, Robert 105, 132
Cripps, Sir Richard 191
Crowe, Sir Eyre 25, 34, 39
Curzon of Kedleston, Lord George 75

Dahlerus, Birger 115, 125
Daladier, Edouard 132
Davies, J. E. 115
Delcassé, Théophile 45, 49, 71 f., 78
Deutsch, Julius 143
Dinghofer, Franz 142
Dirksen, Herbert von 158
Disraeli, Benjamin 19
Diwald, Hellmut 132
Dmoswski, Roman 106, 109 f.
Dönitz, Karl 214
Dupuy, Ernest R. 216
Dupuy, Trevor N. 216

Ebert, Friedrich 139
Eden, Anthony 167, 229 f., 233, 239
Eisenhower, Dwight D. 215, 246
Erdmann, Karl Dietrich 148
Erdmannsdorff, dt. Botschafter 193

Feiling, Keith 162
Fischer, Fritz, Historiker 70
Foch, Ferdinand 130 f.
Forbes, s. Ogilvie
Forrestal, James 175, 215

Frankfurter, Felix 177
Freund, Michael 85, 126, 132, 165
Friedrich der Große 13, 26 f., 87
Frohwein, dt. Gesandter 191
Fuller, J. F. C. 199, 219

Gafencu, Grigore 184
Gallifet, Marquis de 44
George, Lloyd 38, 77 f., 91, 96, 103
Gladwynn Jebb, Hubert Miles 118
Glaser, Kurt 200
Gluchowski, poln. Vizekriegsmin. 114
Göring, Hermann 115
Grabski, Stanislaus 116
Granville, engl. Diplomat 58
Grey, Edward, Sir 25, 30 f., 32 f., 35 ff.,
    39 ff., 58, 67
Grigorenko, sowj. Gen. Major 194
Gruitsch, serb. Geschäftsträger 46
Grzybowsky, Graf Waclaw 105, 132
Guderian, Heinz 213
Günter, Konrad 150
Gürtler, österr. Nationalratspräs. 143
Guillaume, Baron, belg. Gesandter 48
Gutschkow, Alexander 53

Habsburg, Otto von 121
Hácha, Emil 135, 137
Haffner, Sebastian 33
Halder, Franz 190 f., 195, 214
Halifax, Edward Wood Viscount 125, 134,
    157, 165
Hanotaux, franz. Abgeordneter 50, 78
Hardinge, Charles 34
Hartwig, Nikolai von 54
Hedin, Sven 159, 199
Henderson, Arthur 76
Henderson, Sir Neville 124, 125, 136, 159,
    165
Hermann der Cherusker 13
Heuss, Theodor 99
Hitler, Adolf 13 f., 65, 109, 120, 126, 133,
    136 f., 139, 147 ff., 155 f., 159, 161, 163,
    165, 169, 175, 178, 180, 184, 189 f., 195 ff.,
    201, 207
Hintze, von, Admiral 74

Hölzle, Erwin 22, 33
Hoover, Herbert 62, 91, 96, 128, 130
Hopkins, Harry 239

Irving, David 14, 198
Iswolski, Alexander 47, 52, 56, 71 f.

Jaksch, Wenzel 131 f.
Janson, von, dt. Generalkonsul 107
Jodl, Alfred 196
Joffre, Joseph 51
Jong, Louis de 116

Karl V. 50
Kaufman, Theodor Nathan 224
Kennan, George F. 201
Kennard, brit. Botschafter 124
Kennedy, Joseph 175 f., 184
Kitchener, Lord Herbert 160
Kneeshaw, J. W. 94
Koscialkowski, poln. Minister 112
Kosutitsch, serb. Gesandter 52 f.
Kotze, dt. Gesandter 191
Kukasiewicz, poln. Botschafter 174

Lalicki, Stephan 107
Lamsdorff, Wladimir Graf 55
Lansdowne, Marcus, Lord 40
Lansing, Robert 62, 93
Lea, Homer 21
Lenin, Wladimir Iljitsch 93
Lidell Hart, Sir Basil 215, 218
Lipski, Joseph 115, 125
Löbe, Paul 140
Loë, Freiherr von, preuß. General 44
Lochner, Louis P. 218
Lubienski, Graf, Mitarb. im poln. Außen-
    ministerium 119
Ludwig XIV. 151
Lukasiewicz, poln. Botschafter 111
Luther, Martin 13

Maclean, D. Sir 38
Maiski, Iwan 168
Makins, Roger 114
Mandell House, Edward 61

Manstein, Erich von 213
Manteuffel, Hasso von 213
Marlborough, John 151
Masaryk, Tomas 130, 135
Mastny, M. 136
McNeill, Ronald 75
Meissner, Boris 196
Meißner, Otto 137
Miksche, Ferdinand Otto 135
Milanowitsch, serb. Min.präs. 46
Mottistone, Lord 130
Molotow, Wjatscheslaw 185 f., 190. 229 f.
Moltke, Hans-Adolf von 113, 116 f., 124, 136
Morgenthau, Henry 177
Morley, John Viscount 244

Neugebauer, Wolfgang 150
Newman, Simon 154
Nicolson, Arthur 35 ff., 67
Nikolaus II., Zar 52
Nitti, Francesco 43, 78, 94
Noël, Leon 116 f.
Nye, Gerald P. 180

O'Connor, T. P. 42
Ogilvie-Forbes, Sir George 115, 125
Oncken, Hermann 25

Page, Walter H. 61 f., 69
Paléologue, Maurice 45, 50, 72
Percin, franz. General 51
Philipp II. von Spanien 50, 151
Pichon, franz. Außenminister 50
Poincaré, Raymond 33, 48 f., 78
Pokrowsky, russ. Außenminister 72
Popowitsch, serb. Gesandter 54
Potocki, Jerzi, Graf 174 f., 176
Pourtalès, Friedrich von 58

Raczynski, Edward 158
Ramek, Rudolf 141
Ranke, Leopold von 14
Renner, Karl 127, 141 f., 144
Ribbentrop, Joachim von 125
Richelieu, Armand Jean du Plessis, Herzog von 44

Roosevelt, Franklin D. 159 f., 171 ff., 189, 200, 208 ff., 218, 221, 225 ff., 231 ff., 238 f.
Rosner, Karl 74
Runciman, Walter Viscount 129

Sasonow, Sergei 33, 36, 49, 52, 54 ff., 70 ff.
Schlabrendorff, Fabian von 217
Schönbauer, Leopold 142
Schober, Johannes 143
Schulenburg, Werner, Graf von der 187
Seitz, Karl 147
Seraphim, H. G. 189
Smuts, Jan Christian 104
Southby, Sir Archibald 133
Stachiewitz, poln. General 120
Stalin, Josef W. 165, 169, 184, 186 ff., 196, 199, 210, 226 ff., 232 ff., 237 f., 241 f.
Strang, Sir William 118
Stauning, Thorvald 198
Stettinius, E. R. 241
Stresemann, Gustav 104, 141
Suchomlinov, russ. Kriegsminister 56, 58
Szembek, Graf, poln. Unterstaatssekretär 163, 174

Tansill, Charles C. 175, 200
Taylor, A. J. P. 109, 154, 202
Tiso, Pater 136
Truman, Harry S. 237, 241, 246

Vansittard, Lord, Robert 164, 207
Voigt, F. A. 156

Weber, Max 64, 77
Wedemeyer, Albert C. 216
Weizsäcker, Ernst von 165, 180
Westphal, Siegfried 214
White, Henry 31
Wilhelm II., Kaiser 13, 27, 47, 50, 151
William III. 151
Wilmot, Chester 217
Wilson, Woodrow 61 f., 69, 77, 83, 85, 91 f., 103, 130, 140, 211
Wszelaki, Mitarb. im poln. Außenmin. 119

Zuvorin, Chefredakteur 55

Inhalt

Vorwort von Prof. Hellmut Diwald   5
Einleitung 11

Teil I
In Europa gehen die Lichter aus –
Auf dem Weg zum Ersten Weltkrieg

1. Aufgabe der »splendid isolation« – Englands Weg zum Ersten Weltkrieg . . . 19
   a) Gegen Deutschland 19
   b) Memoranda 22
   c) Der Kreis schließt sich: Englands Bündnis mit Frankreich und Rußland . . 30
   d) »Britannia rules the waves« – oder: Der Stellenwert des deutsch-britischen
      Flottenstreits 33
   e) Die Angst des Walfisches vor dem Bären 35
   f) Belgien als Kriegsgrund? 37
   g) Wie »frei« war England im Juli 1914? 39
2. Rache für Sedan – Frankreichs Weg zum Ersten Weltkrieg 43
   a) Frankreich – nur ein Opfer? 43
   b) Erbfeind Deutschland 44
   c) Schritte zum Krieg 46
   d) »Endlich Krieg!« 50
   e) Frankreich und die belgische Neutralität 51
3. Der Koloß tönt – Rußland und der Erste Weltkrieg 52
   a) Der Panslawismus 52
   b) Serbien als Stellvertreter 53
   c) Der »unvermeidliche« Krieg 55
4. Die »Stunde der Angelsachsen« – Die USA entscheiden den Krieg 60
   a) Die »Wohltäter«-Nation 60
   b) Schritte zum Krieg 61
5. Das Deutsche Reich und der Erste Weltkrieg 64
   a) »... wurde eingekreist geboren« 64
   b) Zwänge 66
6. Kriegsziele der Entente 70
7. Eine Fallstudie der Greuelpropaganda: Die Leichenfabrik 74
8. Kriegsschuld 77

Teil II
Der Friede von Versailles 1919

1. Die Hoffnung: Wilsons vierzehn Punkte 83
2. Der Alptraum: Das Diktat 85
3. Vom Saulus zum Paulus – Stimmen zeitgenössischer ausländischer
   Politiker zum Versailler Vertrag 91
4. Vorahnungen 96
5. Versailles – Geburtsstätte Hitlers? 99

Teil III
Die Folgen von Versailles: Auf dem Weg zum Zweiten Weltkrieg

1. Das polnische Pulverfaß 103
   a) Die Versailler Grenzziehung 103
   b) Der Korridor 104
   c) Die Danzig-Frage 106
   d) Das nichtsaturierte Polen nach 1918 109
   e) »... ein Gran Narrheit« 112
   f) Deutschfeindliche Stimmungen 115
   g) Ein englischer Diplomatenbericht im Sommer 1939 118
   h) Der Krieg 1939 124
2. Die Bastion Tschechoslowakei 127
   a) Eine neue »Schweiz«? 127
   b) Die strategische Bedeutung 129
   c) Das Münchner Abkommen 132
   d) März 1939: Der Einmarsch in die »Rest-Tschechei« 135
3. Der Anschluß Österreichs 1938 – Ein Irrtum der Geschichte? 139
   a) Deutsche Stimmen zum Anschluß-Problem 139
   b) Österreichische Stimmen zum Anschluß-Problem 141
   c) Österreichische Stimmen nach dem Anschluß 144
   d) Ausländische Presse zum Anschluß 145
   e) Gab es einen spezifisch österreichischen Widerstand gegen Hitler? . 147
   f) Österreich nach 1945 149
4. Englands Entscheidung zum Krieg 151
   a) Die »balance of power« 151
   b) Zum Krieg entschlossen 157
   c) Zeit gewinnen 161
   d) Polen als Streichholz 163
   e) Der Pakt mit dem Teufel:
      Die britisch-sowjetische Zusammenarbeit 167

5. USA, die »graue Eminenz« im Hintergrund 171
   a) Wider das »Böse« 171
   b) »... in keine fremden Kriege...« 172
   c) Biedermann und die Brandstifter 174
   d) Schritte zum Krieg 176
6. Sein oder Nichtsein – Der Krieg gegen die Sowjetunion 184
   a) Der »imperialistische Krieg« und die Revolution 184
   b) Zeitgewinn als Faktor 185
   c) Aufmarsch der Roten Armee 190
   d) Das deutsche Dilemma 195
7. Kriegsschuld 198

Teil IV
Auf dem Weg nach Potsdam 1945

1. Die Politik von Casablanca 207
   a) »Unconditional Surrender« 207
   b) ... und die Folgen: Deutsche Stimmen 213
   c) ... und die Folgen: Alliierte Stimmen 215
   d) Die Auswirkungen auf den deutschen Widerstand 217
2. Preußen, »Herd der Pest« 221
3. Terror gegen Deutsche 224
   a) Das Gesinnungsverbrechen 224
   b) Die Tat 227
4. Auf dem Weg zu Rumpfdeutschland 229
   a) »Unschädlich machen« 229
   b) Die Entstehung der Oder-Neiße-Grenze 232
   c) Die Vertreibung 238
5. Vom Saulus zum Paulus – Stimmen alliierter Politiker nach 1945 244

Quellen- und Literaturverzeichnis 247

Namenverzeichnis 250

Anmerkung:
In Klammern gesetzter Text in den Quellen ist vom Verfasser zum leichteren
Verständnis für den Leser eingesetzt.
Kursiv gesetzte Texte in den Zitaten sind vom Verfasser hervorgehoben.

255

Weitere Titel aus unserem Programm

Helmut Kamphausen

Deutschlands Zerstückelung

Pläne – Täter – Helfershelfer

HELMUT KAMPHAUSEN

DEUTSCHLANDS ZERSTÜCKELUNG
Pläne – Täter – Helfershelfer

256 S. – Fotos – Paperback – DM 29,80

Spannender läßt sich die Geschichte von Kriegsende und Nachkrieg nicht schildern. Der Autor, als Journalist an den Brennpunkten des Geschehens, erlebt diese Zeit an den Schauplätzen Berlin und SBZ und im Rheinland. Verzweifelt muß er das Ringen um den Bestand des Reiches auf der einen und die Schaffung der Rheinrepublik auf der anderen Seite mit ansehen. Über sein eigenes Erleben hinausgehend, dokumentiert er das Geschehen in historischen Fakten und brisantem Hintergrundmaterial, das vor allem für Konrad Adenauer ein vernichtendes neues Bild ergibt. Dieses Buch ist eine patriotische Tat!

Dirk Kunert

Deutschland im Krieg der Kontinente

Anmerkungen zum Historikerstreit

ARNDT

DIRK KUNERT

DEUTSCHLAND IM KRIEG DER KONTINENTE
Anmerkungen zum Historikerstreit

320 S. – Fotos – gebunden – DM 39,80

Der Historikerstreit hat die Ernte nur einer Saison in die Scheunen gefahren. Die dürftige inhaltliche Substanz eines „Streites", der eigentlich in der zeitgeschichtlichen Diskussion überfällig war, hat den Historiker Prof. Dr. Dirk Kunert zur vorliegenden Arbeit inspiriert. Unter der bescheidenen Überschrift „Anmerkungen zum Historikerstreit" liefert er einen Gesamtentwurf der internationalen Politik 1917–1945, der dem Historikerstreit für weitere Runden Themen und Thesen von Niveau zu geben vermag. Dabei wendet er sich von der überholten deutschlandzentrischen Sicht der Ereignisse ab und widmet sich dem Macht- und Verteilungskampf der aufsteigenden Flügelmächte USA und UdSSR und seinen internationalen Folgen.

ARNDT-Verlag, Postfach 3603, D-2300 Kiel 1